Monika Jungbauer-Gans · Peter Kriwy (Hrsg.)

Soziale Benachteiligung und Gesundheit
bei Kindern und Jugendlichen

Monika Jungbauer-Gans
Peter Kriwy (Hrsg.)

Soziale Benachteiligung und Gesundheit bei Kindern und Jugendlichen

SPRINGER FACHMEDIEN WIESBADEN GMBH

VS Verlag für Sozialwissenschaften
Entstanden mit Beginn des Jahres 2004 aus den beiden Häusern
Leske+Budrich und Westdeutscher Verlag.
Die breite Basis für sozialwissenschaftliches Publizieren

Bibliografische Information Der Deutschen Bibliothek
Die Deutsche Bibliothek verzeichnet diese Publikation in der Deutschen Nationalbibliografie;
detaillierte bibliografische Daten sind im Internet über <http://dnb.ddb.de> abrufbar.

1. Auflage November 2004

Alle Rechte vorbehalten
© Springer Fachmedien Wiesbaden 2004
Ursprünglich erschienen bei VS Verlag für Sozialwissenschaften/GWV Fachverlage GmbH,
Wiesbaden 2004

Lektorat: Frank Engelhardt/ Bettina Endres
www.vs-verlag.de

Das Werk einschließlich aller seiner Teile ist urheberrechtlich geschützt. Jede Verwertung außerhalb der engen Grenzen des Urheberrechtsgesetzes ist ohne Zustimmung des Verlags unzulässig und strafbar. Das gilt insbesondere für Vervielfältigungen, Übersetzungen, Mikroverfilmungen und die Einspeicherung und Verarbeitung in elektronischen Systemen.
Die Wiedergabe von Gebrauchsnamen, Handelsnamen, Warenbezeichnungen usw. in diesem Werk berechtigt auch ohne besondere Kennzeichnung nicht zu der Annahme, dass solche Namen im Sinne der Warenzeichen- und Markenschutz-Gesetzgebung als frei zu betrachten wären und daher von jedermann benutzt werden dürften.

Umschlaggestaltung: KünkelLopka Medienentwicklung, Heidelberg

ISBN 978-3-531-14261-6   ISBN 978-3-663-11395-9 (eBook)
DOI 10.1007/978-3-663-11395-9

Inhaltsverzeichnis

Vorwort	7
Ungleichheit und Gesundheit von Kindern und Jugendlichen *Monika Jungbauer-Gans, Peter Kriwy*	9
Jugend und Gesundheit in der Europäischen Union – Ergebnisse einer vergleichenden Sekundäranalyse *Horst Hackauf*	25
Gesundheitliche Konsequenzen des Aufwachsens in Armut und sozialer Benachteiligung *Thomas Lampert, Liane Schenk*	57
Soziales Kapital als Ressource für Gesundheit im Jugendalter *Andreas Klocke*	85
Partizipative Strukturen in der Schule, soziale Ungleichheit und die Gesundheit der Schüler/innen. Ergebnisse der österreichischen HBSC-Studie *Wolfgang Dür, Robert Griebler*	97
"Besser arm und gesund als reich und krank?" *Horst-Dietrich Elvers, Michael Borte, Olf Herbarth*	121
Geschlecht, Lebensstile und Ernährung *Jürgen Gerhards, Jörg Rössel, Claudia Beckert-Zieglschmid, Janet Bennat*	151
Identität und Behinderung *Marion Michel, Steffi Riedel, Monika Häußler-Sczepan*	177
Verzeichnis der Autoren	201

Vorwort

Dieser Sammelband ist aus einer Tagung der Sektion Medizin- und Gesundheitssoziologie der Deutschen Gesellschaft für Soziologie entstanden. Vom 15. bis 16. Mai 2003 fand die sog. Frühjahrstagung in der Münchner Siemensstiftung statt.

Thema der Tagung war die Gesundheit von Kindern und Jugendlichen. Aus den Vorträgen haben wir diejenigen ausgewählt, die sich mit der Thematik soziale Benachteiligung und Gesundheit beschäftigen und im vorliegenden Band zusammengefasst.

Der Schwerpunkt der Beiträge stellt aktuelle empirische Analysen dar. Das Spektrum der Beiträge reicht von Bestandsaufnahmen gesundheitlicher Ungleichheit im europäischen Vergleich über Aspekte des Gesundheitsverhaltens und gesundheitlicher Ressourcen bis hin zur Untersuchung des Zusammenhangs zwischen speziellen Erkrankungen und sozialer Lage und den Auswirkungen gesundheitlicher Beeinträchtigungen.

Wir möchten uns herzlich bei allen Aurorinnen und Autoren für ihr Engagement und professionelle Arbeitsweise bedanken. Ebenfalls bedanken möchten wir uns bei der Siemensstiftung, hier insbesondere bei Frau Kresnik, und bei Alexander Olma, der zuständig war für die umfangreichen Layoutarbeiten zu diesem Buch.

Monika Jungbauer-Gans
Peter Kriwy

im August 2004

Ungleichheit und Gesundheit von Kindern und Jugendlichen
Monika Jungbauer-Gans, Peter Kriwy

1 Einleitung

Die Gesundheitschancen von Kindern und Jugendlichen in den verschiedenen Ländern der Erde unterscheiden sich immens. Die Sterblichkeitsrate von Kindern unter fünf Jahren beträgt in Ländern wie Niger und Sierra Leone 260 bis 285 Kinder pro 1000 Geborenen, während die Kindersterblichkeitsrate in Industrieländern wie z.b. Schweden, Deutschland oder Japan nur bei drei bis fünf Kindern liegt (Deutsches Komitee für UNICEF 2003: 152-155). Die Lebenserwartung bei Geburt betrug im Jahr 2002 in den afrikanischen Ländern südlich der Sahara nur 60% der Lebenserwartung in Industriestaaten (46 Jahre gegenüber 78 Jahren). Die benachteiligten Länder haben ein sehr niedriges Bruttosozialprodukt und eine hohe Ungleichverteilung des Einkommens (Deutsches Komitee für UNICEF 2003: 164-165). Dies ist begleitet mit erheblichen Mängeln in der Infrastruktur, wie der Versorgung mit sauberem Trinkwasser und dem Zugang zu Sanitäreinrichtungen (Deutsches Komitee für UNICEF 2003: 184-185). In den Ländern südlich der Sahara sind durchschnittlich 9% der erwachsenen Bevölkerung mit HIV infiziert oder an AIDS erkrankt. Dieser Anteil steigt in einzelnen Ländern bis auf Werte von über einem Drittel der 15- bis 49-jährigen (Botswana 39%, Simbabwe 34%, Swasiland 33% und Lesotho 31%; Deutsches Komitee für UNICEF 2003: 186-195), sodass in diesen Ländern erhebliche Folgen für die Lebens- und Gesundheitschancen von verwaisten Kindern, aber auch für die Leistungsfähigkeit der Volkswirtschaften auftreten. Dass sich die Schere zwischen den Industrieländern und den benachteiligten Ländern immer weiter öffnet, zeigt die durchschnittliche jährliche Senkung der Kindersterblichkeitsrate. Sie betrug in den südlichen afrikanischen Ländern im Zeitraum 1960 bis 1990 noch 1,3% und von 1990 bis 2002 nur noch 0,3%, während die Kindersterblichkeitsrate in den Industrieländern im Zeitraum 1960 bis 1990 jährlich um 4,5% und im Zeitraum 1990 bis 2002 immerhin noch um 3% sank (Deutsches Komitee für UNICEF 2003: 250).

Ländervergleiche sind sehr illustrativ und geben Hinweise darauf, welche grundlegenden Maßnahmen ergriffen werden können, um die Gesundheit von Kindern und anderen benachteiligten Gruppen zu verbessern. Aber sie zeigen nur indirekt auf, dass auch innerhalb der einzelnen Länder erhebliche Differenzen bestehen. Dies gilt nicht nur für afrikanische und lateinamerikanische Länder sowie Entwicklungsländer mit durchschnittlich niedrigem Bruttosozialprodukt und einer erheblichen Ungleichverteilung der Haushaltseinkommen, sondern auch für Industriestaaten mit hohem Bruttosozialprodukt und einer weniger schiefen Einkommensverteilung (vgl. Deutsches Komitee für Unicef 2003). Trotz sinkender Mortalitätsraten haben sich die sozialen Unterschiede in der Mortalität nicht verringert. Vielmehr deuten Ergebnisse empirischer Studien darauf hin, dass sich die Unterschiede auch innerhalb der Industrieländer vergrößern (Shaw et al. 1999).

2 Armut und Gesundheit von Kindern und Jugendlichen

In Deutschland definiert man Armut in der Regel als „relative" Armut, bemessen am gesellschaftlichen Durchschnitt.[1] Armut ist mit dieser Definition in Industriestaaten nicht unbedingt mit einer existenzbedrohenden Mangellage verbunden, bezeichnet aber den Ausschluss von wesentlichen Lebenschancen und eine relative Deprivation. Die beschriebene Armutsdefinition beschränkt sich auf die Verwendung von Einkommen, während auch diskutiert wird, wie man weitere Faktoren, wie z.B. die Wohnraumversorgung, Bildung und soziale Kontakte mit einbeziehen könnte.

Ein Indikator für die Verbreitung von Armut ist der Sozialhilfebezug.[2] In Deutschland erhielten im Jahr 1999 8,4% aller Kinder unter sieben Jahren Sozialhilfe (in Ostdeutschland ein höherer Anteil als in Westdeutschland; vgl. Bundesministerium für Familie, Senioren, Frauen und Jugend 2002: 140). Dieser Anteil hat sich in Westdeutschland von 2,0% im Jahr 1980 auf 8,0% im Jahr 1999 erhöht. Kinder sind überproportional von Einkommensarmut betroffen (Klocke 2001b: 6-7). Sie haben ein etwa doppelt so hohes Armutsrisiko wie andere Altersgruppen (Neumann 1999: 63). In München waren im Jahr 2003

---

1 Als arm werden üblicherweise Haushalte bezeichnet, die über weniger als 50% des durchschnittlichen Äquivalenzeinkommens verfügen. Die Festlegung dieser Grenze hängt davon ab, wie die Zahl der einzelnen Haushaltsmitglieder entsprechend ihrem Alter zur Berechnung des Äquivalenzeinkommens gewichtet wird und ob der Mittelwert oder der Median, der üblicherweise niedriger als der Mittelwert ist, verwendet wird. In einzelnen Arbeiten wird die 40%-Grenze zur Bestimmung strenger Armut oder die 60%-Grenze zur Bestimmung von Lebenslagen verwendet, die von Armut bedroht sind.

2 Problematisch hierbei ist, dass es sich bei Haushalten, die Sozialhilfe beziehen, nur um einen Teil der Haushalte handelt, die sich in prekären Lebensverhältnissen befinden. Schätzungen gehen sogar davon aus, dass die so genannte „verdeckte Armut" der Zahl der Sozialhilfeempfänger in etwa entspricht und in Ostdeutschland sogar deutlich übersteigt (Neumann/Hertz 1999).

30% aller Sozialhilfeempfänger Kinder und Jugendliche, ebenfalls mit steigender Tendenz im Lauf der letzten beiden Jahrzehnte. Grund für die hohe Betroffenheit von Kindern durch Armut sind hohe Anteile von Einelternhaushalten und Familien mit drei und mehr Kindern in den Problemgruppen (Bäcker et al. 2000; Palentien et al. 1999). Die Zunahme der Bevölkerungsanteile in Armut ist auch ein Indiz dafür, dass reiche Haushalte immer reicher und Arme immer ärmer werden (vgl. Klocke 2001a: 275). Im europäischen Vergleich finden sich hohe Kinderarmutsquoten in England und Italien, mittlere in Deutschland und niedrige Quoten in Schweden (Klocke 2001a: 276).

Studien zur sozialen Ungleichheit von Gesundheit untersuchen verschiedene Dimensionen sozialer Ungleichheit. Beklagt wird, dass neuere Entwicklungen, wie z.B. Lebensstil- und Milieukonzepte, in Studien allenfalls verzögert Niederschlag finden (vgl. Hradil 1994), sodass in empirischen Studien entweder Schichtindikatoren konstruiert oder einzelne Indikatoren wie z.B. Bildung oder berufliche Stellung untersucht werden. Allerdings gibt es auch explizite Argumente gegen die Verwendung von Lebensstil- und Milieukonzepten zur Erklärung von Gesundheitszuständen, nämlich die zeitliche Verortung der Effekte. Betrachtet man die zeitliche Abfolge der Effekte, so sind häufig die Schulbildung oder das Einkommensniveau der Eltern schon längerfristig festgelegt, bevor sich ein Gesundheitszustand ihrer Kinder einstellt. Der Lebensstil kann dagegen leichter geändert werden und ist vor allem auch durch Familiengründung beeinflusst. Ein kausaler Effekt, der mit einer klaren zeitlichen Abfolge von Merkmalen sozial ungleicher Verortung und Kindergesundheit untermauert wird, ist bei Schulbildung oder Einkommen deshalb leichter zu begründen als bei Lebensstilen. Hier sind folglich höchstens Korrelationen identifizierbar, aber keine Ursache-Wirkungs-Beziehungen.

2.1 Sterblichkeit

Die Kinder- und Säuglingssterblichkeit hat sich in Deutschland im Lauf der letzten Jahrzehnte erheblich verringert (vgl. Deutsches Komitee für UNICEF 2003). Bei Kindern über einem Jahr und Jugendlichen finden sich sehr niedrige Sterberaten (Statistisches Bundesamt 1998: 43). Die Haupttodesursache in diesen Altersgruppen stellen insbesondere Verkehrsunfälle und Selbstmorde dar, die vor allem männliche Jugendliche und junge Erwachsene der Altersgruppe 15-25 betreffen (vgl. auch Hackauf in diesem Band).

Eine schlechte soziale Lage führt zu einer höheren Säuglingssterblichkeit: Sie ist höher in ungünstigen Familiensituationen, in unteren sozialen Schichten, bei niedriger Bildung der Mutter, bei niedrigem Berufsstatus des Vaters und bei ausländischer Herkunft (Statistisches Bundesamt 1998; Mielck 2000; 2001; Gortmaker/Wise 1997). Eine höhere Säuglingssterblichkeit lässt sich auch auf der Aggregatebene von Stadtvierteln mit einer ungünstigen sozioökonomischen Zusammensetzung beobachten (Tempel/Witzko 1994), selbst wenn für einige Merkmale, wie das Alter, den Familienstand, den Erwerbsstatus und die Nationalität der Mutter kontrolliert wird (Elkeles et al. 1994). Mit einer ungünstigeren sozialen Lage in den Stadtvierteln korrelieren auch die Raten der Totgeburten, das durchschnittliche Geburtsgewicht und die Raten der Frühgeburten (vgl. zusammenfassend auch Bolte 2000: 6-7).

In einer neuseeländischen Studie wurde gezeigt, dass die Sterberaten von 0- bis 14-jährigen mit der Bildung, dem Einkommen, der Verfügung über Wohlstandsgüter wie Autos und sozialökologischer Benachteiligung korrelieren (Blakely et al. 2003). Die höheren Sterberaten von Kindern Alleinerziehender können durch deren schlechtere sozioökonomische Position erklärt werden. Die Zusammenhänge zwischen der Sterberate und den Indikatoren der sozioökonomischen Lage bestehen unabhängig vom Alter der Kinder und der Art der Todesursache. Deutsche Daten zeigen, dass Kinder und Jugendliche aus niedrigen sozialen Schichten häufiger im Straßenverkehr verunglücken (Ministerium für Arbeit, Soziales, Gesundheit und Frauen des Landes Brandenburg 1999).

2.2 Erkrankungen

Der sozioökonomische Status ist der wichtigste Einflussfaktor auf die Gesundheit (Spencer 2003). Besonders Kinder scheinen durch Armut und eine schlechte sozioökonomische Lage beeinträchtigt zu sein.[3]

Bei Jugendlichen finden sich in niedrigeren sozialen Schichten sowohl physiologische wie psychische Symptome häufiger als in höheren sozialen Schichten (vgl. Due et al. 2003; Ravens-Sieberer et al. 2003). Bei primär organmedizinischen Diagnosen wie Störungen des Knochenapparates und Herzerkrankungen konnten allerdings in einer Einschulungsuntersuchung keine Schichtdifferenzen festgestellt werden (Ellsäßer et al. 2002; Ministerium für Arbeit, Soziales, Gesundheit und Frauen des Landes Brandenburg 1999). Etwa 12% der Jugendlichen zwischen 11 und 15 Jahren leiden an einer chronischen Erkrankung oder Behinderung (Ravens-Sieberer et al. 2003). Untere soziale Schichten sind überproportional von Behinderungen betroffen (Bundesministerium für Familie, Senioren, Frauen und Jugend 2002; vgl. auch Minist-

---

3 Vgl. auch den tabellarischen Überblick bei Mielck/Helmert (1994), der u.a. eine Reihe von Studien über Kinder beinhaltet.

erium für Arbeit, Soziales, Gesundheit und Frauen des Landes Brandenburg 1999). Hier könnte jedoch eine deprivierte soziale Lage nicht nur die Ursache, sondern auch die Folge einer Behinderung sein, wenn Eltern ihr Erwerbsverhalten aufgrund eines erhöhten Pflegebedarfs einschränken müssen.

Eine Reihe von Gesundheitsindikatoren, die mit der Ernährung in Zusammenhang stehen, weisen schichtspezifische Muster auf: Einschulungskinder aus niedrigeren sozialen Schichten haben häufiger Übergewicht (Ellsäßer et al. 2002; Ministerium für Arbeit, Soziales, Gesundheit und Frauen des Landes Brandenburg 1999; Kinder- und Jugendärztlicher Dienst des Landkreises Oldenburg 2002). Bei Jungen und bei Jugendlichen aus unteren sozialen Schichten ist das Problem des Übergewichts häufiger anzutreffen, während Mädchen und Jugendliche aus oberen Statusgruppen häufiger an Untergewicht leiden (Zubrägel/Settertobulte 2003). Die Anzahl der kariösen oder fehlenden Zähne variiert ebenfalls mit der sozialen Schicht (Klocke 2001b: 4; Ellsäßer 2002: 253; Ministerium für Arbeit, Soziales, Gesundheit und Frauen des Landes Brandenburg 1999; vgl. auch zusammenfassend Mielck 2001).

Die Anteile der Kinder und Jugendlichen, die unter Allergien leiden, sind relativ hoch.[4] Bei Allergien muss die Formel „je schlechter die sozioökonomische Lage, desto höher ist die Prävalenz der Erkrankungen" differenziert werden (vgl. Elvers et al. in diesem Band). Atopische Erkrankungen, wie Neurodermitis, Rhinitis oder Konjunktivitis, werden in höheren sozialen Schichten häufiger diagnostiziert (Buser et al. 1998; Heinrich et al. 1998; Ministerium für Arbeit, Soziales, Gesundheit und Frauen des Landes Brandenburg 1999; vgl. auch Hoffmeister/Hüttner 1995). In einzelnen Studien wird die höhere Prävalenz von Allergien in höheren Schichten durch eine frühere ärztliche Diagnose erklärt (Ministerium für Arbeit, Soziales, Gesundheit und Frauen des Landes Brandenburg 1999). In unteren sozialen Schichten treten zwar Formen leichten Asthmas seltener auf, aber die Häufigkeit von schwerem Asthma ist höher als in höheren sozialen Schichten (gemessen an der Schulbildung der Eltern; vgl. Mielck et al. 1996).[5]

Als Erklärung für dieses Ergebnis wird auch hier angeführt, dass asthmatische Kinder möglicherweise unterschiedlich betreut und medizinisch versorgt werden (Mielck 2001). In einer Studie über Erkrankungen der Atemwege wurde festgestellt, dass Kinder aus niedrigeren sozialen Schichten seltener leicht erkältet sind und seltener schwere Infektionen der Atemwege (Bronchitis,

---

4   Vgl. Hurrelmann 2000: 30% leiden an einer Allergie; noch höhere Werte wurden von Ravens-Sieberer et al. 2003 berichtet: 41% der Mädchen und 35% der Jungen haben eine Allergie.

5   Angenommen, man würde nicht nach dem Schweregrad des Asthmas unterscheiden, so wäre kein Unterschied in der Prävalenz nach der Schichtzugehörigkeit der Eltern feststellbar (Mielck et al 1996).

Angina), aber häufiger eine Hustensymptomatik haben, die auf eine Belastung durch Luftschadstoffe hindeutet, wie durch höhere Immunglobulinspiegel (IgG, IgA) belegt wurde (Bolte 2000: 56-59). Je höher die soziale Schicht, desto seltener treten psychosomatische Beschwerden auf wie Kopfschmerzen und Rückenschmerzen oder überwiegend psychisch bedingte Beschwerden wie Nervosität und schlechtes Einschlafen (Klocke/Hurrelmann 1995; Ravens-Sieberer et al. 2003).[6] Armut belastet Jugendliche in allen Lebensbereichen: Sie haben eine geringere Lebenszufriedenheit, häufiger Gefühle der Hilflosigkeit und der Einsamkeit sowie ein geringeres Selbstvertrauen (Klocke 2001a: 282-286; Ravens-Sieberer et al. 2003). Im Ländervergleich zeigt sich allerdings, dass Jugendliche subjektiv um so mehr belastet sind, je geringer die allgemeine Verbreitung von Kinderarmut ist (Klocke 2001a). Kinder aus sozial benachteiligten Familien haben häufiger Sprach- und Sprechstörungen, körperliche und intellektuelle Entwicklungsrückstände und kinderpsychiatrische Störungen sowie psychische Auffälligkeiten wie Hyperaktivität, emotionale Probleme, Probleme mit Gleichaltrigen und Verhaltensprobleme (Klocke 2001b: 8; Ellsäßer et al. 2002: 250-251; Ministerium für Arbeit, Soziales, Gesundheit und Frauen des Landes Brandenburg 1999; Ravens-Sieberer et al. 2003).

Zusammenfassend kann man sagen, dass die überwiegende Mehrheit der Studien einen positiven Einfluss der sozialen Lage auf den Gesundheitszustand von Kindern und Jugendlichen belegt. Auch bei Ausländerkindern, deren Familien im Durchschnitt einen niedrigeren sozialen Status haben, findet man mehr Gesundheitsstörungen bei schlechterer gesundheitlicher Versorgung (Kinder- und Jugendärztlicher Dienst des Landkreises Oldenburg 2002). Um Maßnahmen zu finden, die dazu beitragen, gesundheitliche Ungleichheit zu reduzieren, ist es wichtig, Mechanismen zu beschreiben, die für diesen Zusammenhang verantwortlich sind. Der Frage der Ursachen ungleicher Gesundheitschancen wird deshalb im folgenden Abschnitt nachgegangen.

3 Ursachen ungleicher Gesundheitschancen

Die Ursachen ungleicher Gesundheitschancen lassen sich in zwei Gruppen differenzieren: (1) strukturelle Ursachen und (2) individuelle Ursachen.

Zu den strukturellen Ursachen zählen vor allem die Wohn- und Lebensbedingungen. Die Wohnraumversorgung hängt eng mit dem verfügbaren Haushaltseinkommen zusammen (Bundesministerium für Familie, Senioren, Frauen und Jugend 2002: 143), was zur Folge hat, dass Kinder aus schlechter gestellten

---

6 Vgl. den gegenteiligen Befund bezüglich der Rückenschmerzen bei Lampert et al. in diesem Band.

Familien weniger Wohnraum zur Verfügung haben (Bolte 2000: 33). Es besteht daher ein höherer Anreiz den Straßenraum zu nutzen, was mit einer erhöhten Unfallgefahr verbunden ist. Je niedriger die Schulbildung der Eltern, desto häufiger liegt die Wohnung an einer verkehrsreichen Straße (Heinrich et al. 1998; Bolte 2000; 33). Schwerwiegende Unfälle sind bei Kindern aus niedriger sozialer Schicht fast doppelt so häufig wie bei Kindern aus Familien mit hohem Sozialstatus (Ellsäßer et al. 2002: 253). Neben der Unfallgefahr führt der Straßenverkehr zu einer höheren Belastung mit Schadstoffen.[7] Aber auch die Qualität der Bausubstanz (Feuchtigkeit der Wohnung, Schimmelflecken) erweist sich als schlechter bei Wohnungen von Familien mit geringerer Bildung (Heinrich et al. 1998; Bolte 2000: 33). Das Gleiche gilt für die Schadstoffbelastung durch Heizung und Kochen (Bolte 2000: 33).

Als Ursachenbündel auf individueller Ebene ist das Gesundheitsverhalten zu nennen. Von Einfluss auf die Gesundheit werden vor allem Ernährung, Rauchen, Alkoholgenuss und Genuss illegaler Drogen, Sport und Bewegung, Schlaf- und Fernsehverhalten angesehen. Auswertungen der Münchner Schuleingangsuntersuchung des Jahres 2000 haben gezeigt, dass bei Kindern, die über einen eigenen Fernseher verfügen, signifikant häufiger Befunde festgestellt werden. Daneben kann auch die Inanspruchnahme medizinischer Versorgung, insbesondere von Vorsorgemaßnahmen und Impfungen, als ein Aspekt des Gesundheitsverhaltens betrachtet werden. In Studien zum Gesundheitsverhalten zeigt sich regelmäßig, dass Verhaltensweisen, die der Gesundheit zuträglich sind, seltener von Personen in schlechter sozialer Lage ausgeübt werden.

Ein wichtiger Bereich des Gesundheitsverhaltens ist die Ernährung. In empirischen Studien wurde belegt, dass sich Personen aus höheren sozialen Schichten ausgewogener ernähren. Insbesondere die Ernährung von schwangeren Frauen kann sich – neben Rauchen und Alkoholkonsum – auf die Entwicklung des ungeborenen Kindes auswirken (Wadsworth 1999: 45). Da Ernährungsgewohnheiten im Kindesalter geprägt werden (Gerhards/Rössel 2003: 11), findet man bei Kindern und Jugendlichen aus niedrigeren sozialen Schichten ein weniger gesundheitsbewusstes Ernährungsverhalten (Bundesministerium für Familie, Senioren, Frauen und Jugend 2002: 223). Sie essen unregelmäßig und greifen zu kalorienreichen, fetthaltigen Produkten mit wenig Ballaststoffen. Der Genuss von „gesunden" Nahrungsmitteln wie Obst, Gemüse und Vollkornbrot korreliert mit einem hochkulturellen Lebensstil, während ein häufiger Konsum von „ungesunden" Nahrungsmitteln wie Snacks, Süßem, Süßgetränken und Drogen bei Personen mit außerhalb des Hauses

---

7   Die Nähe zu einem Gewerbebetrieb oder Industriegebiet, die ebenfalls mit einer höheren Schadstoffbelastung verbunden sind, unterscheidet sich allerdings nach Bolte (2000: 33) nicht zwischen den sozialen Schichten.

verbrachten, spannungs-orientierten Freizeitaktivitäten verbunden ist (Gerhards/Rössel 2003). Diese Lebensstile sind von den Lebensstilen des Elternhauses und dem besuchten Schultyp geprägt, die wiederum mit dem Bildungsniveau und der sozialen Lage der Eltern zusammenhängen. Übergewicht tritt in unteren sozialen Schichten sowie bei Jungen häufiger auf als bei Mädchen (zu den geschlechts- und schichtspezifischen Unterschieden im Ernährungsverhalten vgl. Gerhards et al. in diesem Band). Bei weiblichen Jugendlichen finden sich dagegen häufiger die mit Untergewicht verbundenen Erkrankungen Anorexie und Bulimie (1%; vgl. Hurrelmann 2000: 16). Fehlernährung im Kleinkindalter beeinflusst nicht nur das Körperwachstum, sondern auch die kognitive Entwicklung und damit die spätere schulische Laufbahn (Wadsworth 1999: 45).[8]

Eine aktuelle Studie ermittelt, dass 15% der 11- bis 15-jährigen Jugendlichen regelmäßig rauchen (Richter/Settertobulte 2003). Es wurde gezeigt, dass das Rauchen mit zunehmendem Einkommen und höherer Bildung abnimmt (Mielck 2000; Bolte 2000: 32; Scholz/Kaltenbach 1995). In unteren sozialen Schichten treten erhöhte Belastungen durch Passivrauchen auf, da die Eltern von Kindern in Haupt- und Realschule häufiger rauchen als Eltern von Gymnasiasten. Frauen hören häufig bei Beginn der Schwangerschaft mit dem Rauchen auf (Brenner/Mielck 1993). Während Väter aus höheren sozialen Schichten ebenfalls häufig das Rauchen einstellen, ist das Rauchverhalten bei Vätern aus der Unterschicht unabhängig von der Schwangerschaft der Partnerin. Bei Jugendlichen spielt eigenes Rauchen eine große Rolle. 38% der männlichen und 37% der weiblichen Jugendlichen und jungen Erwachsenen rauchen (Bundesministerium für Familie, Senioren, Frauen und Jugend 2002: 221).

Etwa ein Drittel aller Jugendlichen pflegt einen regelmäßigen Alkoholgenuss (Bundesministerium für Familie, Senioren, Frauen und Jugend 2002; vgl. 13% der 11- bis 15-jährigen bei Richter/Settertobulte 2003). Der Alkoholgenuss ist im Gegensatz zum üblichen Muster des Gesundheitsverhaltens in höheren Schichten weiter verbreitet.

Im langfristigen Trend ist beim Rauchen wie auch bei regelmäßigem Alkoholkonsum eine rückläufige Tendenz festzustellen (Bundesministerium für Familie, Senioren, Frauen und Jugend 2002: 221). Diesen für die Gesundheit erfreulichen Trends stehen ein zunehmend exzessiver und risikoreicher Gebrauch von Drogen in einzelnen Gruppen und eine Senkung des Einstiegsalters (vgl. Richter/Settertobulte 2003) gegenüber. Besonders um das 13. Lebensjahr

---

8 Aufgrund der Korrelation zwischen der sozialen Schicht und dem Ernährungsverhalten und dessen Auswirkungen auf das Körperwachstum, wurde bereits vorgeschlagen, Körpergrößenverteilungen und die Entwicklung von Größendurchschnitten als Indikatoren für die soziale Ungleichheit und das Wohlfahrtsniveau in einer Gesellschaft zu verwenden (Kriwy et al 2003).

beginnt der Einstieg in den regelmäßigen Konsum von Alkohol, Tabak und anderen Drogen wie Cannabis (Richter/Settertobulte 2003). Als Ursachen für den Einstieg von Jugendlichen in den Drogengebrauch und –missbrauch werden folgende Motive genannt (Bundesministerium für Familie, Senioren, Frauen und Jugend 2002: 222; Petermann u.a. 1997: 28): Autonomiebestrebungen, Kompensation von Stress, Zugang zur Gleichaltrigengruppe, persönlicher Stil und Vorwegnahme des Erwachsenwerdens. Für den Substanzgebrauch spielt ein häufiger Kontakt zu Freunden eine große Rolle (Richter/Settertobulte 2003).

Das regelmäßige Betreiben von Sport ist in höheren Schichten weiter verbreitet. Die Bewegung wird in niedrigen sozialen Schichten auch durch übermäßigen Fernsehkonsum eingeschränkt (Klocke 2001b: 9-10; Richter/ Settertobulte 2003). Bei männlichen Jugendlichen ist ein höheres Risiko-verhalten im Sport, bei Reisen und im Straßenverkehr verbreitet, das nicht zuletzt eine Erklärung für die höhere Unfallhäufigkeit bei männlichen Jugendlichen ist.

Bereits die Vorsorgeuntersuchungen in der Schwangerschaft werden von Müttern mit höherem sozioökonomischen Status häufiger in Anspruch genommen (vgl. Überblick bei Mielck/Helmert 1994). Obwohl Krankenkassen auch die Vorsorgeuntersuchungen für Kinder finanzieren, werden sie von Personen aus niedrigeren sozialen Schichten seltener genutzt (Klocke 2001b: 3; vgl. zusammenfassend Mielck 2001). Vor allem die Untersuchungen U8 und U9 bei vier- und sechsjährigen Kindern werden von Familien der unteren sozialen Schichten seltener in Anspruch genommen (Kinder- und Jugendärztlicher Dienst des Landkreises Oldenburg 2002).

In der Brandenburger Schuleingangsuntersuchung wurde festgestellt, dass die Unterschiede zwischen den sozialen Schichten im Impfverhalten nicht sehr stark ausgeprägt sind. Am besten sind die Kinder aus der mittleren Schicht geimpft (Ministerium für Arbeit, Soziales, Gesundheit und Frauen des Landes Brandenburg 1999). Wobei andere Studien diesbezüglich keinen Effekt berichten: In der Münchner Impfstudie aus dem Jahr 2001 konnte kein schichtspezifischer Effekt des Impfverhaltens diagnostiziert werden. Vielmehr fördern der Glaube an die Schulmedizin und der Kontakt zu Impfbefürwortern das Impfverhalten (Jungbauer-Gans/Kriwy 2004).

Neben Aspekten des Gesundheitsverhaltens beeinflusst auch ein schlechtes familiäres Klima die Gesundheit von Kindern. Instabilität der Familie, die Zugehörigkeit zu Minderheiten und Ausgrenzung, Vernachlässigung und Unerwünschtheit des Kindes, wenige oder einseitige Anregungen, Gewalt oder Überforderung führen zu gesundheitlichen Belastungen, vermindern Bewältigungsressourcen und erhöhen damit das Risiko für die Gesundheit (Ellsäßer et al. 2002: 249).

In einer dänischen Studie konnte nachgewiesen werden, dass befriedigende Beziehungen zu Eltern und Schule die sozioökonomischen Unterschiede bei physiologischen und psychischen Beschwerden erklären können (vgl. Due et al. 2003). Jugendliche aus niedrigeren sozialen Schichten scheinen weniger elterliche Unterstützung zu spüren für die schulischen Belange und geringere Chancen zu sehen, den Anforderungen der Schule zu genügen. Aber auch die Schulkultur selbst hat Einfluss auf die mentale Gesundheit, psychosomatische Beschwerden, das Auftreten von aggressivem Verhalten, das mit einer erhöhten Verletzungsgefahr verbunden ist, und den Konsum von Alkohol. Schüler, die zum erhöhten Alkoholkonsum neigen, haben deutlich weniger Freunde und werden von den Lehrern eher in der Gruppe mit niedriger schulischer Leistungen verortet (Bilz et al. 2003).

Umgekehrt kann festgestellt werden, dass soziales Kapital, also positive und unterstützende Kontakte zu Familie und Freunden sowie die Integration in Nachbarschaft und Institutionen (Schule und Vereine), Jugendliche resistenter gegen Armutsrisiken macht und als protektiver Faktor für die Gesundheit wirkt (Klocke/Becker 2003; vgl. auch Klocke in diesem Band).

Zusammenfassend ist zu konstatieren, dass sich benachteiligende Faktoren in ihrer Wirkung auf die Gesundheit kumulieren: Ein niedriger sozioökonomischer Status der Eltern korreliert mit einem niedrigeren Geburtsgewicht, schlechteren Lebensbedingungen im Lauf der Kindheit und mit weniger gesundheitsbewussten Verhaltensweisen im Bereich der Ernährung, des Drogengebrauchs und der Bewegung (vgl. Blane 1999: 66).

4 Maßnahmen

Die Gesundheit von Kindern zu fördern ist besonders wichtig, da sich in der frühen Jugend erworbene Defizite und Benachteiligungen langfristig auswirken. Maßnahmen, die den sozialen Kontext im weitesten Sinne bzw. die strukturellen Faktoren positiv beeinflussen, scheinen besonders Erfolg versprechend, aber auch mit großen Umsetzungsschwierigkeiten behaftet zu sein. Im Einzelnen kann man folgende Maßnahmen auflisten:

Von struktureller Wirksamkeit sind gesamtgesellschaftliche Strategien zur Bekämpfung von Arbeitslosigkeit und Armut (Ministerium für Arbeit, Soziales, Gesundheit und Frauen des Landes Brandenburg 1999). Durch die Verbesserung der Lebensbedingungen reduzieren sich die Belastungen für die Gesundheit. Eine zweite strukturelle Maßnahme ist Verbesserung der Voraussetzungen für die Vereinbarkeit von Familie und Beruf, z.B. über die Ausdehnung von Ganztagsbetreuung in Kindergärten und Schulen (Klocke 2001b). Diese Maßnahme würde insbesondere die Lebenslage von Alleinerziehenden verbessern und über diesen Weg zu einer Verbesserung der Gesundheit ihrer Kinder beitragen.

Obwohl Maßnahmen, die auf individuelle Verhaltensprävention abzielen, vielfach kritisiert wurden (Bundesministerium für Familie, Senioren, Frauen und Jugend 2002), richtet sich eine Reihe von vorgeschlagenen Maßnahmen auch an Individuen. Allerdings wurden die Konzepte verändert weg von der Prävention über Abschreckung hin zu Prävention durch die Vermittlung von positiv besetzten Lebensstilen und „life skills", die Fertigkeiten zur allgemeinen Lebensbewältigung, zur Steigerung des Selbstwertgefühls und der Handlungskompetenz beinhalten (Bundesministerium für Familie, Senioren, Frauen und Jugend 2002; Langness et al. 2003). Gemäß diesen, vor allem von der WHO propagierten Konzepten soll Gesundheitsförderung für Kinder und Jugendliche in spezifischen Settings wie Kindergärten und Schulen erfolgen (Ellsäßer et al. 2002; Klocke 2001b).

ErzieherInnen und LehrerInnen, aber auch spezifisch ausgebildete Fachkräfte haben das Ziel, „life skills" zu vermitteln, die zur Stärkung gesundheitsförderlichen Verhaltens beitragen. Die Schule sollte auch mit der außerschulischen Lebenswelt vernetzt werden, um spezifische Belastungen durch überhöhte Erwartungen abzubauen (Langness et al. 2003).

Um diese Konzepte umsetzen zu können, ist eine spezifische Ausbildung medizinischer, pädagogischer und psychosozialer Fachkräfte notwendig, vor allem aber auch eine Sensibilisierung der Fachkräfte für die Problematik benachteiligter Gruppen (Ministerium für Arbeit, Soziales, Gesundheit und Frauen des Landes Brandenburg 1999).[9]

Im Hinblick auf die Möglichkeiten des Öffentlichen Gesundheitsdienstes empfehlen sich möglichst frühzeitige Screening-Untersuchungen, die am besten schon vor Schulbeginn in Kindertagesstätten durchgeführt werden sollten (Langness et al. 2003). Dies ermöglicht zielgruppenspezifische Empfehlungen zur Frühförderung auszusprechen (Ellsäßer et al. 2002). Dass die Versorgung mit entsprechenden Angeboten flächendeckend gewährleistet sein muss und mit niedrigen Zugangsschwellen erreicht werden kann, ist insbesondere für benachteiligte Gruppen unabdingbar (Ministerium für Arbeit, Soziales, Gesundheit und Frauen des Landes Brandenburg 1999; Ellsäßer et al. 2002).

Darüber hinaus kann der Öffentliche Gesundheitsdienst die Aufgaben wahrnehmen, verschiedene Träger der Gesundheitsversorgung und der Betreuung von

---

9 Vgl. Bernardi (1999), die eine Weiterbildung für Lehrkräfte im Auftrag des Bayerischen Kultus- und Sozialministeriums zu einem schulischen AIDS-Präventionsprogramm evaluierte. Ziel war es, den Informationsstand der Schüler und deren protektive Persönlichkeitsmerkmale, die sog. „Lebenskompetenzen" zu evaluieren, um trotz der Bedrohung einer AIDS-Erkrankung, ein halbwegs „normales" Leben führen zu können (S.56).

Kindern und Jugendlichen in Gesundheitskonferenzen zu vernetzen und aktuellen Handlungsbedarf im Rahmen der Gesundheitsberichterstattung aufzuzeigen (Ministerium für Arbeit, Soziales, Gesundheit und Frauen des Landes Brandenburg 1999; Klocke 2001b).

Literatur

Bäcker, Gerhard/ Bispinck, Reinhard/ Hofemann, Klaus/ Naegele, Gerhard (2000): Sozialpolitik und soziale Lage in Deutschland. Band 2: Gesundheit und Gesundheitssystem, Familie, Alter, Soziale Dienste. Opladen: Westdeutscher Verlag, 3. Auflage

Bernardi, Sarah (1999): „LIZA-Leben in Zeiten von Aids": Ein Lebenskompetenztraining zur AIDS-Prävention in der 8. und 9. Schulstufe. Diplomarbeit am Institut für Soziologie der Ludwig-Maximilians-Universität. München

Bilz, Ludwig/ Hähne, Cornelia/ Melzer, Wolfgang (2003): Die Lebenswelt Schule und ihre Auswirkungen auf die Gesundheit von Jugendlichen. In: Hurrelmann et al.(2003): 243–299

Blakely, Tony/ Atkinson, June/ Kiro, Cindy/ Blaiklock, Alison/ D'Souza, Amanda (2003): Child mortality, socioeconomic position, and one-parent families: independent associations and variation by age and cause of death. In: International Journal of Epidemiology 32: 410-418

Blane, David (1999): The life course, the social gradient, and health. In: Marmot/ Wilkinson (1999): 64-80

Bolte, Gabriele (2000): Soziale Ungleichheit und Gesundheit von Kindern. Über den Zusammenhang von Indikatoren der sozialen Lage mit immunologischen Parametern und respiratorischen Erkrankungen am Beispiel einer umweltepidemiologischen Studie. Reihe: Materialien zur Epidemiologie. Band 3. Hrsg. von Wichmann, H.-E./Heilmaier, H.E.. Regensburg: Roderer

Brenner, Hermann/ Mielck, Andreas (1993): The role of childbirth in smoking cessation. In: Preventive Medicine 22: 225-236

Bundesministerium für Familie, Senioren, Frauen und Jugend (2002): Elfter Kinder und Jugendbericht. Bericht über die Lebenssituation junger Menschen und die Leistungen der Kinder- und Jugendhilfe in Deutschland. Berlin

Buser, Kurt/ Werner, Sabine/ Volk, Peter (1998): Krankheit und soziale Lage – Sonderfall Neurodermitis. In: Das Gesundheitswesen 60: 311-316

Deutsches Komitee für UNICEF (2003): Zur Situation der Kinder in der Welt 2004. Bildung für Mädchen. Frankfurt: Fischer

Diekmann Andreas/ Voss Thomas (Hrsg.) (2004): Rational Choice Theorie in den Sozialwissenschaften. Anwendungen und Probleme. München: Oldenbourg

Due, Pernille/ Lynch, John/ Holstein, Björn/ Modvig, Jens (2003): Socioeconomic health inequalities among a nationally representative sample of Danish adolescents: the role of different types of social relations. In: Journal of Epidemiology and Community Health 57: 692-698

Elkeles, Thomas/ Frank, Michael/ Korporal, Johannes (1994): Säuglingssterblichkeit und soziale Ungleichheit. Regionale Analyse der Säuglingssterblichkeit und der Totgeburtlichkeit für Berlin (West) 1970-1985. In: Mielck (1994): 347-371

Ellsäßer, Gabriele/ Böhm, Andreas/ Kuhn, Joseph/ Lüdecke, Karin/ Rojas, Gudrun (2002): Soziale Ungleichheit bei Kindern. Ergebnisse und Konsequenzen aus den Brandenburger Einschulungsuntersuchungen. In: Kinderärztliche Praxis 4: 248-257

Gerhards, Jürgen/ Rössel, Jörg (2003): Das Ernährungsverhalten Jugendlicher im Kontext ihrer Lebensstile. Eine empirische Studie. Bundeszentrale für gesundheitliche Aufklärung. Forschung und Praxis der Gesundheitsförderung. Band 20. Köln

Gortmaker, Steven L./ Wise, Paul H. (1997): The first injustice: Socioeconomic disparities, health services, technology and infant mortality. In: Annual Review of Sociology 23: 147-170

Heinrich, Joachim/ Popescu, Matei A./ Wjst, Matthias/ Goldstein, Inge F./ Wichmann, H.-Erich (1998) Atopy in children and parental social class. In: American Journal of Public Health 88: 1319-1324

Hoffmeister, Hans/ Hüttner, Hans (1995): Die Entwicklung sozialer Gradienten in den Nationalen Gesundheits-Surveys 1985-1991. In: Zeitschrift für Gesundheitswissenschaft. 2. Beiheft 1995: 113-129

Hradil, Stefan (1994): Neuerungen der Ungleichheitsanalyse und die Programmatik künftiger Sozialepidemiologie. In: Mielck (1994): 375-392

Hurrelmann, Klaus (2000): Gesundheitssoziologie. Eine Einführung in sozialwissenschaftliche Theorien von Krankheitsprävention und Gesundheitsförderung. Reihe: Grundlagentexte Soziologie. Weinheim: Juventa

Hurrelmann, Klaus/ Klocke, Andreas/ Melzer, Wolfgang/ Ravens-Sieberer, Ulrike (Hrsg.) (2003): Jugendgesundheitssurvey. Internationale Vergleichsstudie im Auftrag der Weltgesundheitsorganisation WHO. Weinheim: Juventa

Jungbauer-Gans Monika/ Kriwy, Peter (2004): Bildung und Gesundheitsvorsorge: Die Impfentscheidung. In: Diekmann/ Voss (2004): 331-348

Kinder- und Jugendärztlicher Dienst des Landkreises Oldenburg (2002) Gesundheit und soziale Lage der Schulanfänger 2002 im Landkreis Oldenburg. Oldenburg

Klocke, Andreas (2001a): Die Bedeutung von Armut im Kindes- und Jugendalter – Ein europäischer Vergleich. In: Klocke/ Hurrelmann (2001): 272-290

Klocke, Andreas (2001b): Armut bei Kindern und Jugendlichen und die Auswirkungen auf die Gesundheit. Gesundheitsberichterstattung des Bundes Heft 03/01. Hrsg. vom Robert Koch-Institut. Berlin

Klocke, Andreas/ Becker, Ulrich (2003): Die Lebenswelt Familie und ihre Auswirkungen auf die Gesundheit von Jugendlichen. In: Hurrelmann et al. (2003): 183-241

Klocke, Andreas/ Hurrelmann, Klaus (1995): Armut und Gesundheit. Inwieweit sind Kinder und Jugendliche betroffen? In: Zeitschrift für Gesundheitswissenschaften, 2. Beiheft: 138-151.

Klocke, Andreas/ Hurrelmann, Klaus (Hrsg.) (2001): Kinder und Jugendliche in Armut. Auswirkungen und Konsequenzen. Opladen: Westdeutscher Verlag, 2. überarb. Aufl.

Kriwy, Peter/ Komlos, John/ Baur, Marieluise (2003): Soziale Schicht und Körpergröße in Ost- und Westdeutschland. In: Kölner Zeitschrift für Soziologie und Sozialpsychologie 55: 543-556

Langness, Anja/ Richter, Matthias/ Hurrelmann, Klaus (2003): Zusammenfassung der Ergebnisse und Konsequenzen für eine jugendgerechte Prävention und Gesundheitsförderung. In: Hurrelmann et al. (2003): 301-334

Marmot, Michael/ Wilkinson, Richard H. (Eds.) (1999): Social Determinants of Health. Oxford: University Press

Mielck, Andreas (Hrsg.) (1994): Krankheit und soziale Ungleichheit. Sozialepidemiologische Forschungen in Deutschland. Opladen: Leske + Budrich

Mielck, Andreas (2000) Soziale Ungleichheit und Gesundheit. Empirische Ergebnisse, Erklärungsansätze, Interventionsmöglichkeiten. Bern: Hans Huber.

Mielck, Andreas (2001) Armut und Gesundheit bei Kindern und Jugendlichen. Ergebnisse der sozialepidemiologischen Forschung in Deutschland. In: Klocke/ Hurrelmann (2001): 225-249

Mielck, Andreas/ Helmert, Uwe (1994): Krankheit und soziale Ungleichheit: Empirische Studien in West-Deutschland. In: Mielck (1994): 93-124

Mielck, Andreas/ Reitmeir, Peter/ Wjst, Matthias (1996): Severity of childhood asthma by socioeconomic status. In: International Journal of Epidemiology 25: 388-393

Ministerium für Arbeit, Soziales, Gesundheit und Frauen des Landes Brandenburg (Hrsg.) (1999): Einschüler in Brandenburg. Soziale Lage und Gesundheit 1999. Landesgesundheitsamt Brandenburg, Potsdam

Neumann, Udo (1999): Struktur und Dynamil von Armut. Eine empirische Untersuchung für die Bundesrepublik Deutschland. Freiburg: Lambertus

Neumann, Udo/ Hertz, Markus (1999): Verdeckte Armut in der Bundesrepublik Deutschland. In: Aus Politik und Zeitgeschichte B 18/99: 27-32

Palentien, Christian/ Klocke, Andreas/ Hurrelmann, Klaus (1999) Armut im Kindes- und Jugendalter. In: Aus Politik und Zeitgeschichte B 18/99: 33-38

Petermann, Harald/ Müller, Harry/ Kersch, Brigitte/ Röhr, Michael (1997): Erwachsen werden ohne Drogen. Ergebnisse schulischer Suchtprävention. Weinheim: Juventa

Ravens-Sieberer, Ulrike/ Thomas, Christiane/ Erhart, Michael (2003): Körperliche, psychische und soziale Gesundheit von Jugendlichen. In: Hurrelmann et al. (2003): 19-98

Richter, Matthias/ Settertobulte, Wolfgang (2003): Gesundheits- und Freizeitverhalten von Jugendlichen. In: Hurrelmann et al. (2003): 99-157

Scholz, Martin/ Kaltenbach, Martin (1995): Zigaretten-, Alkohol- und Drogenkonsum bei 12- bis 13jährigen Jugendlichen – eine anonyme Befragung bei 2979 Schülern. In: Das Gesundheitswesen 57: 339-344

Shaw, Mary/ Dorling, Danny/ Davey Smith, George (1999): Poverty, social exclusion, and minorities. In: Marmot/ Wilkinson (1999): 211-239

Spencer, Nick (2003): Social, Economic, and Political Determinants of Child Health. In: Pediatrics 112: 704-706.

Statistisches Bundesamt (1998): Gesundheitsbericht für Deutschland. Gesundheitsberichterstattung des Bundes. Stuttgart: Metzler-Poeschel

Tempel, Günter/ Witzko, Karl-Heinz (1994): Soziale Polarisierung und Mortalitätsentwicklung. Erste Ergebnisse der Kommunalen Gesundheitsberichterstattung des Landes Bremen. In: Mielck (1994): 331-345

Wadsworth, Michael (1999): Early life. In: Marmot/ Wilkinson (1999): 44-63

Zubrägel, Sabine/ Settertobulte, Wolfgang (2003): Körpermasse und Ernährungsverhalten von Jugendlichen. In: Hurrelmann et al. (2003): 159-182

Jugend und Gesundheit in der Europäischen Union – Ergebnisse einer vergleichenden Sekundäranalyse
Horst Hackauf

1 Einleitung

Die EU-Gesundheitspolitik hat seit dem Vertrag von Amsterdam nur langsame Fortschritte gemacht, obwohl die EU unvermindert an ihrem Zeitplan zur Umsetzung von Aktionsprogrammen in der Gesundheit (Public Health Programme) festhält.[1] Ein neues Aktionsprogramm (New Health Strategy) für die Zeit nach der Jahrtausendwende wurde aufgelegt, um zu vermeiden, dass es im Hinblick auf die EU-Erweiterung (2004) in der Gesundheitspolitik zu Stagnationen oder Rückwärtsentwicklungen kommt.[2]

Im Rahmen der EU-Gesundheitspolitik wurden in den letzten Jahren eine Reihe von Gesundheitsberichten veröffentlicht, z.B. zum Gesundheitsstatus der Allgemeinbevölkerung sowie der Frauen und zu einzelnen Schwerpunktthemen (Alkohol, Drogen, soziale Ungleichheit u.a.). Die Berichte haben häufig Ländervergleiche durchgeführt, die allerdings aufgrund von fehlenden Daten nur eingeschränkt möglich waren. Ein Blick in die verfügbaren Gesundheitsstatistiken macht deutlich, dass oft keine ausreichenden Untergliederungen nach Altersgruppen und Geschlecht vorliegen und dadurch jugendbezogene Gesundheitsforschung kaum möglich ist.

Im Allgemeinen liefert die konventionelle Berichterstattung hauptsächlich Daten über Gesundheit aus der Erwachsenenperspektive, die maßgebliche Teile unserer Gesellschaft (z.b. die Jahrgänge zwischen 15 und 25 Jahren) aussparen. Diese Situation sollte sich auf Veranlassung der EU durch einen Bericht über die gesundheitliche und soziale Entwicklung junger Europäer und Europäerinnen

---

1 Der Vertrag von Amsterdam ist seit dem 1.5.1999 wirksam.
2 Hübel, M./Merkel, B.: Die Entwicklung einer Gesundheitspolitik für die Europäische Gemeinschaft: Die Mitteilung der Kommission über die Entwicklung der Gemeinschaftspolitik im Bereich der öffentlichen Gesundheit, in: Bellach, B.-M., Stein, H.: Die neue Gesundheitspolitik der EU, 1999 (S. 32-39). Vgl. auch European Commission (2000a) 285 final of 16.5.2000.

ändern, die hier im Folgenden als Datengrundlage dienen.[3] Diese Berichte (Europäische Kommission 2000, Hackauf/Winzen 1999/2004) untersuchen, inwieweit junge Menschen von erheblichen gesundheitlichen Risiken betroffen sind (z.b. alkohol- und drogenbedingten Verkehrsunfällen, Verletzungen, psychischen Beeinträchtigungen, Substanzmissbrauch, Fehlernährung, Übergewicht, Bewegungsmangel). Sie Stellen Datenquellen dar, in denen aktuelle Problemfelder identifiziert und Fragen nach einer vergleichenden Wissensbasis zur europäischen Berichterstattung über die Risiken und den Gesundheitszustand junger Europäer und Europäerinnen beantwortet werden. Dabei interessieren die Gesundheitsprobleme der jungen Menschen in Abhängigkeit von ihren sozialen Merkmalen (z.b. Alter, Geschlecht) sowie ihrer sozialen Lage (z.b. Arbeitslosigkeit, Armut). Einen besonderen Schwerpunkt bildet die Jugendphase zwischen 15 und 25 Jahren, eine Lebensphase, die für die gesundheitliche Entwicklung langfristig bedeutsam ist, da in ihr gesundheitsschädigende Verhaltensweisen und Lebensstile erworben werden.

2 Gesundheit

Die Bestandsaufnahme des gesundheitlichen Status von Jugendlichen in der EU erfordert zunächst die angemessene Konzeptualisierung des Verständnisses von „Gesundheit". Die nachfolgende WHO-Definition (von 1946) bietet einen Leitbegriff für die europäische Gesundheitsforschung, obwohl die Debatte um die Definition noch immer nicht beendet ist. So haben an der WHO-Definition z. B. Wipplinger et al. (1998, S. 20) den „utopisch-dogmatischen Charakter", eine zu statische Ausrichtung, fehlende objektive Aspekte und eine schlechte Operationalisierbarkeit bemängelt:

> „Gesundheit ist der Zustand des vollständigen körperlichen, geistigen und sozialen Wohlbefindens und nicht nur des Freiseins von Krankheit und Gebrechen. Sich des bestmöglichen Gesundheitszustandes zu erfreuen, ist eines der Grundrechte jedes Menschen, ohne Unterschied der Rasse, der Religion, der politischen Überzeugung, der wirtschaftlichen oder sozialen Stellung" (WHO 1946, zitiert nach BZgA 1996, S. 25).

---

3   Der Bericht des Deutschen Jugendinstituts (DJI) in München (Hackauf/Winzen 1999) wurde für ein Arbeitsdokument der Kommissionsdienststellen zusammengefasst. Der Bericht des DJI `On the state of young people's health in the European Union (kann ebenso wie das Arbeitsdokument (AZ: SEK (2000) 667) bei der EU, Generaldirektion SANCO, F 3, Luxemburg, EUFO 4270, L-2920 Luxemburg bezogen werden
(http://europa.eu.int/comm/health/ph_information/reporting/full_listing_reporting_en.htm).

Jugend und Gesundheit in der Europäischen Union 27

In Bezug auf die laufende Auseinandersetzungen erscheint es wichtig, auch in der jugendbezogenen Gesundheitsforschung einen angemessenen Gesundheitsbegriff zu verwenden. Darüber besteht allerdings noch keine Klarheit, denn Jugendliche können (je nach Alter und Geschlecht) ganz unterschiedliche Erfahrungen mit und Vorstellungen von Gesundheit besitzen. Empirische Studien zeigen, dass sich mit zunehmender Reifung deren Erfahrungen, Sichtweisen und Deutungen stark verändern. So beziehen sich 10- bis 15-Jährige bei Aussagen zur eigenen Gesundheit überwiegend auf ihre körperliche Leistungsfähigkeit und körperliche Unversehrtheit. Hurrelmann hat ein subjektives Gesundheitskonzept entwickelt, in dem seelische Ausgeglichenheit sowie soziales und partnerschaftliches Glücksempfinden mit körperlichem Wohlbefinden und Möglichkeiten von Bewegungsfreiheit und körperlichen Leistungsfähigkeit verknüpft werden (Hurrelmann 1994b, S. 276). Die Übertragung dieses Konzepts auf andere europäische Länder ist allerdings noch zu leisten.

3 Gesundheitstrends bei jungen Menschen in der europäischen Union

Im folgenden Kapitel steht der Gesundheitszustand der jungen Menschen in der EU im Vordergrund. Die Lebensphase Jugend hat eine entscheidende Bedeutung für die Gesundheit und das Wohlergehen in den folgenden Lebensjahren. Will man den Wissensstand im Bereich der öffentlichen Gesundheit für junge Menschen erweitern, ist dies nur durch ein klares Bild möglich, das die besonderen gesundheitlichen Aspekte und auch Risiken in dieser Lebensphase transparent macht. Daher ist es wichtig, nicht nur Mortalität und Morbidität zu betrachten, sondern auch soziale und kulturelle Faktoren, die für die gesundheitliche Entwicklung junger Menschen entscheidend sind.

Dementsprechend wird erörtert, welche Bedeutung die sozialen Bedingungen für die Lebenssituation von Jugendlichen haben und wie sie die Gesundheit beeinflussen. Den Ausgangspunkt bilden sozioökonomische Faktoren, die – soweit verfügbar – Erkenntnisse zur sozialen Lage der Jugendlichen liefern. Die soziale Lage hat Einfluss darauf, wie gesund Menschen sind oder bleiben, d. h. welche chronischen Erkrankungen sie mit erhöhter Wahrscheinlichkeit betreffen, wie hoch ihre Lebenserwartung ist und an welchen Todesursachen sie vermutlich sterben. Krankheitsrisiken zeigen einen eindeutigen Zusammenhang mit der sozialen Schichtzugehörigkeit. Die Zugehörigkeit zur unteren sozialen Schicht verschlechtert die Lebenserwartung und macht deutlich, dass ein Erkrankungsrisiko nicht primär durch Altersunterschiede oder ethnische Unterschiede bedingt ist, sondern durch soziale Gradienten, die zur sozialen Ungleichverteilung von Krankheit führen.

3.1 Jugendarbeitslosigkeit und Armut

Die Bewertung der sozioökonomischen Situation von jungen Menschen in Europa und ihrer Auswirkungen auf den gesundheitlichen Status kann nicht ohne Berücksichtigung der chronisch hohen Jugendarbeitslosigkeit in den EU-Ländern erfolgen. Sie ist nicht nur für die Betroffenen ein persönliches Problem, sondern zugleich eine große Herausforderung für Staat und Gesellschaft der Mitgliedsländer. Die gesundheitlichen Folgen der Arbeitslosigkeit bilden schon seit zwei Jahrzehnten den Gegenstand internationaler Untersuchungen. Vergleichende Untersuchungen zwischen Ländern werden aber dadurch erschwert, dass Arbeitslosigkeit unterschiedliche sozioökonomische und kulturelle Bedeutungen hat und verschiedene Bevölkerungsgruppen unterschiedlich stark betrifft. Die Daten von Eurostat über langzeitarbeitslose Jugendliche zeigen, in welchen Ländern besonders lange Phasen der Jugendarbeitslosigkeit bestehen.

Tabelle 1: Langzeitarbeitslosigkeit der Jugendlichen (6 Monate oder länger) in %, EU, 1994, 1998, 2000, 2001

	EU 15	B	DK	D	GR	SP	F	IRL	I	L	NL	Ö	P	FIN	S	VK
1994	13,1	12,8	3,4	4,4	19,3	30,2	13,9	17,0	25,1	4,1	10,0	1,7	7,1	7,6	10,0	8,0
1998	11,2	13,8	1,4	4,9	21,8	23,1	13,2	9,8	25,9	3,4	5,2	2,5	5,0	5,6	6,5	4,2
2000	7,7	7,8	0,5	3,7	20,3	12,9	8,3	0,5	22,5	1,8	3,1	1,6	3,2	3,8	2,5	3,3
2001	6,9	n/v	1,1	n/v	17,9	11,9	n/v	n/v	21,0	n/v	2,5	2,0	3,7	3,1	2,3	3,0

n/v: Daten nicht verfügbar
Anmerkung: Die Definition von Arbeitslosigkeit entspricht jener der Internationalen Arbeitsorganisation (IAO). Arbeitslose werden zu den Langzeitarbeitslosen gezählt, wenn sie mindestens zwölf Monate lang ohne Beschäftigung sind. Für die Altersgruppe der
Quelle: Eurostat 2000, S. 25; Europäische Kommission 2003, S. 139.

So sind in den südeuropäischen Ländern weit mehr Jugendliche von langen Phasen der Arbeitslosigkeit betroffen als in den nord- und zentraleuropäischen Ländern, wenn auch die Zahl der jugendlichen Arbeitslosen, die länger als 6 Monate nach Arbeit suchen, inzwischen wieder etwas zurückgegangen ist. So suchen z. B. in Italien im Jahr 2001 21% der arbeitslosen Jugendlichen seit über 6 Monaten eine Beschäftigung. Dagegen haben die skandinavischen EU-Mitgliedsstaaten und auch Luxemburg oder Österreich wesentlich niedrigere Anteile an Langzeitarbeitslosen. Von Arbeitslosigkeit können national, regional und lokal sehr unterschiedlich Gruppen betroffen sein.

Jugend und Gesundheit in der Europäischen Union 29

So sind vor allem Gruppen mit hohen Gesundheitsrisiken unter jungen Arbeitslosen (ohne Arbeitserfahrung und Sozialversicherungsansprüchen) zu finden, auch unter alleinstehenden Müttern und Vätern, Arbeitsmigrantinnen, Behinderte und Arbeitslosen mit niedriger oder fehlender beruflicher Qualifikation.

Neben der Teilnahme am Arbeitsleben hat auch die wirtschaftliche Absicherung Jugendlicher eine wichtige Bedeutung für ihre Partizipation am gesellschaftlichen Leben. Bezüglich finanzieller Probleme zeigt Tabelle 2, dass in Deutschland und Luxemburg weniger als 10% der 16- bis 29- Jährigen ihre Situation als finanziellen Engpass einschätzen, in Spanien und Portugal liegt diese Gruppe dagegen bei 40%, in Griechenland sogar bei 55% (Eurostat 1997, S. 81). Jugendliche aus einkommensschwachen Familien unterliegen dem Risiko, in schlechten Wohnverhältnissen heranzuwachsen, vor allem, wenn kaum Aussicht auf staatliche finanzielle Unterstützung besteht. Soziale Gruppen mit mangelnden finanziellen Ressourcen sind stärker der Gefahr der Marginalisierung ausgesetzt, was belastende Lebensbedingungen und ein ungünstiges Gesundheitsverhalten zur Folge haben kann.

Tabelle 2: 16- bis 29-jährige Jugendliche, die in Haushalten mit finanziellen Schwierigkeiten leben[1], (in %), 1994

B	DK	D	GR	SP	F	IRL	I	L	NL	P	VK
14	16	9	55	42	23	30	25	7	15	39	20

1) Die Frage des Europäischen Haushaltspanel lautet: "Wenn Sie das monatliche Einkommen Ihres Haushalts betrachten, würden Sie sagen, dass es Ihnen nur 'sehr schwer', 'schwer' zu leben ermöglicht?" Hier wurden die Antworten "sehr schwer" und "schwer" zusammengefasst.

Ländercode:
B: Belgien   F: Frankreich   I: Italien   P: Portugal   S: Schweden
D: Deutschland   FIN: Finnland   IRL: Irland   NL: Niederlande   SP: Spanien
DK: Dänemark   GR: Griechenland   L: Luxemburg   Ö: Österreich   VK: Ver.Königreich
Quelle: European Commission 1997, S. 81

Der Bericht des europäischen Netzwerks gegen Armut (European Anti-Poverty Network 1998, S. 9) zeigt, dass sich die Zahl der Personen, die in der EU in Haushalten mit finanziellen Schwierigkeiten leben, seit Ende der 80er-Jahre von 51,9 Mio. auf 57,1 Mio. erhöht hat.

Dem Bericht liegt der Befund zugrunde, dass im Jahre 1993 in den 12 Mitgliedsstaaten der EU über 57 Mio. Menschen in annähernd 23 Mio. als „arm" zu bezeichnenden Haushalten lebten. Nach Ländern aufgeschlüsselt ist Portugal mit 26% das Land mit der höchsten Armutsrate in der Europäischen Union, während die skandinavischen Länder – z.b. Dänemark mit 6% – die niedrigsten Armutsraten haben.

Das Ausmaß der Armut hat seit den 80er Jahren nicht nur eine steigende Tendenz, sondern gleicht sich auch zwischen den EU-Ländern an. Danach haben sich folgende drei Gruppen herauskristallisiert:
- die skandinavischen Staaten mit Raten zwischen 5% und 6%;
- die Beneluxstaaten (Belgien 13%, Niederlande 13%, Luxemburg 15%), Frankreich 14% und Deutschland mit Raten zwischen 11% und 15%;
- die mediterranen Staaten (Italien 20%, Spanien 20%, Griechenland 22% und Portugal 26%) sowie England und Irland mit Raten von über 20%.

Berechnungen lassen vermuten, dass mehr als 13 Mio. junge Menschen unter 16 Jahren in armen Haushalten wohnen. Der Anteil der in armen Haushalten lebenden Minderjährigen ist im Vereinigten Königreich am höchsten (mit 32%) und in Dänemark am niedrigsten (mit 5%).[4] Die 1993 erhobenen Daten des europäischen Haushaltspanels (EAPN 1998) zeigen, dass es in den EU-Mitgliedsländern verschiedene „Risikogruppen" gibt, und dass Alleinerziehende mit Kindern unter 16 Jahren das größte Armutsrisiko in der EU tragen.[5]

3.2 Trends objektiver und subjektiver Gesundheit

Einen ersten Ansatz zur Bestimmung der gesundheitlichen Lage der 15- bis 25-jährige EuropäerInnen bietet die Messung der im Alter von 15 Jahren antizipierbaren Lebenserwartung. Es handelt sich um einen bevölkerungsbezogenen Gesundheitsindikator, der unterschiedliche Überlebenschancen in den verschiedenen EU-Ländern sichtbar macht. Abbildung 1 und 2 geben einen Überblick über die Lebenserwartung, die 15-Jährige in ausgewählten EU-Mitgliedsländern haben. Die Daten zeigen eine deutliche Steigerung der Lebenserwartung zwischen 1985 und

---

4   Die Daten stammen aus dem Bericht "Living conditions of the disadvantaged in the European Commission" der Universität Rotterdam 1993. Die Armutsgrenze wurde hier durch die Pro Kopf-Ausgaben definiert. Die Armutsgrenze in den Daten des European Anti-Poverty Network (EAPN) Berichtes (1998) ist ähnlich konstruiert wie im Europäischen Haushaltspanel (ECHP), nämlich nach Haushaltseinkommen (vgl. EAPN 1998, S. 10 und S. 18).

5   An zweiter Stelle folgen allein lebende Personen unter 30 Jahren, an dritter Stelle Personen über 65 Jahre und an vierter Stelle Paare mit drei oder mehr Kindern unter 16 Jahren.

Jugend und Gesundheit in der Europäischen Union 31

2000, wobei junge Frauen in Frankreich und junge Männer in Schweden die besten Plätze einnehmen. Deutschland hat einen Platz im unteren Mittelfeld. Generell ist die Lebenserwartung von jungen Frauen etwa 5- bis 8 Jahre höher als von jungen Männern. Dies gilt nicht nur innerhalb der Länder, sondern auch zwischen ihren Ländern. Bezogen auf das Jahr 1999 hatten junge 15-jährige Däninnen mit ca. 64 verbleibenden Jahren die geringste Lebenserwartung (vgl. Abbildung 2). Sie haben aber noch bessere Aussichten als die 15-jährigen männlichen Schweden, die mit etwas mehr als 62 weiteren Jahren die geschlechtsspezifisch höchste Lebenserwartung in Europa aufweisen.

Hinter diesen deutlichen geschlechtsspezifischen Unterschieden sind vermutlich gravierende Unterschiede der sozioökonomischen und ökologischen Lebensbedingungen und soziokulturellen Lebensweisen zu vermuten. Eine genauere Klärung der Gründe und Ursachen für die unterschiedliche Lebenserwartung von Mädchen und Jungen in Europa könnte wertvolle Hinweise für Prävention und Intervention liefern.

Abbildung 1: Lebenserwartung im Alter von 15 Jahren (verbleibende Lebensjahre), Jungen, ausgewählte Länder

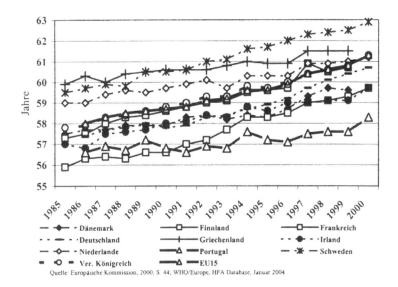

Eine interessante Ergänzung dieser bevölkerungsbezogenen Indikatoren zur Lebenserwartung, die wenig über den Gesundheitszustand der jungen Menschen aussagt, leisten die ausgewählten Gesundheits- und Sozialindikatoren (z.b. subjektive Selbsteinschätzung der Gesundheit, Mortalitäts- und Morbiditätstrends, gesundheitsrelevante Verhaltensweisen) auf die im Folgenden eingegangen wird.[6]

Abbildung 2: Lebenserwartung im Alter von 15 Jahren (verbleibende Lebensjahre), Mädchen, ausgewählte EU-Mitgliedsländer

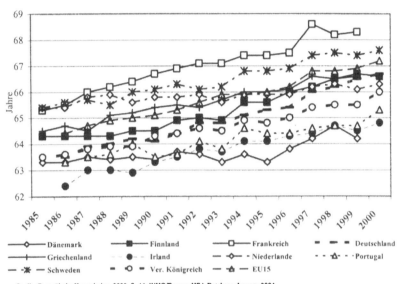

Quelle: Europäische Kommission, 2000, S. 44; WHO/Europe, HFA Database, January 2004

Der größte Teil der jungen Menschen von 15 bis 25 Jahren bezeichnet im EU-Durchschnitt seinen Gesundheitszustand als "sehr gut" (40,6%) und "gut" (38,7%), 17% als "einigermaßen gut" und eine Minderheit von 3,6% als "schlecht" oder "sehr schlecht" (vgl. Abbildung 3).

Es ist erwähnenswert, dass ca. 39% der jungen Deutschen (in West- und Ostdeutschland) ihren Gesundheitszustand als „sehr gut" einschätzen (dies entspricht etwa dem EU-Durchschnitt), aber nur 21% der jungen Portugiesen. (Dahinter kann

---

6   Der Bericht von Hackauf/Winzen (1999) enthält noch eine Reihe weiterer Indikatoren (Ernährung, Behinderungen, Konsum von Medikamenten, Sexualverhalten, Zahngesundheit, Impfen, sportliche Aktivitäten u. a.).

Jugend und Gesundheit in der Europäischen Union 33

kein Nord-Süd Gefälle vermutet werden, denn die jungen Griechen liegen mit 58% ebenso wie die jungen Iren mit 67% im oberen Bereich). Eine weitere Informationsquelle stellt die WHO-Studie „Health Behaviour in School-aged Children" (HBSC) (Currie/Hurrelmann/Settertobulte u. a. 2000) dar, die bei 15-jährigen Europäern und Europäerinnen zu ähnlichen Ergebnissen kommt. Die große Mehrheit der 15-Jährigen schätzte sich als gesund ein, ein Drittel von ihnen sogar als sehr gesund. Andererseits litt mehr als jeder fünfte Teenager regelmäßig unter psychosomatischen Symptomen. Es zeigt sich in den Ergebnissen, dass in den Befragungen zum subjektiven Gesundheitszustand junge Männer sich als gesünder einschätzen und deutlich weniger Symptome angeben als junge Frauen.

Abbildung 3: Selbsteinschätzung des Gesundheitszustandes, 15-25 Jahre, (in %), EU 15, 1996

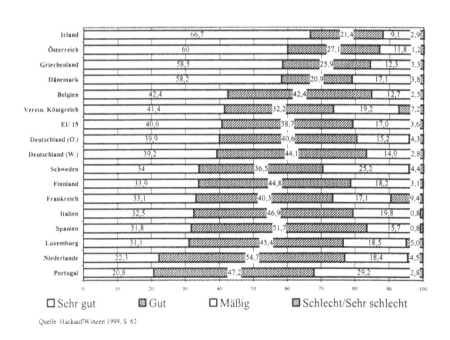

In dieser Studie werden außerdem die wahrgenommenen Symptome, die als psychosomatisch bedingt eingestuft werden, (wie Kopf-, Bauch-, Rückenschmerzen usw.) erhoben (vgl. Tab. 4). Kopfschmerzen stellen das am meisten verbreitete Symptom dar, ihre Verbreitung hat sich im Vergleich zu einer früheren Erhebung der HBSC-Studie (King u. a. 1996) um 5% erhöht (Currie/Hurrelmann/Settertobulte u. a. 2000, S. 29). So zeigt die HBSC-Studie auch, dass mehr Mädchen über Kopfschmerzen klagen als Jungen. Der Anteil der betroffenen Jungen erreicht im Vergleich der Altersgruppen 11, 13 und 15 Jahre ein relativ stabiles Niveau von 24%. Ein Anstieg der Kopfschmerzsymptome bei Mädchen zeigt sich in einem durchschnittlichen altersabhängigen Anstieg des Symptoms von 33% auf 43% (ebd., S. 29). Die häufiger auftretenden Symptome (Kopf-, Bauch-, Rückenschmerzen) werden in der HBSC-Studie mit einem ansteigenden Konsum von Medikamenten in Zusammenhang gebracht, der die verschiedenen Schmerzzustände lindern soll (ebd., S. 31). Allerdings sind es auch hier die Mädchen, die häufiger zum Konsum von Medikamenten neigen.

Die HBSC-Studie analysiert verschiedene Faktoren des subjektiven Gesundheitszustands und stellt fest, dass dieser offenbar mit dem familiären Hintergrund, der Lebensführung, der schulischen Leistung, den sozialen Beziehungen und den sozioökonomischen Lebensbedingungen verbunden ist. Die Angabe eines schlechten Gesundheitszustands und vieler Symptome können in Zusammenhang gebracht werden sowohl mit riskanter Lebensführung, Drogenmissbrauch, Isolation, Einsamkeit, aber auch mit negativen Aussagen über das Schulklima und schulischen und beruflichen Problemen.

3.3 Psychische Gesundheit

Der Bericht der Europäischen Kommission (2000, S. 29) stellt fest, dass psychische und psychosoziale Probleme in der Jugend häufig nicht erkannt und nicht ausreichend behandelt werden. Psychische Erkrankungen weisen bei jungen Menschen kaum andere Krankheitsbilder auf als bei Erwachsenen. Des Weiteren verweist der Bericht der Europäischen Kommission (2000, S. 29) darauf, dass die Inzidenz vieler Erkrankungen (Depressionen, Suchterkrankungen, suizidales Verhalten, Essstörungen und psychotische Störungen) deutlich von der Kindheit bis zum Jugendalter ansteigt und die Prävalenz aufgrund von Rezidiven bis ins Erwachsenenalter weiter zunimmt.

Dem Bericht der EU-Kommission (ebd., S. 29) liegen zwar nur spärliche Daten aus den Mitgliedstaaten zugrunde, doch beträgt – Schätzungen zufolge – die allgemeine Prävalenz der psychischen Erkrankungen in der Jugend rund 15-20%. Bei Jugendlichen aus benachteiligten und schwach integrierten Bevölkerungsgruppen wie (Migranten) wird sie noch höher geschätzt.

Die Ergebnisse der HBSC-Studie dokumentieren *psychosomatische Beschwerden* (z.B. Niedergeschlagenheit, Nervosität, Einsamkeit), die relativ häufig unter Jugendlichen verbreitet sind (vgl. Tab. 5). In einigen Ländern sind diese Beschwerden bei Mädchen relativ oft festzustellen, es zeigt sich aber eine große Schwankungsbreite zwischen den Ländern (vgl. Tab. 5). Die Daten zeigen, welches Ausmaß gesundheitliche Beschwerden Jugendlicher haben. Auch wird ersichtlich, dass große Unterschiede in der Verbreitung und Wahrnehmung von psychosomatischen Beschwerden zwischen Mädchen und Jungen vorliegen, die gezielter Untersuchungen bedürften.

Tabelle 4: Psychosomatische Beschwerden von 15-Jährigen in europäischen Ländern

	Kopfschmerzen[1]		Bauchschmerzen[1]		Rückenschmerzen[1]	
	weiblich	männlich	Weiblich	männlich	weiblich	männlich
			in %			
Belgien(fl.) (Flemish)	27	13	10	4	21	17
Dänemark	34	16	12	6	27	26
Deutschland*	30	18	19	8	22	19
England	42	26	19	11	17	17
Finnland	46	26	20	10	21	18
Frankreich*	42	22	32	16	38	26
Griechenland	44	23	21	13	18	23
Irland	38	22	14	12	20	21
Nord-Irland	45	30	21	15	25	17
Österreich	36	16	18	6	22	19
Portugal	46	20	16	7	30	23
Schottland	48	26	29	13	19	17
Schweden	53	27	31	18	25	25
Wales	45	27	25	15	22	23

Bemerkung: Belgien fl: Belgien flämisch
1) Frage: „Wie oft hattest Du in den letzten Monaten?" (Eine Liste von Symptomen wurde vorgelegt) Die Antwortkategorien: „täglich", "mehr als einmal in der Woche", "jede Woche" wurden zu "mindestens einmal in der Woche" zusammengefasst.
Regionale Daten: Frankreich, Deutschland und Russland (St. Petersburg) (1996)
Quelle: Currie/Hurrelmann/Settertobulte u. a. (2000), S. 26, S. 28, S. 32, S. 34, S. 35

Der Bericht der EU-Kommission (2000, S. 29) schätzt die in der Jugend einsetzenden *Depressionen* als schwere psychosoziale Beeinträchtigungen ein, die ein erhebliches Problem der öffentlichen Gesundheit darstellen. Nach Depressionen im Kindes- und Jugendalter folgen oft Anpassungsstörungen, Lern- und Leistungsschwächen sowie suizidales Verhalten. Nach den im EU-Kommissions-Bericht (2000, S. 29) vorliegenden epidemiologischen Daten beträgt die auf die Lebensdauer bezogene Prävalenz der schweren Depressionen 4 % in der Altersgruppe der 12- bis 17-Jährigen und 9% bei den 18-Jährigen (Sie ist bei Mädchen doppelt so hoch wie bei Jungen). Die jüngsten Ergebnisse deuten auf einen Anstieg der Prävalenz von Depressionen bei Jugendlichen hin.

Ein weiterer Risikofaktor ist der Alkohol- und Drogenkonsum, der bereits in der frühen Jugend verbreitet ist, den aber nur eine Minderheit der Jugendlichen dauerhaft entwickelt. Hinter Missbrauch und Abhängigkeit von Suchtmitteln im Alter von 15–24 Jahren können vielfältige Ursachen stehen etwa soziale Belastungen und psychische Störungen oder auch Depressionen. Hinzu kommt, dass der Alkohol- und Drogenmissbrauch bei jungen Menschen ein hohes Risiko für schwere psychische Störungen im Erwachsenenalter darstellt.

Ein weiteres Problem stellen *Essstörungen* dar, die in hohem Maße die normale Entwicklung der Adoleszenten gefährden. Bei etwa 20 % der betroffenen jungen Frauen, werden die Essstörungen chronisch; die Sterblichkeit liegt bei 6 %. In den letzten 20 Jahren sind Essstörungen bei Jugendlichen häufiger geworden. Die Prävalenz der Anorexie liegt bei etwa 1 %, die der Bulimie beträgt 1,5 – 2 % bei Jugendlichen. Frauen und Mädchen leiden etwa zehnmal so häufig unter Essstörungen wie Männer bzw. Jungen (vgl. Europäische Kommission 2000, S. 30).

Auch wenn viele der Angaben nur geschätzt sind, sollten auf nationaler Ebene Initiativen entstehen, die derartige Datensammlungen in Form einer Gesundheitsberichterstattung junger Menschen verbessern und international vergleichbar machen. Hierzu ist der Vorschlag von STAKES (o. J.) erwähnenswert, einen minimalen Datensatz für Europäische Mental Health – Indikatoren zu entwickeln, der eine EU-weite Erhebung des Gegenstandbereichs erlaubt (vgl. Lahtinen et al. 1999). Die Zusammenhänge von psychischer Gesundheit, sozialer Gesundheit und sozioökonomischen Bedingungen sollten geklärt, aber auch Wege aufgezeigt werden, wie eine Präventionspolitik aufgebaut werden kann, die aktive Unterstützung der psychischen Gesundheit junger Menschen betreibt.

Es reicht allerdings nicht aus, nur subjektive Indikatoren zu verwenden, denn die Messung der gesundheitlichen Entwicklung von jungen Menschen setzt sich aus subjektiven und objektiven Indikatoren zusammen. Im Folgenden sollen die Mortalität (Sterblichkeitsmaße) und Morbidität (Erkrankungsmaße) kurz dargestellt werden.

Jugend und Gesundheit in der Europäischen Union 37

4 Mortalitätstrends

Die Verbesserung der Lebensbedingungen in diesem Jahrhundert hatte u. a. einen starken Rückgang der Sterblichkeit bei Kindern und Jugendlichen zur Folge. Dafür sind verschiedene Modernisierungsfaktoren, wie z.b. das Verbot der Kinderarbeit, der Jugendarbeitsschutz und der Ausbau des Gesundheitswesens und des medizinischen Versorgungsgrades sowie Verbesserungen der Wohnbedingungen verantwortlich.

Tabelle 5: Psychosomatische Beschwerden und anomische Gefühle von 15-Jährigen in europäischen Ländern (in %)

	Niedergeschlagenheit[1]		Nervosität[2]		Einsamkeit[3]	
	weiblich	männlich	weiblich	männlich	weiblich	männlich
Belgien(fl.) (Flemish)	34	26	36	29	16	7
Dänemark	41	12	20	16	10	3
Deutschland*	17	9	33	33	13	9
England	40	24	n/v	n/v	14	6
Finnland	32	19	43	36	16	9
Frankreich*	50	23	55	41	24	13
Griechenland	63	46	n/v	n/v	39	20
Irland	32	19	n/v	n/v	16	8
Nord-Irland	38	18	43	34	17	6
Österreich	15	5	36	28	18	5
Portugal	36	17	n/v	n/v	67	54
Schottland	28	13	36	27	19	8
Schweden	45	25	47	37	22	11
Wales	41	26	31	24	14	6

1) Die Frage lautet „Wie oft hattest Du in den letzten 6 Monaten Gefühle von Niedergeschlagenheit?" Die Antwortkategorien waren: „selten oder nie", „einmal im Monat", „einmal in der Woche", „mehr als einmal in der Woche", „täglich". Die letzten drei Kategorien wurden zusammengefasst zu „mindestens einmal in der Woche" 2) Aus: King u. a. (1996, S. 75) 3) Die Frage war "Hast Du Dich jemals einsam gefühlt?" Die Antworten gaben „Nein", „Ja, manchmal", „eher häufig", „sehr häufig" vor. Die letzten zwei Kategorien wurden zusammengefasst
*Regionale Daten: Frankreich, Deutschland und Russland (St. Petersburg) (1996)
Quelle: Currie et al. (2000), S. 26, S. 28, S 32, S. 34, S. 35

Tabelle 6 macht die besonderen Risikobereiche junger Menschen in Europa deutlich: Die häufigsten Todesursachen sind bei 15- bis 24-jährigen jungen Männern Verkehrsunfälle, Selbstmord und Krebs, bei 15- bis 24-jährigen jungen Frauen Unfälle, Krebs und Selbstmord (neben anderen Ursachen). Die höchste Rate männlicher Todesfälle in dieser Altersgruppe haben Portugal (120,2), Luxemburg (106,2) und Griechenland (106,4), während die niedrigste Rate von den Niederlanden (60,8) und Schweden (53,0) erreicht wird (alle je 100.000 der Altersgruppe).

Tabelle 6: Gestorbene im Alter von 15 bis 24 Jahren in der EU, 2000, je 100.000 Personen

	P	GR[2b]	L	IRL	B[2a]	Ö	FIN	F[2b]	D[2b]	SP[2b]	DK[2b]	I[2b]	VK	NL	S[2b]
Gesamt Männer	120,2	106,4	106,2	105	101,6	94,6	94,4	92,6	80,5	80,1	79,9	76,6	68,3	60,8	53,0
Gesamt Frauen	37,7	30	32,9	38,2	34,7	32,1	33,8	33,1	30	27,6	25,1	25,2	27,9	27,2	22,1
Krebs[1] Männer	7,4	6,2	n/v	5,9	7,0	3,2	5,0	5,7	5,5	6,2	8,3	6,3	5,3	6,0	3,2
Krebs[1] Frauen	5.0	4,2	n/v	5,8	3,5	2,5	4,0	3,7	3,4	3,7	4,7	3,8	4,6	4,7	1,6
Unfall[3] Männer	34,8	57,0	55,0	34,6	43,9	38,2	12,4	40,8	32,0	37,0	30,3	35,4	16,6	21,9	11,5
Unfall[3] Frauen	9,1	11,3	8,0	7,0	10,6	8,3	4,9	12,4	10.7	8,6	7,2	8,4	4,3	5,4	4,5
Suizid[4] Männer	3,6	3,7	11,7	26,0	21,3	21,8	31,2	12,4	12,7	7,0	12,2	6,5	10,6	9,3	14,7
Suizid[4] Frauen	0,9	0,9	4	6,4	5,6	5,7	8,0	3,3	3,0	2,0	2,1	1,6	2,5	1,9	6,3

[1] Malignant neoplasms [2a] 1996 [2b] 1999
[3] SDR motor vehicle traffic accidents [4] SDR suicide/self-inflicted injury n/v: nicht verfügbar

Ländercode:

B: Belgien	F: Frankreich	I: Italien	P: Portugal	S: Schweden
D: Deutschland	FIN: Finnland	IRL: Irland	NL: Niederlande	SP: Spanien
DK: Dänemark	GR: Griechenland	L: Luxemburg	Ö: Österreich	VK: Vereinigtes Königreich

Quelle: WHO/Europe HFA Database, Juni 2002

Die Mortalitätsrate bei jungen Frauen in dieser Altersgruppe liegt in diesen Ländern etwa zwei Drittel niedriger als bei jungen Männern was auf die niedrigeren Unfallzahlen und Suizidraten von jungen Frauen zurückzuführen ist.

Die Gefahren, die von der Teilnahme am Straßenverkehr in den EU-Mitgliedsländern ausgehen, lassen sich durch die Anzahl der Verkehrstoten bzw. Verletzten belegen. Dabei werden in der EU jedes Jahr annähernd 30.000 Personen im Straßenverkehr getötet, wobei die Zahl der getöteten 15- bis 25-jährigen 1987 12.138 Personen erreichte (vgl. Hackauf/Winzen 1999, S. 87). In den Jahren von 1970 bis 2000 ist die Zahl der getöteten jungen Menschen zurückgegangen (vgl. Abbildung 4 u. 5). Portugal (junge Männer: 60,8) und Griechenland (junge Männer: 54,2) bilden eine Ausnahme von diesem Trend; hier stieg in der Altersgruppe der 15- bis 24 -jährigen jungen Männer die Zahl der durch Verkehrsunfall getöteten bis 1995 weiter an. Seit 1997 ist in Portugal die Zahl der getöteten jungen Männer rückläufig. In Österreich (junge Männer: 38,2), in Finnland (junge Männer: 12,4) und im Vereinigten Königreich (junge Männer 16,6) hat von 1997 bis 2000 die Zahl der getöteten jungen Männer und auch jungen Frauen leicht abgenommen. In Schweden (11,5), Finnland (12,5) und im Vereinigten Königreich (16,6) wird bis zum Jahr 2000 über die niedrigste Zahl der tödlich verunglückten jungen Männer berichtet, während in Deutschland (32,6) eine höhere Rate besteht, die aber im untersuchten Zeitraum leicht zurückging (alle Raten beziehen sich auf je 100.000 Personen der Altersgruppe; (vgl. Hackauf/Winzen 1999, European Commission 2000).

Die unfallbezogenen Mortalitätsziffern sind in der Altersgruppe von 20 bis 24 Jahren noch höher als in der Gruppe von 15 bis 19 Jahren. Dies liegt daran, dass in diesen Zeitraum der Erwerb des Führerscheins, eines PKWs oder eines Motorrades fällt. Junge Männer dieser Altersgruppe, die PKW oder Motorrad fahren, gehören zu einer Hochrisikogruppe, wobei das Risiko mit zunehmendem Alter ansteigt (Tursz 1997, S. 117). Bei jungen Frauen lagen die Mortalitätsziffern in der Regel vielfach um zwei Drittel niedriger.

Insbesondere die männlichen Jugendlichen im Alter zwischen 18 bis 24 Jahren sind durch ihren risikoreichen Fahrstil (oftmals unter Alkoholeinfluss) höchst gefährdet. Dies gilt für viele EU-Mitgliedsländer, in denen sich häufig Unfälle unter Alkoholeinfluss ereignen (Europäische Gemeinschaften 2003, S. 17). Die Datenlage ist dazu noch nicht zuverlässig genug, aber in einzelnen Ländern wie z. B. in Deutschland liegen zu Unfällen bei Jugendlichen von 15- bis 18 Jahren unter Alkoholeinfluss entsprechende Daten vor (WiSta 1999, S. 636f.). Diese zeigen auf, dass bei PKW-Unfällen mit Personenschäden 1998 annähernd *jeder dritte Unfallbeteiligte* aus der Altersgruppe 15 bis 18 Jahren alkoholisiert war (269 von je 1.000 Beteiligten). Im Vergleich dazu war beispielsweise in der Altersgruppe 25 bis 35 Jahre jeder 20. Unfallbeteiligte alkoholisiert (48 von je 1.000) (vgl. Wirtschaft und Statistik 1999, S. 637).

Abbildung 4: Durch Verkehrsunfälle getötete 15- bis 24-jährige Männer in der EU (1970-2000), pro 100.000

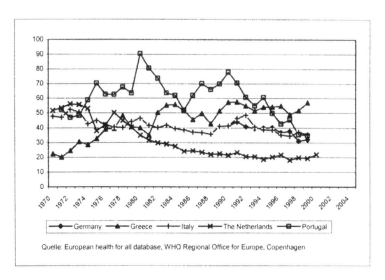

Abbildung 5: Durch Verkehrsunfälle getötete 15- bis 24-jährige Frauen in der EU (1970-2000), pro 100.000

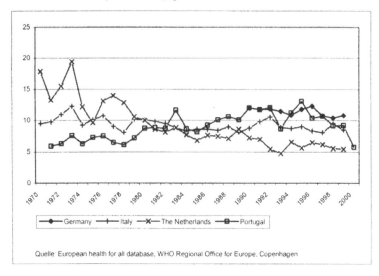

Viele junge Fahrer neigen zum Fahren mit hoher Geschwindigkeit „als Kompensation für starke individuelle und soziale Spannungen (...) Bekanntlich passieren die schwersten Unfälle dann, wenn sie anderen ihre Fahrkunst beweisen wollen" (Tully 1998, S. 116). Der *Suizid* (vgl. Tab. 6) ist bei jungen Menschen in dieser Altersgruppe die zweithäufigste Todesursache nach dem Tod im Straßenverkehr und bildet – zusammen mit den Suizid*versuchen* – eine beträchtliche Belastung der Familien und der Gesellschaft allgemein. Die seit zwei Dekaden hohe, inzwischen etwas zurückgehende *Suizidrate* junger Menschen zwischen 15 und 24 Jahren stellt in den EU-Mitgliedsländern ein erhebliches, doch weitgehend unterbewertetes Problem der öffentlichen Gesundheit dar.

Die Gesamtzahl der Suizide hat zwischen 1987 und 1992 in der EU für die Gruppe der 15- bis 24-Jährigen abgenommen (Europäische Kommission 2000, S. 52). Der Vergleich der Suizidraten zeigt jedoch, dass sie nicht in allen EU-Ländern gleichermaßen zurückgegangen sind.

Insbesondere in Irland hat die Zahl der Selbstmorde bei jungen Männern zwischen 15 und 24 Jahren seit Mitte der 1980er Jahre noch zugenommen (vgl. Abbildung 6). Im Zeitvergleich wird sichtbar, dass Ende der 1990er Jahre der Suizid 15- bis 24jähriger Jugendlicher beider Geschlechter am häufigsten in Finnland und Irland auftrag. Vor allem Irland hat bei Männern und Frauen eine hohe Zuwachsrate aufzuweisen. In den südeuropäischen Ländern z. B. Griechenland und Italien, sind die Suizidraten sehr niedrig (vgl. Abbildung 6 und 7). Weshalb die Unterschiede zwischen den EU-Mitgliedsländern so groß sind, ist noch nicht genauer untersucht worden.

Die Zahl der Selbstmord*versuche* liegt mit einer ungeklärten Dunkelziffer weit höher als die der Suizide. Es liegen nur für einige Länder Daten aus dem Jahr 1993 vor, die hier nur exemplarisch erwähnt werden sollen: So unternahmen 228 pro 100.000 junge Schwedinnen zwischen 15 und 24 Jahren und 97 pro 100.000 junge Schweden einen Suizidversuch; diese Tendenz ist seit 1991 steigend (Sweden's Public Health Report 1997, S. 182.)

Abbildung 6: Suizide, von 15- bis 24 Jahren, Männer, pro 100000, 1970-2000, ausgewählte Länder

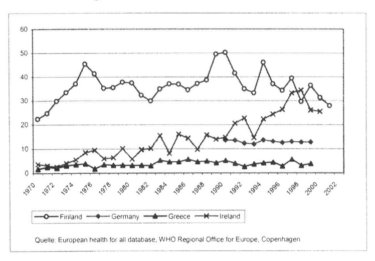

Abbildung 7: Suizide, von 15- bis 24 Jahren, weiblich, pro 100.000, 1970-2000, ausgewählte Länder

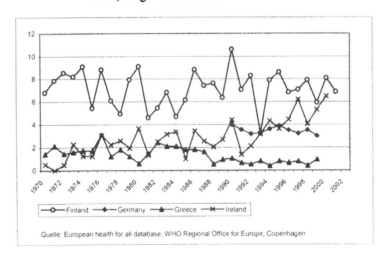

Der Zusammenhang zwischen sozialen Stressfaktoren einerseits, z.B. Arbeitslosigkeit, Partnerschaftskrisen, Suizid andererseits wurde bisher weder in der EU genannt noch für Deutschland eingehend erforscht. Es gibt deutliche Hinweise darauf, dass die Herkunftsfamilie einen erheblichen Einfluss auf das Suizidverhalten von Jugendlichen hat. Dies betrifft vor allem die Erfahrungen mit sexueller Gewalt und mit schweren körperlichen und psychischen Gewalttaten in Kindheit und Jugend. Zum Einfluss der Familie werden u.a. das Zerbrechen der Familienbindungen, vorausgegangene Suizide oder Suizidversuche der Eltern oder der engsten Verwandten, der Zusammenhang zwischen familialen Neigungen zu depressiven Störungen sowie Missbrauch bzw. Abhängigkeit von Alkohol und Drogen genannt (Crepet 1996, S. 53ff.).

Suizidtendenzen bei Kindern und Jugendlichen sind ein in der EU gesundheitspolitisch drängendes Thema, das die Förderung der psychischen Gesundheit, die psychosoziale Versorgung und die Angebote an psychotherapeutischer Hilfe für Jugendliche und junge Erwachsene betrifft.

5 Morbiditätstrends

Die stationären Behandlungsanlässe von Säuglingen, Kleinkindern und Schulkindern waren früher geprägt von "klassischen Kinderkrankheiten", d. h. bakteriellen und viralen Infektionskrankheiten. Dazu zählten vor allem schwere Durchfallerkrankungen, Lungen- und Hirnhautentzündungen. Mittlerweile hat sich in den Industrienationen ein epidemiologischer Wandel der Erkrankungen im Kindesalter vollzogen, wozu u.a. die Prävention durch Impfung beigetragen hat. Infolgedessen sind schwere Infektionskrankheiten zurückgegangen, chronische Erkrankungen hingegen sind relativ stärker in Erscheinung getreten. Aus dem Spektrum der verschiedenen chronischen Erkrankungen des Jugendalters sollen exemplarisch einige Krankheitsgruppen herausgegriffen und anhand von europäischen Datentrends dargestellt werden.

Epidemiologische Daten aus westlichen Industrieländern bestätigen den Verdacht eines Anstiegs *allergischer Erkrankungen*. Sie haben durch ihren chronischen Verlauf eine große gesundheitspolitische Bedeutung. Diese Gruppe von Krankheiten stellt in einigen europäischen Ländern, wie die ISAAC-Studie (International study of asthma and allergies in childhood) (1998) erforscht hat, für Kinder und Jugendliche eines der größten Gesundheitsprobleme dar.

Asthma ist eine chronische Erkrankung, von der in der Europäischen Union zwischen 3 % bis 8 % der erwachsenen Bevölkerung betroffen sind. Die Asthmaprävalenz bei Kindern liegt noch höher. Obwohl Asthma zu den vermehrt auftretenden Problemen und Risiken im häuslichen Bereich und am Arbeitsplatz zählt, liegen bisher für Europa nur unvollständige Daten vor. Die Forschergruppe der ISAAC-Studie fand in den verschiedenen Ländern 20- bis 60fache Unterschiede in der Prävalenz von Asthma, Allergien und atopischem Ekzem (ISAAC 1998a, S. 1231). Die höchste Asthmaprävalenz innerhalb Europas wurde über einen Zeitraum von 12 Monaten im Vereinigten Königreich und der Republik Irland gefunden, die niedrigste in Griechenland.

Es erkranken mehr Kinder und Jugendliche an *Diabetes mellitus* als bisher angenommen. Die Erhebungsmethoden zur Erfassung der Inzidenz von Diabetes mellitus wurden in einigen Ländern verbessert, es fehlt aber oft die besondere Berücksichtigung der Altersgruppe der 15- bis unter 25-Jährigen. Da einige chronische Erkrankungen im frühen Kindesalter erworben werden und Daten zu dieser Gruppe kaum vorliegen, soll hier über die Altersgruppe der unter 15-Jährigen berichtet werden. In der Europäischen Union reicht nach einer EU-weiten Studie (Neu et al. 1997) die Diabetes mellitus-Rate von drei bis zu 40 Fällen je 100.000 Kinder pro Jahr. Dabei ist die jährliche Inzidenz bei den bis 14-Jährigen besonders hoch in Finnland (35), Schweden (24) und Schottland (20); in Deutschland liegt die Inzidenz bei 11,6 und ist damit höher als in früheren Untersuchungen angenommen.

6   Gesundheitsrelevante Verhaltensweisen: Rauchen, Alkohol- und Drogenkonsum

In den Studien zur Jugendgesundheit wird besondere Aufmerksamkeit auf den Zeitpunkt gelegt, zu dem bestimmte gesundheitsrelevante Verhaltenweisen aufgenommen werden. Die Gesundheitsprävention geht davon aus, dass z.B. das Rauchen – wenn überhaupt – so spät wie möglich beginnen sollte, um die gesundheitlichen Auswirkungen zu minimieren. Gesundheitliche Verhaltensweisen, die zum Konsum von Alkohol und Drogen führen, aber auch solche, die mit einseitiger Ernährung und chronischem Bewegungsmangel einhergehen, sind Gegenstand von entsprechenden Untersuchungen.

Ob und in welchem Ausmaß Jugendliche überhaupt Zigaretten, Alkohol und Drogen konsumieren, ist schwierig zu ermitteln, denn bei einer standardisierten Befragung Jugendlicher führen soziokulturelle Antwortmuster zumeist zu Verzerrungen der Ergebnisse. Die im Folgenden dargestellten Daten, die einer WHO-Studie (Health Behaviour in School Aged Children HBSC) (King et al. 1996; Currie/Hurrelmann/Settertobulte et al. 2000) entnommen sind, müssen ebenso wie andere Erhebungen in diesem Bereich unter Vorbehalt gesehen werden.

Jugend und Gesundheit in der Europäischen Union 45

6.1 Rauchen

Die genannte WHO-Studie HBSC (1996, 2000) weist auf eine erhebliche Zunahme der Quoten von Jugendlichen hin, die zwischen 11 und 15 Jahren mit dem Rauchen von Zigaretten beginnen (vgl. Abbildung 8). Große Unterschiede in den Häufigkeiten zeigen sich zwischen den EU-Ländern, was wohl auf die jeweilige kulturelle Akzeptanz des Rauchens verweist. Besonders auffällig ist, dass in fast allen europäischen Ländern immer mehr Mädchen als Jungen angeben, mit dem Rauchen begonnen zu haben, wie z.B. in Österreich, Finnland, Nordirland, Schottland, Wales, Dänemark, England, Deutschland und Frankreich.

Die Gründe für diesen geschlechtsspezifischen Trend können nur vermutet werden. Mädchen erreichen nicht nur größere Anteile bei den ErstkonsumentInnen, sondern auch bei den regelmäßigen täglichen Rauchern, wie etwa in Dänemark 68% (!), Österreich 26%, Deutschland 25%, Frankreich 25% und Schottland 24%.

Abbildung 8: Anteile 15-Jähriger, die mit dem Rauchen begonnen haben, nach Geschlecht 1993/94 und 1997/98 (in %)

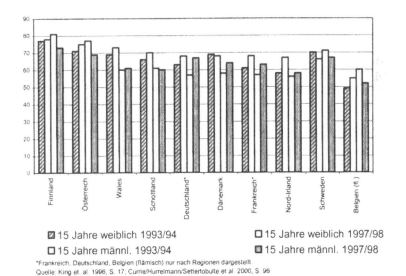

In einigen Ländern, wie im flämisch sprechenden Teil Belgiens (21%) und in Irland (19%), dominieren nach wie vor die Jungen als regelmäßige Raucher (Currie et al. 2000, S. 98) (vgl. Abbildung 9). Die Daten liefern allerdings keine Informationen über starke Raucher, die z. B. 20 oder mehr Zigaretten am Tag rauchen. Es wäre wichtig, bestimmte Trends, wie sie z. B. in Deutschland festgestellt wurden, in allen EU-Mitgliedsländern zu untersuchen. In Deutschland ist z. B. nur der Anteil bestimmter jüngerer Alterskohorten angestiegen. Um spezifische Effekte in bestimmten Altersgruppen nachzuweisen, wären genauere Analysen erforderlich.[7]

Wie die langfristige Entwicklung des Rauchverhaltens in der Jugendphase verläuft, ist mit den dargestellten Trenddaten über 11- bis 15-Jährige in den EU-Mitgliedsländern aufgrund des Fehlens von Daten über höhere Altersgruppen schwer einzuschätzen.

6.2 Alkoholkonsum

Es ist unbestritten, dass durch exzessiven *Alkoholkonsum* das Krankheitsrisiko sich generell erhöht, und dass langfristig vor allem Depressionen, Krebs, Schlaganfall, Bluthochdruck, Leberzirrhose die Folge sind. Alkoholmissbrauch und -abhängigkeit beeinflussen viele Ebenen des individuellen Handelns, etwa bei Straßenverkehrsunfällen, riskantem Sexualverhalten, inner- und außerhäuslicher Gewalt, Kriminalität, Abwesenheit vom Arbeitsplatz oder reduzierter Arbeitsleistung. Das alkoholbedingte Trinkverhalten von jungen Menschen in Europa gibt laut WHO (1995, S. 37) Anlass zu erheblicher Besorgnis. Der Konsum vor allem von Bier in jüngeren Altersgruppen steigt an, auch bei Mädchen und jungen Frauen. Sowohl das Aufwachsen in einer Familie mit alkoholkranken Eltern und Geschwistern als auch ein frühes Einstiegsalter in den regelmäßigen Alkoholkonsum stellen hier einschlägige Risikofaktoren dar. Kinder werden oft schon vorgeburtlich durch den Alkohol- bzw. Drogenkonsum ihrer Mütter konstitutionell geschädigt (Embryopathie), und Jugendliche aus alkoholkranken Familien beginnen immer früher, Alkohol zu konsumieren, teilweise schon im Kindesalter.

Das gruppenspezifische Trinkverhalten von jungen Menschen in Europa gibt laut neueren EU-Berichten (EU-Netzwerk Megapoles 2003) Anlass zu erheblicher Besorgnis. Der Konsum, vor allem von „Alcopops" und Bier, steigt in jüngeren Altersgruppen vieler EU-Mitgliedsländer dramatisch an, wobei auch Mädchen und jungen Frauen eine wachsende Konsumentengruppe darstellen. Dieser Trend ist (im Bereich von „Alcopops") auf neue Produkte der Alkoholindustrie für junge

---

7 vgl. BZgA 2001, S. 44.

Jugend und Gesundheit in der Europäischen Union   47

KonsumentInnen zurückzuführen, die limonadenhaltige Mixgetränke – mit hochprozentigem Alkohol versetzt – anbieten. Außerdem steigt bei jungen Menschen die Tendenz an, an Wochenenden bewusstes „Rauschtrinken" (binge drinking) zu praktizieren.

Eine Studie der WHO (King/Coles 1992) hat z.b. bestätigt, dass es Kinder gibt, die schon vor ihrem 11. Lebensjahr Erfahrungen mit Alkohol gesammelt haben. Die Daten der WHO-Studie HBSC (Currie u. a. 2000, S. 106) zeigen im Vergleich zu früheren Studien einen steigenden Konsum alkoholischer Getränke von 15-jährigen Jugendlichen; danach nehmen bereits mehr als 45% der Jungen und mehr als 30% der Mädchen in Wales, Griechenland, England, Dänemark regelmäßig (wöchentlich) alkoholische Getränke zu sich (vgl. Abbildung 10).[8]

Abbildung 9: Jugendliche, die täglich rauchen, nach Alter und Geschlecht, (in %), 1997/98

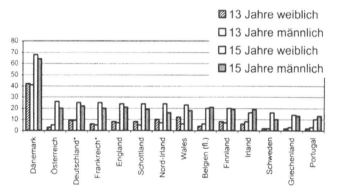

* Frankreich und Deutschland sind nur nach Regionen dargestellt. Belgien: flämische Gemeinschaft.
Quelle: Currie/Hurrelmann/Settertobulte et al. 2000, S. 96.

Jugendliche konsumieren somit früher alkoholische Getränke als ihre Eltern wissen oder der staatliche Jugendschutz erlaubt. Mit der Wirkung von Alkohol früh Erfahrungen zu sammeln, ist ein weitverbreitetes Phänomen: In den meisten Ländern, die an der Studie beteiligt waren (Currie et al. 2000, S. 107), berichtet über die Hälfte der 11-Jährigen, dass sie alkoholische Getränke schon probiert haben.

---

8   Die Health Behaviour in School-Aged Children-Studie (King et al. 1996) umfasst nicht alle EU-Mitgliedsländer.

Die Trinkhäufigkeit steigt mit dem Alter rasch an. Etwa 90% der Jugendlichen bis 15 Jahre haben bereits ein alkoholisches Getränk probiert. Auch regelmäßiger Alkoholkonsum steigt altersabhängig an, so dass sich im Alter zwischen 11 und 15 Jahren die Anzahl der Jugendlichen, die regelmäßig Alkohol trinken, verdoppelt hat (vgl. Currie et al. 2000, King et al. 1996).

Alkoholmissbrauch liegt nach Auffassung der Autoren der HBSC-Studie (King et al. 1996) immer dann vor, wenn die Jugendlichen schon einmal einen Rausch hatten. Jugendliche, bei denen dies häufiger vorkommt, werden explizit als „Risikogruppe" eingestuft. Die HBSC-Studie (1996, 2000) kann darstellen, dass mit zunehmendem Alter mehr *männliche* Jugendliche zu dieser Risikogruppe gehören als weibliche (vgl. Abbildung 11).

Die Daten der HBSC-Studie verdeutlichen, dass in Wales (72%), Dänemark (71%), Schottland (53%), Finnland (52%) und in England (51%) 1997/98 mehr als die Hälfte aller 15-jährigen Jungen schon mehr als zweimal alkoholisiert waren (vgl. Abb. 9). In Frankreich (29%) und Belgien (flämisch) (33%) war dies seltener der Fall. Die Gegenüberstellung der Daten der Studien von 1993/94 und 1997/98 verdeutlicht, dass diese „Risikogruppe", die zunehmend auch aus Mädchen besteht, in den meisten Ländern größer geworden ist, aber auch, dass sich diese Gruppe eher auf die angelsächsischen Länder sowie Dänemark und Griechenland konzentriert, während Schüler und Schülerinnen in anderen Ländern (z. B. Frankreich, Deutschland, Schweden, Finnland) weniger Alkohol trinken (vgl. Abbildung 11).

Die Daten der HBSC-Studie (King et al. 1996; Currie et al. 2000) belegen, dass sich eine wachsende Anzahl junger Europäer durch den regelmäßigen Konsum von Alkohol und Tabak gesundheitlichen Gefahren aussetzt. Dennoch gibt es starke länderspezifische Abweichungen, die möglicherweise auf kulturelle Aspekte und präventive Maßnahmen schließen lassen.

7. Forschungsausblick und Handlungschancen

Der mit den EU-Berichten (European Commission 2000, Hackauf/Winzen 1999/2004) eingeschlagene Weg, jugendbezogene Gesundheitsdaten und Daten der allgemeinen Sozialberichterstattung miteinander zu verbinden, hat sich als geeignet erwiesen, gesundheitspolitisch wichtige Fragen zur sozialen Benachteiligung und gesundheitlichen Entwicklung von Kindern und Jugendlichen in Europa zu untersuchen.

Sachverhalte der sozialen Benachteiligung lassen sich auf unterschiedliche Weise auf den Gesundheitszustand beziehen insofern der Einfluss der sozialen Schicht, des Einkommens, der Bildung und des beruflichen Status als Determinanten

Jugend und Gesundheit in der Europäischen Union 49

des Lebensstils von Jugendlichen verstanden werden. Diese Zusammenhänge können aber mit den vorliegenden Daten der europäischen Sozialberichterstattung nur annährend untersucht werden.

Sozialepidemiologische Studien, die bisher nur für einzelne EU-Mitgliedsländer vorliegen, untersuchen grundsätzlich den Zusammenhang "sozialer Ungleichheit" und Gesundheitszustand. So wird z. B. beim Risiko, frühzeitig zu sterben nachgewiesen, dass die Sterblichkeit in den unteren Bildungsgruppen (unter 9 Jahre Bildungsbeteiligung) um etwa 50% höher ausfällt als in den oberen (über 15 Jahren Bildungsbeteiligung).

Abbildung 10: Anteil von 15-Jährigen, die mindestens einmal pro Woche Alkohol trinken, nach Geschlecht, (in %), 1997/98

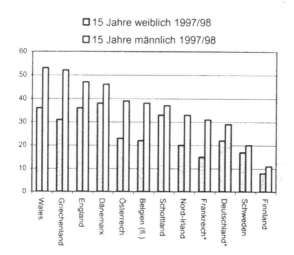

Belgien: flämische Gemeinschaft
*Deutschland, Frankreich, das Vereinigte Königreich sind durch regionale Daten vertreten.
Quelle: Currie/Hurrelmann/Settertobulte et al. (2000), S. 106.

Kinder und Jugendliche befinden sich noch in Schule und Ausbildung, weshalb es schwieriger ist, den Einfluss der sozialen Ungleichheit (ihres Elternhauses) auf ihre Gesundheit zu belegen. Der soziale Status von Kindern und Jugendlichen wird aus den Ressourcen der Eltern abgeleitet und dann auf den Gesundheitsstatus ihrer

Nachkommen bezogen.⁹ Inzwischen belegen allerdings auch einige internationale Studien wie die WHO-HBSC Studie den negativen Zusammenhang zwischen Armut und psychosozialer Morbidität bei Kindern.¹⁰ Verknüpfungen zwischen der sozialen Lage von Kindern und Jugendlichen in problembelasteten Familien (Alleinerziehenden, Familien mit mehr als drei Kindern), mit belastenden Lebensereignissen (Armut, Arbeitslosigkeit) und verstärktem Alkohol-, Tabak- und Drogenkonsum sind daher auch in Einzelstudien über ausgewählte Populationen aufschlußreich.

Abbildung 11: Jugendliche, die angaben, sich mindestens zweimal oder öfter betrunken zu haben, nach Alter nach Geschlecht (in %) 1997/98

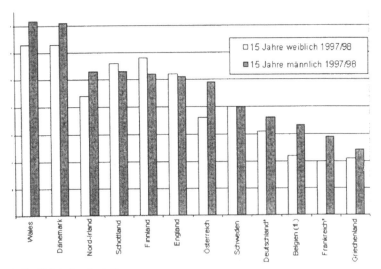

Belgien (fl.): flämische Gemeinschaft
* Deutschland, Frankreich, das Vereinigte Königreich sind durch regionale Daten vertreten.
Quelle: King et al. 1996, S. 23; Currie/Hurrelmann/Settertobulte et al. 2000, S. 110.

Zusammenfassend lässt sich feststellen: Es gibt signifikante Zusammenhänge zwischen der sozialen Lage der Herkunftsfamilie und dem Gesundheitszustand bzw. den Gesundheitsrisiken der Kinder und Jugendlichen. Die Einbeziehung sozioökonomischer Daten zeigt, dass sich die soziale Benachteiligung nicht nur auf

---

9   Hackauf 2003, S. 43.
10 Klocke/Becker 2003, S. 206f.; Becker 2002.

Armutspopulationen beschränkt, sondern auch in höheren sozialen Schichten Problemlagen generieren kann. Die soziale Ungleichverteilung nimmt dabei die Gestalt eines "sozialen Gradienten" an, der von Siegrist in der These formuliert worden ist: „Je günstiger die sozioökonomische Lage, desto geringer die Gesundheitslasten".[11]

Hier sollte staatliche Gesundheitsförderung frühzeitig ansetzen, um negative Entwicklungen zu kompensieren bzw. aufzuhalten. Dazu gilt es, zunächst ein umfassendes Konzept zu entwickeln, das nicht nur die unterprivilegierten Bevölkerungsschichten im Sinne klassischer Armutsbekämpfung anspricht, sondern auch Phänomene „relativer sozialer Benachteiligung" in den Blick nimmt.

Wenige und unzureichende Daten sowie gesetzliche Hindernisse erschweren bislang eine gezielte Gesundheitsförderung von sozial benachteiligten Kindern und Jugendlichen. In vielen EU-Ländern fehlt es auch an geeigneten wissenschaftlichen Untersuchungen. Die Autoren der EU-Studie „Reducing Inequalities in Health: A European Perspective"[12] fanden verstärkte Interventionen zugunsten sozial benachteiligter Kinder und Jugendlicher nur im Vereinigten Königreich, in Schweden und den Niederlanden. Die Gesundheitsprobleme, die am häufigsten erfolgreich behandelt wurden, lagen in den Handlungsfeldern Ernährung, Zahngesundheit, allgemeine Beschwerden und Erkrankungen, Unfälle, psychische Gesundheit, Rauchen, Sehstörungen und allgemeine kindliche Entwicklung, Impfungen und plötzlicher Säuglingstod. Eine ganze Reihe von europäischen Ländern hatte keine entsprechenden Maßnahmen vorzuweisen. In Deutschland allerdings hat eine neue große Erhebung über Jugendgesundheit und Interventions- bzw. Präventionsmaßnahmen die Lage verbessert.[13]

Die konsequente Erforschung der Gesundheit von Mädchen und jungen Frauen stellt in der EU einen auffälligen Defizitbereich dar. Es gibt eine Vielzahl nationaler Befunde zur dramatischen Zunahme von psychischen Belastungen und Entwicklungsstörungen bei dieser Population, die in einer vergleichenden europäischen Trendbetrachtung eingehender analysiert werden sollten. Des Weiteren ist es wichtig, den Gesundheitsstatus von Jugendlichen und jungen Erwachsenen aus Migrantenfamilien besser zu erfassen, da diese Gruppen aufgrund vielfältiger sozioökonomischer und kultureller Faktoren besonderen Gesundheitsrisiken ausgesetzt sind.

Auch die psychische Gesundheit sollte im europäischen Vergleich im Kontext von sozialen Unterschieden erforscht werden, um die psychosoziale Versorgung und Angebote an psychotherapeutischer Hilfe für Jugendliche (und junge Erwachsene)

---

11 Siegrist 1997, S. 19.
12 Mackenbach/Bakker 2002.
13 BZgA 2003.

auf Risikogruppen abzustimmen. Ähnliches gilt für die Suizidproblematik, die in der EU ein herausragendes gesundheitspolitisches Problem darstellt. Die Erkenntnisse sollten für Zwecke der Schulen und Jugendhilfeinstitutionen, insbesondere der Jugendarbeit sowie für die beratende und therapeutische Praxis, aufbereitet werden. Besondere Maßnahmen sollten auf Risikogruppen abgestimmt werden: etwa auf sozial benachteiligte, behinderte oder geringer qualifizierte sowie arbeits- und obdachlose Jugendliche. Für diese Zielgruppen sollten besondere Präventionsmaßnahmen entwickelt werden.

Die Bewahrung möglichst vieler Kinder und Jugendlicher vor Gesundheitsproblemen und -risiken sollte im europäischen Kontext verstärkt durch Präventionsansätze vorangetrieben werden, die den negativen Einfluß der sozialen Benachteiligung einbeziehen. Bei Maßnahmen gegen die hohen Unfallrisiken von jungen Menschen im Straßenverkehr gilt es, in der EU weitere Anstrengungen zu unternehmen, um die hohen Zahlen der tödlich Verunglückten und schwer Verletzten weiter zu senken. Es sollten riskantes Fahrverhalten und lebensstilspezifische Verhaltensweisen – insbesondere der Konsum von Alkohol und Drogen bei jungen Fahrzeuglenkern – erforscht und in Präventionsmaßnahmen berücksichtigt werden.

Literatur

Becker, Ulrich: Armut und Gesundheit – macht Armut Kinder krank? Fachhochschule Frankfurt am Main, 2002 (www.fb4.fh-frankfurt.de/projekt/hbsc)
Bundeszentrale für gesundheitliche Aufklärung (BZgA; Hrsg.): Aufbau einer Internetplattform zur Stärkung der Vernetzung der Akteure. Gesundheitsförderung für sozial Benachteiligte. Forschung und Praxis der Gesundheitsförderung, Band 22., Köln 2003
Bundeszentrale für gesundheitliche Aufklärung (BZgA; Hrsg.): Die Drogenaffinität der Jugendlichen in der Bundesrepublik Deutschland. Wiederholungsbefragung 2001. Köln 2001
Bundeszentrale für gesundheitliche Aufklärung (BZgA; Hrsg.): Leitbegriffe der Gesundheitsförderung. Schwabenheim a. d. Selz 1996
Crepet, Paolo: Das tödliche Gefühl der Leere - Suizid bei Jugendlichen. Hamburg 1996
Currie, Candace/Hurrelmann, Klaus/Settertobulte, Wolfgang/Smith, R./Todd, J.: Health and Health Behaviour among Young People: Health Behaviour in School-aged Children: a WHO Cross-National Study (HBSC). International Report. Hrsgg. von World Health Organization Health Policy for Children and Adolescents (HEPCA), Series No.1. Kopenhagen 2000
DISKURS: Die Quadratur des Jugendbegriffs: Themenheft 2/1997, S. 4-53
EU-Netzwerk Megapoles siehe Ranzetta, Libby/Fitzpatrick, Justine/Seljmani, Fahri: Megapoles: Young People and Alcohol. Final Report, Greater London Authority, August 2003 London.

Jugend und Gesundheit in der Europäischen Union

EU-Netzwerk European Anti Poverty Network (EAPN; Hrsg.): Poverty in Europe, European Anti-Poverty Network. Brüssel 1998 European Commission (2000a) 285 final of 16.5.2000
European Commission (eds.): Report on the state of young people's health in the European Union. A Commission Services Working Paper, European Commission, DG Health and Consumer Protection Unit F3, L-2920 Luxembourg 2000
European Commission (eds.): Youth in the European Union. Eurostat. Luxemburg 1997
Europäische Kommission (Hrsg.): Bericht über die gesundheitliche Situation der jungen Menschen in der Europäischen Union. Arbeitspapier der Kommissionsdienststellen. Europäische Kommission, Generaldirektion Gesundheit und Verbraucherschutz Referat F3 – Gesundheitsförderung, Gesundheitsberichterstattung und Verhütung von Verletzungen. Luxemburg 2000
Eurostat: Statistik kurz gefasst, Nr.12. Luxemburg 1997
Fend, Helmut: Entwicklungspsychologie des Jugendalters. Ein Lehrbuch für pädagogische und psychologische Berufe. Opladen 2000
Hackauf, Horst/Winzen. Gerda: Gesundheit und soziale Lage von jungen Menschen in Europa, Wiesbaden 2004
Hackauf, Horst: Soziale Benachteiligung und Gesundheitsförderung – europäischer Stand und Perspektiven, In: Bundesamt für Sozialversicherung (Hrsg.): Nationale Armutskonferenz. Wege und Handlungsstrategien gegen Armut und soziale Ausgrenzung von Kindern und Jugendlichen. Beiträge zur sozialen Sicherheit, Nr. 21/03, Bern 2003, S. 39-50.
Hackauf, Horst: Gesundheit und soziale Lage von Kindern und Jugendlichen, in: Sachverständigenkommission 11. Kinder- und Jugendbericht (Hrsg.): Gesundheit und Behinderung im Leben von Kindern und Jugendlichen, Band 4, München 2002, S. 9-86
Hackauf, Horst/Winzen, Gerda: On the state of young people's health in the European Union. München 1999. Bericht erhältlich bei der Europäischen Kommission, Generaldirektion Gesundheit und Verbraucherschutz, Referat F3 – Gesundheitsförderung, Gesundheitsberichterstattung und Verhütung von Verletzungen. Luxemburg 1999
Hurrelmann, Klaus: Sozialisation und Gesundheit. Weinheim 1988
Hurrelmann, Klaus: Familienstress, Schulstress, Freizeitstress. Weinheim 1990
Hurrelmann, Klaus: Lebensphase Jugend. Eine Einführung in die sozialwissenschaftliche Jugendforschung. Weinheim 1994a
Hurrelmann, Klaus: Sozialisation und Gesundheit. Somatische, psychische und soziale Risikofaktoren im Lebenslauf, 3. Aufl., Weinheim 1994b
Hurrelmann, Klaus/Klocke, Andreas: Armut und Gesundheitsgefährdungen im Kindes- und Jugendalter. In: Der Nagel, 1998, 60, S. 48-57

Hübel, Michael/Merkel, Bernard: Die Entwicklung einer Gesundheitspolitik für die Europäische Gemeinschaft: Die Mitteilung der Kommission über die Entwicklung der Gemeinschaftspolitik im Bereich der öffentlichen Gesundheit, in: Bellach, Bärbel-Maria/Stein, Hans: Die neue Gesundheitspolitik der Europäischen Union, München 1999, S. 32-39

ISAAC The International Study of Asthma and Allergies in Childhood, Steering Commitee: Worldwide variation in prevalence of symptoms of asthma, allergic rhinoconjunctivitis and atopic eczema. In: The Lancet, 351, 1998, S. 1225-1232

King, Alan J.C./Beverly Coles: The health of Canada's youth: Views and behaviours of 11- 13- and 15-year-olds from 11 countries. (Health and Welfare Canada) Ottawa 1992

King, Alan/Wold, Bente/Tudor-Smith, Chris/Harel, Yossi: The Health of Youth: A Cross-National Survey, WHO Regional Publications. European Series; No. 69. WHO Regional Office for Europe. Kopenhagen 1996

Klocke, Andreas/Becker, Ulrich.: Die Lebenswelt Familie und ihre Auswirkungen auf die Gesundheit von Jugendlichen, in: Hurrelmann, Klaus/Klocke, Anreas/Melzer, Wolfgang/Ravens-Sieberer, Ulrike (Hrsg.): Jugendgesundheitssurvey. Internationale Vergleichsstudie im Auftrag der Weltgesundheitsorganisation WHO, Weinheim 2003, S. 183-241

Lahtinen, Eero/Lehtinen, Ville/Riikonen, Eero/Ahonen, Juha: Framework for Promoting Mental Health in Europe. National Research and Development Centre for Welfare and Health, STAKES, Ministry of Social Affairs and Health. Saarijärvi 1999

Läufer, Thomas: Vertrag von Amsterdam. Texte des EU-Vertrages und des EG-Vertrages. Bonn 1998

Mackenbach, Johan/Bakker Martijntje: Reducing Inequalities in Health. A European Perspective, London, New York, 2002

Mielck, Andreas: Soziale Ungleichheit und Gesundheit, Bern, Göttingen u. a. 2000

Mielck, Andreas/Backett-Milburn, Kathrin/Pavis, Stephen: Perception of Health Inequalities in Different Social Classes, by Health Professionals and Health Policy Makers in Germany and in the UK. Wissenschaftszentrum Berlin für Sozialforschung, Berlin 1998

Neu, Andreas/Willasch, Andre/Ehehalt, Stefan, et al.: Häufigkeit des Diabetes mellitus im Kindesalter in Deutschland: Ein epidemiologischer Überblick, In: Monatsschrift Kinderheilkunde 2001, Nr. 7, 149, S. 636-640

Neu Andreas/Ehehalt Stefan/Willasch Andre, et al.: MB for Diabetes Care: Rising Incidence of Type 1 Diabetes in Germany. Diabetes Care 24/4 (2001) 785

Ranzetta, Libby/Fitzpatrick, Justine/Seljmani, Fahri: Megapoles: Young People and Alcohol. Final Report, Greater London Authority, August 2003 London

Rosenbrock, Rolf: Arbeitslosigkeit und Krankheit. In: Forum Wissenschaft, 1/98, 1998

Siegrist, Johannes/Frühbuß, Juliane/Grebe, Andrea: Soziale ungleiche Gesundheitsrisiken im Kindes- und Jugendalter. Eine aktuelle Bestandsaufnahme der internationalen Forschung. In: DISKURS 1, 1998, S. 76-84

Stakes: Public Health Action Framework on Mental Health, National Research and Development Centre for Welfare and Health, (Stakes, Ministry of Social Affaires and Health). Saarijärvi 2000

Stakes: Minimum data set of European mental health indicators. Proposed set of mental health indicators; definitions, descriptions and sources. National Research and Development Centre for Welfare and Health, (Stakes, Ministry of Social Affaires and Health) Saarijärvi

Sweden's Public Health Report 1997. Customer Service, National Board of Health and Welfare, Stockholm 1998

Tully, Claus J.: Rot, cool und was unter der Haube. Jugendliche und ihr Verhältnis zu Auto und Umwelt. München 1998

Tursz, Anne: Problems in Conceptualizing Adolescent Risk Behaviours: International Comparisons. In: Journal of Adolescent Health, 21, 2, 1997, S. 116-127

World Health Organisation (WHO; Hrsg.): Health in Europe. The 1993/1994 health for all monitoring report, European Series No. 56. Kopenhagen 1995

World Health Organisation/Europe (WHO/Europe) Health For All Database, Copenhagen January 2004

World Health Organisation (ed.) – WHO, European Health for All Database, WHO Regional Office for Europe, Copenhagen, Denmark

Wipplinger, Rudolf/Amann, Gabriele: Gesundheit und Gesundheitsförderung – Modelle, Ziele und Bereiche. In: Wipplinger, Rudolf/Amann, Gabriele (Hrsg.): Gesundheitsförderung. Tübingen 1998, S. 17-51

Wirtschaft und Statistik (1999): Alkoholunfälle im Straßenverkehr 1998. In: Statistisches Bundesamt (Hrsg.): Wirtschaft und Statistik, 8, S. 631-638

Gesundheitliche Konsequenzen des Aufwachsens in Armut und sozialer Benachteiligung

Konzeptionelle und analytische Zugänge des bundesweiten Kinder- und Jugendgesundheitssurveys (KiGGS)

Thomas Lampert, Liane Schenk

1 Einleitung

Kinder und Jugendliche finden auch in einem Sozial- und Wohlfahrtsstaat wie der Bundesrepublik Deutschland sehr unterschiedliche Lebensbedingungen und Entwicklungschancen vor. Allgemeine Zuwächse an Bildung, Einkommen, Vermögen, Wohnqualität und sozialer Absicherung haben entgegen früherer Erwartungen keineswegs zu einer Angleichung der Lebensverhältnisse geführt. Die Verteilung dieser Güter und Ressourcen scheint vielmehr einer Logik zu folgen, aus der eine stärkere gesellschaftliche Segmentierung und Polarisierung resultiert. Akzentuierend wirken die Zunahme von prekärer Arbeitsmarktanbindung und Arbeitslosigkeit, die Zuwanderung aus ökonomisch benachteiligten Ländern, die gesellschaftlichen Transformationsprozesse nach der Wiedervereinigung Deutschlands sowie nicht zuletzt die demographische Alterung und die aktuellen Reformen der sozialstaatlichen Sicherungssysteme. Eine differenzierte Betrachtung der gesellschaftlichen Problemlagen und Verteilungsungleichheiten weist Kinder und Jugendliche als Hauptleidtragende dieser Entwicklung aus. Gegenwärtig leben mehr als 14 % der unter 18-Jährigen und damit ein größerer Anteil als in jeder anderen Altersgruppe in Haushalten, die als einkommensarm einzustufen sind. Die Sozialhilfequote liegt in der Gruppe der Heranwachsenden mit fast 7 % um mehr als das Doppelte über dem Bevölkerungsdurchschnitt. Im alten Bundesgebiet entspricht dies einer Verdreifachung der Sozialhilfeabhängigkeit von Kindern und Jugendlichen innerhalb der letzten zwei Jahrzehnte (BMA, 2001; Becker & Hauser, 2003).

Die Hauptursache von Armut und Sozialhilfebezug ist nach wie vor die Arbeitslosigkeit. Kinder arbeitsloser Eltern unterliegen einem zwei- bis dreimal höheren Armutsrisiko als Kinder von erwerbstätigen Eltern. Arbeitslosigkeit betrifft heute nicht mehr nur die Geringqualifizierten, sondern dringt zunehmend in die gut ausgebildeten Bevölkerungsgruppen vor. Die hohe Armutsbetroffenheit in der heranwachsenden Generation ist zudem vor dem Hintergrund des Wandels von Familien- und Haushaltsformen zu sehen. Immer mehr Kinder und Jugendliche wachsen mit nur einem Elternteil auf, was neben der Zunahme von Trennungen und Scheidungen auch mit der steigenden Zahl nichtehelich geborener Kinder zusammenhängt. Insbesondere allein erziehende Frauen haben Nachteile auf dem Arbeitsmarkt und sind häufig auf Sozialhilfe angewiesen. Aber auch kinderreiche Familien befinden sich in einer vergleichsweise schlechten finanziellen Situation, weil die Erziehung und Versorgung von Kindern mit Kosten einhergeht, die durch den Familienlastenausgleich nicht annähernd gedeckt werden (Andreß & Lipsmaier, 2001).

Kinder und Jugendliche aus sozial benachteiligten Familien müssen zahlreiche Entbehrungen hinnehmen. Sie leben in kleineren und weniger gut ausgestatteten Wohnungen, ihr Wohnumfeld bietet geringere Spiel- und Freizeitmöglichkeiten, sie fahren seltener in den Urlaub, erhalten weniger Taschengeld und können sich kostspielige Kleidung, Spielsachen, Hobbys und Aktivitäten oftmals nicht leisten. Angesichts des allgemein hohen Wohlstands nehmen in Armut aufwachsende Kinder und Jugendliche ihre eigene unterprivilegierte Lebenssituation verstärkt wahr, weil sie ihre Ansprüche und Bedürfnisse überwiegend an Standards ausrichten, die von Gleichaltrigen aus einkommensstärkeren Haushalten gesetzt werden (Klocke & Hurrelmann, 2001). Als besonders schmerzlich empfunden wird die materielle Benachteiligung, wenn sie mit Ausgrenzungserfahrungen in der Gleichaltrigengruppe, also z.B. im Freundeskreis, in der Schule oder in Vereinen, einhergeht. Welche Konsequenzen die Armutslage für die Heranwachsenden hat, wird deshalb erst mit Blick auf die Teilhabe- und Erlebnismöglichkeiten deutlich. Erschließen lassen sich diese nur aus der Perspektive der Kinder und Jugendlichen, unter Berücksichtigung ihrer Interessen und Bedürfnisse sowie ihrer Wahrnehmungs-, Deutungs- und Handlungsschemata (Zinneker et al., 1996; Zeiher & Zeiher, 1998).

Besondere Bedeutung kommt der Frage nach den gesundheitlichen Auswirkungen von Armut und sozialer Benachteiligung zu, weil die Weichen für ein langes und gesundes Leben bereits in der Kindheit und Jugend gestellt werden. So können früh auftretende Entwicklungsdefizite und Gesundheitsstörungen in ein langfristiges Krankheitsgeschehen münden und die Lebensqualität dauerhaft einschränken. Spätestens in der Pubertät bilden sich gesundheitsrelevante Einstellungen und Verhaltensweisen heraus, die sich im weiteren Lebenslauf verfestigen und dann nur noch schwer ändern lassen. Eine benachteiligte Lebenslage erschwert Kindern und Jugendlichen, altersspezifischen Anforderungen und Entwicklungsaufgaben gerecht zu werden und ein selbstbestimmtes, an eigenen Zielen ausgerichtetes Leben zu führen. Auch wenn es einige Heranwachsende trotz widriger Lebensumstände schaffen, ein positives Selbstbild zu entwickeln und belastende Situationen und Konflikte zu bewältigen, bedeuten Armut und soziale Benachteiligung doch für den Großteil der betroffenen Kinder und Jugendlichen einen mit zahlreichen gesundheitlichen Risiken verbundenen Start ins Leben (Krappmann, 1998).

Zur Beschreibung und Analyse der gesundheitlichen Konsequenzen des Aufwachsens in Armut und sozialer Benachteiligung kann in Deutschland bislang nur auf eine eingeschränkte Datenlage zurückgegriffen werden. Inzwischen werden zwar repräsentative Studien zur Lebenssituation von Kindern und Jugendlichen durchgeführt, die Gesundheit ist dabei aber zumeist kein Themenschwerpunkt. Die vorhandenen Erhebungen und Statistiken zum Gesundheitszustand erlauben wiederum nur sehr begrenzt, Zusammenhänge zur sozialen Lage der Heranwachsenden herzustellen. Mit dem Kinder- und Jugendgesundheitssurvey des Robert Koch-Instituts wird demnächst eine bundesweit repräsentative Datenbasis zur gesundheitlichen Situation von Mädchen und Jungen zur Verfügung stehen, die auch Informationen zu Lebensbedingungen und Teilhabechancen liefert und dadurch Analysen zur sozialen Ungleichheit der Gesundheitschancen und Krankheitsrisiken in der heranwachsenden Generation unterstützt. Um einen ersten Eindruck von den sich eröffnenden Erkenntnismöglichkeiten zu vermitteln, werden in dem vorliegenden Beitrag das Design und die Methodik des Surveys beschrieben und ein Lebenslagenkonzept entworfen, das der Erfassung von Armut und sozialer Ungleichheit dient. Außerdem wird ein Untersuchungsmodell vorgestellt, das bei der Formulierung und Begründung von Forschungsfragen und Hypothesen zum Einfluss einer benachteiligten Lebenslage auf die Gesundheit den Ausgangs- und Bezugspunkt vorgibt. Die empirischen Analysen basieren auf Daten des im Vorfeld durchgeführten Pretests und weisen auf deutliche soziale Unterschiede im Gesundheitsstatus und Gesundheitsverhalten von Kindern und Jugendlichen hin. Vorab wird jedoch der aktuelle Forschungs- und Erkenntnisstand dargestellt und dazu in erster Linie auf in Deutschland durchgeführte Studien und Erhebungen zurückgegriffen.

2   Aktueller Forschungsstand

Die Forschung zum Zusammenhang von Armut, sozialer Ungleichheit und Gesundheit konzentrierte sich lange Zeit einseitig auf die Bevölkerung im Erwerbsalter. Kinder und Jugendliche fanden ebenso wie ältere Menschen selten Berücksichtigung, weil Armut und soziale Ungleichheit entlang berufsnaher Dimensionen wie Ausbildung, berufliche Stellung und Einkommen beschrieben wurden und Gesundheit in erster Linie unter dem Aspekt des Leistungsvermögens und der Erwerbsfähigkeit interessierte. Erst seit stärker auf die gesellschaftliche Verantwortung gegenüber der heranwachsenden Generation und deren spezifische Bedürfnisse und Belange hingewiesen wird, stehen Kinder und Jugendliche häufiger im Mittelpunkt von Forschungsaktivitäten. Wichtige Impulse gingen dabei von in den Vereinigten Staaten und Großbritannien durchgeführten Längsschnittstudien aus, die eine benachteiligte Lebenslage in der Kindheit und Jugend als Entwicklungsrisiko beschreiben, mit nachhaltigen Auswirkungen auf die Gesundheitschancen im weiteren Lebensverlauf. Vermittelt über die Ernährungsweise und das Rauchverhalten können sich Armut und materielle Deprivation bereits auf das Wachstum des Fötus auswirken und langfristig die Auftretenswahrscheinlichkeit von z.b. Herz-Kreislauf- und Atemwegserkrankungen erhöhen (Barker, 1991, 1992). Die vielleicht aussagekräftigsten Forschungsergebnisse zu den Langzeitfolgen von frühen Gesundheitsstörungen und Entwicklungsdefiziten liefern die britischen Geburtskohortenstudien, in denen die Angehörigen ausgewählter Geburtsjahrgänge über mehrere Jahrzehnte verfolgt werden (Ferri, 1998; Smith & Joshi, 2002).

Vergleichbar belastbare Längsschnitt- und Kohortenstudien wurden in Deutschland bisher nicht durchgeführt. In den letzten Jahren hat sich der Forschungsstand aber soweit verbessert, dass Aussagen über den Einfluss von Armut und sozialer Benachteiligung auf die Gesundheit und das Wohlbefinden von Kindern und Jugendlichen möglich sind. Anhaltspunkte liefert z.B. die von der Weltgesundheitsorganisation geförderte Studie Health Behaviour in Schoolaged Children (HBSC), an der sich einzelne Bundesländer seit Anfang der 1990er-Jahre beteiligen. Für diese Studie werden in regelmäßigen Abständen Mädchen und Jungen im Alter von 11, 13 und 15 Jahren zu ihrer sozialen und gesundheitlichen Situation befragt. Anhand der Daten aus dem Jahr 1997/98, die sich auf Nordrhein-Westfalen beziehen, lassen sich deutliche soziale Unterschiede im Gesundheitszustand der Heranwachsenden erkennen. In Armut aufwachsende Jugendliche bewerten im Vergleich zu den besser gestellten Gleichaltrigen ihre eigene Gesundheit und ihr Wohlbefinden zweimal so oft als nicht sehr gut. Sie besitzen außerdem ein geringeres Selbstbewusstsein und berichten häufiger Magen- und Bauchschmerzen, Schlafstörungen sowie Gefühle der Hilflosigkeit und Einsamkeit. Zum Teil noch größere Unterschiede zeigen sich in Bezug auf das Gesundheitsverhalten, vor allem beim Zigarettenrauchen, Bewegungsverhalten, Zähneputzen und dem Verzehr von Fast Food, Süßigkeiten und Süßgetränken (Klocke, 2001). Durch aktuelle Daten der HBSC-Studie aus dem Jahr 2003, die allerdings noch nicht umfassend publiziert sind, werden diese Befunde bestätigt (Hurrelmann et al., 2003). Sie belegen darüber hinaus die Gesundheitsrelevanz des sozialen Kapitals, verstanden als Einbindung in soziale

Zusammenhänge und die daraus resultierende Unterstützung (Klocke & Becker, 2003; Klocke, in diesem Band). Ebenso markante soziale Unterschiede im Gesundheitsstatus von Kindern werden in den Einschulungsuntersuchungen des Öffentlichen Gesundheitsdienstes (ÖGD) festgestellt. Die Untersuchungen sind in erster Linie darauf gerichtet, bei den Einschülern Gesundheitsstörungen und Entwicklungsverzögerungen zu erkennen und die Eltern über Behandlungsbedarfe und Behandlungsmöglichkeiten zu informieren. In einigen Bundesländern, z.b. in Brandenburg, werden zusätzlich Informationen zur Schulbildung und zum Erwerbsstatus der Eltern erhoben, so dass sich der Gesundheitszustand der Kinder vor dem Hintergrund ihrer sozialen Herkunft betrachten lässt. Zu den medizinisch relevanten Befunden, die häufiger bei Kindern aus sozial schwächeren Familien festgestellt werden, zählen Sehstörungen, Sprachauffälligkeiten, psycho-motorische Defizite, Beeinträchtigungen der geistigen Entwicklung und psychiatrische Erkrankungen (Ellsäßer et al., 2002). Die Gesundheitsberichterstattung des Landes Brandenburg weist zudem auf eine stärkere Belastung durch Unfallverletzungen und zahnmedizinische Probleme bei sozial benachteiligten Kindern und Jugendlichen hin (Böhm et al., 2003).

Weiteren Aufschluss gibt die von der Bundeszentrale für gesundheitliche Aufklärung (BZgA) seit 1985 durchgeführte Drogenaffinitätsstudie, die den Schwerpunkt auf den Gebrauch psychoaktiver Substanzen bei Jugendlichen und jungen Erwachsenen legt. Wie die Erhebung aus dem Jahr 2001 verdeutlicht, rauchen derzeit mehr als ein Drittel der 12- bis 25-Jährigen; in der Gruppe der 20- bis 25-Jährigen ist es sogar fast die Hälfte. Das Durchschnittsalter bei der ersten Zigarette liegt bei Mädchen wie Jungen inzwischen unter 14 Jahren. Jugendliche mit einem Hauptschulabschluss rauchen deutlich häufiger und gehören öfter zur Gruppe der regelmäßigen Raucher als Jugendliche mit Mittlerer Reife oder Abitur. Außerdem rauchen Jugendliche, die frühzeitig ins Berufsleben einsteigen, häufiger als Jugendliche, die eine weiterführende Qualifizierung anstreben (BZgA, 2001). Die Daten zum Alkohol- und Drogenkonsum werden von der BZgA bislang nicht nach Schulbildung oder anderen Merkmalen der sozialen Lage ausgewiesen. Vieles spricht aber dafür, dass einige der als besonders problematisch einzustufenden Entwicklungstrends, wie z.B. die Zunahme des gezielten Rauschtrinkens („binge drinking") und der steigende Drogenkonsum in den neuen Bundesländern, sich bei sozial benachteiligten Jugendlichen verstärkt abzeichnen.

Den genannten Studien ist gemeinsam, dass sie in mehrjährigen Abständen wiederholt werden, so dass sich Entwicklungen im Zeitverlauf nachzeichnen lassen. Daneben wurde in den vergangenen Jahren eine ganze Reihe einmaliger Forschungsvorhaben durchgeführt, die u.a. zeigen, dass Kinder aus sozial benachteiligten Bevölkerungsgruppen trotz eines größeren Bedarfs seltener das medizinische Versorgungssystem in Anspruch nehmen und von präventiven und gesundheitsfördernden Maßnahmen schlechter erreicht werden. Hinweise finden sich z.b. auf eine geringere Inanspruchnahme des Krankheitsfrüherkennungsprogramms für Kinder, das zu den Regelleistungen der gesetzlichen Krankenversicherung gehört, so dass keine finanziellen Zugangsbarrieren bestehen (Schubert, 1996). Außerdem verfügen Kinder und Jugendliche aus sozial unterprivilegierten Bevölkerungsgruppen offenbar über einen geringeren Impfschutz, was sich zumindest in Bezug auf die Masernschutzimpfung belegen lässt (Ellsäßer, 1998).

Trotz des deutlich verbesserten Forschungsstandes bestehen zahlreiche Datendefizite und Wissenslücken, die es perspektivisch zu überwinden gilt. So konzentrieren sich die meisten Untersuchungen auf einzelne Ausschnitte der Gesundheit im Kindes- und Jugendalter. Angaben zu Zusammenhängen und Wechselwirkungen zwischen sozialen, psychischen und körperlichen Entwicklungen lassen sich deshalb oftmals nicht machen. Noch schwerer wiegt die eingeschränkte Repräsentativität und Aussagekraft der vorhandenen Erhebungen und Datengrundlagen. Die Drogenaffinitätsstudie der BZgA ist zwar bundesweit repräsentativ, stellt aber lediglich Daten zum Suchtmittelgebrauch für die 12- bis 25-Jährigen bereit. Die HBSC-Studie wird nur in einzelnen Bundesländern durchgeführt und beschränkt sich auf die Altersspanne 11 bis15 Jahre. Auch die Schuleingangsuntersuchungen des ÖGD sind lediglich auf Länderebene repräsentativ und lassen zudem ausschließlich Aussagen über Einschüler zu. Viele andere Untersuchungen weisen überhaupt keinen Bevölkerungsbezug auf und können deshalb nicht verallgemeinert werden. Der Kinder- und Jugendgesundheitssurvey des Robert Koch-Instituts wird thematisch breit gefächerte und bundesweit repräsentative Daten zur sozialen wie gesundheitlichen Situation von Kindern und Jugendlichen bereitstellen und dadurch eine deutliche Verbesserung der Datenlage für Analysen der gesundheitlichen Konsequenzen des Aufwachsens in Armut und sozialer Benachteiligung bewirken.

3 Design und Methodik des Kinder- und Jugendgesundheitssurveys

Am bundesweiten Kinder- und Jugendgesundheitssurvey (KiGGS) werden insgesamt 18.000 Mädchen und Jungen im Altersbereich 0-17 Jahre sowie deren Eltern teilnehmen (Kurth et al., 2002a,b). Nach einem einjährigen Pretest hat im Mai 2003 die Hauptphase des Surveys begonnen. Innerhalb drei Jahren werden die Studienteilnehmer an 150 zufällig ausgewählten Orten in ganz Deutschland in eigens eingerichteten Untersuchungszentren befragt und die Kinder und

Jugendlichen zusätzlich medizinisch untersucht. Die Erhebungen beziehen sich auf fast alle Facetten der gesundheitlichen Entwicklung im Kindes- und Jugendalter und lassen sich den Schwerpunktbereichen körperliche Gesundheit, psychische Gesundheit, soziales Umfeld und Lebensbedingungen, Gesundheitsverhalten und Gesundheitsrisiken sowie gesundheitliche Versorgung zuordnen (Tabelle 1). Mit dem Säuglings- und Kleinkindalter (0-2 Jahre), Vorschulalter (3-6 Jahre), Grundschulalter (7-10 Jahre), Pubertät (11-13 Jahre) und Jugendalter (14-17 Jahre) werden insgesamt fünf Altersphasen unterschieden, um eine differenzierte, dem jeweiligen Entwicklungsstand entsprechende Abstimmung der Untersuchungsinhalte und Erhebungsinstrumente zu ermöglichen.

Tabelle 1: Themenschwerpunkte des Kinder- und Jugendgesundheitsurveys

Körperliche Gesundheit	- Allgemeines, körperliche Entwicklung
	- akute und chronische Krankheiten
	- Unfallverletzungen
	- Schmerzen
	- Behinderungen
	- Schwangerschaft, Geburt
	- angeborene Fehlbildungen
Psychische Gesundheit	- frühe Entwicklung
	- psychisches Wohlbefinden
	- psychische Krankheiten, z.B. Depression
	- Verhaltensauffälligkeiten, z.B. ADHS
	- Lebensqualität
Soziales Umfeld,	- Soziodemografie
Lebensbedingungen	- soziale Ungleichheit
	- soziale Kontakte, soziales Netz
	- Schutzfaktoren, personale Ressourcen
	- Familie, Lebensumfeld
Gesundheitsverhalten, Gesundheitsrisiken	- Ernährung
	- Stillanamnese
	- Essstörungen
	- Adipositas
	- Rauchen, Alkohol-, Drogenkonsum
	- Freizeitaktivitäten
	- körperliche Aktivität, motorische Kompetenz
Gesundheitliche Versorgung	- Impfstatus
	- Inanspruchnahme ambulanter Leistungen
	- Inanspruchnahme stationärer Leistungen
	- Behandlungen
	- Medikamentenkonsum
	- Krankenversicherung

Bei der Datenerhebung kommen verschiedene Erhebungsinstrumente zum Einsatz. Anhand von Selbstausfüllfragebogen werden Eckdaten zu allen Themenschwerpunkten erhoben. Auszufüllen sind diese von den Eltern und ab dem 11. Lebensjahr auch von den Jugendlichen. Die Eltern nehmen zudem an einem computerassistierten ärztlichen Interview zu Krankheiten, Impfungen und Arzneimittelgebrauch ihrer Kinder teil. Im Rahmen der körperlichen Untersuchung der Heranwachsenden werden Körpermesswerte erfasst und der Reifestatus festgestellt, der Blutdruck gemessen, Sehtests durchgeführt sowie die koordinativen Fähigkeiten und die Ausdauerleistung überprüft. Außerdem ist die Entnahme und Laboranalyse von Blut- und Urinproben vorgesehen, die zum einen zur Validierung der Befragungs- und Untersuchungsdaten dienen und zum anderen auf latente Gesundheitsrisiken hinweisen sollen.

Neben diesem Kernsurvey umfasst das Erhebungsprogramm des Kinder- und Jugendgesundheitssurveys mehrere Module, die zu ausgewählten Themen vertiefende Betrachtungen an Substichproben erlauben (Abbildung 1). Dazu zählt ein Modul zur psychischen Gesundheit, das Informationen zur Verbreitung psychischer Erkrankungen und Störungen bereitstellen wird. Ein Teil der rund 4.000 Kinder und Jugendliche im Alter zwischen 7 und 17 Jahren umfassenden Substichprobe wird zu einem späteren Zeitpunkt erneut befragt, um Aussagen über Entwicklungsverläufe und Ursachen psychischer Auffälligkeiten treffen zu können. Das Motorik-Modul dient der Gewinnung von Daten zur körperlichen Leistungsfähigkeit und sportlichen Aktivität. Vorgesehen sind eine Befragung und motorische Tests mit etwa 6.000 Kindern und Jugendlichen im Altersbereich 4 bis 17 Jahre. An dem Umweltsurvey, der auf die Erfassung und Quantifizierung von Umweltbelastungen zielt, werden etwa 1.800 Kinder und Jugendliche teilnehmen. Alle Mädchen und Jungen ab 6 Jahren werden zudem in ein Jodmonitoring einbezogen, das Aufschluss über die Jodversorgung in der heranwachsenden Generation geben wird. Für die Bundesländer besteht die Möglichkeit durch eine Aufstockung der Stichprobe und unter Nutzung der Methodik von KiGGS mit relativ geringem zusätzlichem Aufwand repräsentative Daten auf Landesebene zu gewinnen. Bislang wird diese Option von Schleswig-Holstein wahrgenommen.

4   Analysestrategien und Untersuchungsmodell

Der Einfluss von Armut und sozialer Ungleichheit auf die Gesundheit wird im Kinder- und Jugendgesundheitssurvey anhand von zwei komplementären analytischen Zugängen untersucht, die bereits bei der Konzeption des Erhebungsprogramms Berücksichtigung fanden. Der erste Zugang erschließt sich über die soziale Schichtzugehörigkeit des Haushaltes, in dem die Kinder und Jugendlichen aufwachsen. Schichtmodelle lenken die Aufmerksamkeit auf die Arbeitswelt als zentralen Entstehungsort sozialer Ungleichheit und auf den Beruf als wichtigste Vermittlungsinstanz sozialer Vor- bzw. Nachteilsbedingungen.

Soziale Schichten bezeichnen demnach Bevölkerungsgruppen, die sich in diesen berufsnahen Ungleichheitsdimensionen weitgehend entsprechen (Hradil, 2001). Durch die begriffliche Analogie zu geologischen Schichten wird die

Vorstellung einer vertikalen Anordnung sozialer Gruppierungen und damit eines hierarchisch abgestuften Gesellschaftsaufbaus nahe gelegt. Indem eine schichtspezifische Prägung der gesundheitsbezogenen Lebensweise und der zugrunde liegenden Einstellungen, Orientierungen und Bewertungen unterstellt wird, ergeben sich Erklärungsmöglichkeiten in Bezug auf die soziale Ungleichheit der Gesundheitschancen und Erkrankungsrisiken. In KiGGS wird die Sozialschicht des Haushaltes über das Haushaltseinkommen, das Bildungsniveau und die berufliche Stellung der Eltern erfasst. Bei der Operationalisierung dieser Statusmerkmale wurde von den Empfehlungen der Deutschen Arbeitsgemeinschaft für Epidemiologie ausgegangen (Ahrens et al., 1998).

Abbildung 1: Kernsurvey und Zusatzmodule des Kinder- und Jugendgesundheitssurveys

Jodmonitoring	Umwelt-Survey
Ziel: Ermittlung der Jodversorgung	**Ziel:** Erfassung von Umwelteinflüssen
Population: ca. 12.000 Probanden, 6-17 Jahre	**Population:** ca. 1.800 Teilnehmer, 3-14 Jahre
Finanzierung: BMVEL	**Finanzierung:** BMU, UBA

Psychische Gesundheit	Kernsurvey	Landes-Gesundheitssurveys
Ziel: Erfassung psychischer Störungen und Determinanten	**Ziel:** Erfassung von Eckdaten zu allen Themenbereichen	**Ziel:** Repräsentative Aussagen auf Landesebene (Kernsurvey)
Population: ca. 4.000 Teilnehmer, 7-17 Jahre	**Population:** 18.000 Teilnehmer, 0-17 Jahre	**Population:** Aufstockung der Stichprobe
Finanzierung: RKI, DFG	**Finanzierung:** BMGS, BMBF, RKI	**Finanzierung:** Bundesländer
	Motorik	
	Ziel: Erfassung der körperlichen Leistungsfähigkeit und sportlichen Aktivität	
	Population: ca. 6.000 Teilnehmer, 4-17 Jahre	
	Finanzierung: BMFSFJ	

Der schichtungssoziologische Zugang allein wird der zunehmend komplexeren Lebenswirklichkeit in Deutschland allerdings nicht mehr gerecht, u.a. weil Statusinkonsistenzen und nicht über die Erwerbsarbeit vermittelte Ungleichheitsphänomene, die nachweislich an Bedeutung gewonnen haben, unberücksichtigt bleiben. Aus diesem Grund wird zusätzlich der Lebenslagenansatz verfolgt, der auf die Teilhabe und Versorgung in zentralen Lebensbereichen zielt und insbesondere die Kumulation von Versorgungsdefiziten als Ausdruck einer benachteiligten Lebenslage beschreibt. Wenn sich der Blick auf Kinder und Jugendliche richtet, dann muss dabei von den Lebenskontexten und Versorgungsbereichen ausgegangen werden, die aus Sicht der Heranwachsenden bedeutsam sind und in denen sich ihr Leben hauptsächlich abspielt. Für KiGGS wird ein Lebenslagenkonzept vorgeschlagen, das mit der materiellen Versorgung, der Familiensituation, den Wohnverhältnissen, den Bedingungen in der KiTa oder Schule sowie der Freizeit und Gleichaltrigengruppe insgesamt fünf Dimensionen umfasst. Im Zusammenhang mit der materiellen Versorgung interessieren vor allem die finanziellen Mittel, über die die Heranwachsenden selbst verfügen können, z.b. Taschengeld oder zusätzlich verdientes Geld.

Die Familiensituation wird anhand von Informationen zur Familienkonstellation, dem familiären Zusammenhalt und dem elterlichen Erziehungsstil beschrieben. Zu fragen ist beispielsweise, ob die Kinder mit beiden Eltern oder nur einem Elternteil aufwachsen, wie viele Geschwister sie haben, welche Aktivitäten die Familie zusammen unternimmt und inwieweit sich die Heranwachsenden durch ihre Familie unterstützt fühlen. Eine Charakterisierung der Wohnsituation ist in Bezug auf die Wohnungsgröße, den Wohnungsstandard und Umweltbelastungen möglich. Von besonderer Bedeutung ist dabei, ob die Kinder ein eigenes Zimmer haben, in das sie sich zurückziehen und in dem sie ungestört sein können. Die Situation in der KiTa oder Schule lässt sich neben dem Typ der Bildungseinrichtung auch an Indikatoren zum Lernerfolg, Interesse am Lernen und zu Zukunftssorgen beschreiben. Hinsichtlich der Freizeitgestaltung und Gleichaltrigengruppe wird u.a. nach der Mitgliedschaft in Vereinen, der Nutzung von PC, Fernsehen und anderen Medien, Aktivitäten mit Freunden sowie ganz allgemein nach Kontakten und Konflikten mit Gleichaltrigen gefragt.

Durch Kombination dieser Indikatoren lassen sich spezifische Lebenslagen und Muster der sozialen Teilhabe ermitteln, die unter Berücksichtigung weiterer Merkmale wie Alter, Geschlecht oder Migrationshintergrund präzisiert werden können. Indem der Lebenslagenansatz mit dem schichtungssoziologischen Zugang verknüpft wird, lässt sich zeigen, inwieweit gesundheitsrelevante Lebenslagen schichtspezifisch geprägt sind oder auch unabhängig von der Schichtzugehörigkeit für die gesundheitliche Entwicklung im Kindes- und Jugendalter Bedeutung erlangen. Abbildung 2 liegt die Annahme zugrunde, dass die Sozialschicht des Haushaltes eine wichtige Determinante der Lebenslage von Kindern und Jugendlichen darstellt. Von einem kausalen Zusammenhang ist jedoch nicht auszugehen, u.a. weil einige Eltern die knappen Haushaltsmittel zugunsten ihrer Kinder verteilen und sich Kinder über die Schule oder den Freundeskreis eigene Teilhabemöglichkeiten erschließen können.

Für bestimmte Fragestellungen kann eine an einzelnen Merkmalen ausgerichtete Erfassung der Haushaltssituation sinnvoll sein, z.B. wenn die

Gesundheitliche Konsequenzen von Armut 67

Folgen von Einkommensarmut, Sozialhilfeabhängigkeit oder Arbeitslosigkeit näher beleuchtet werden sollen.

Abbildung 2: Lebenslagenkonzept zur Erfassung von Armut und sozialer Ungleichheit und durch KiGGS bereitgestellte Indikatoren

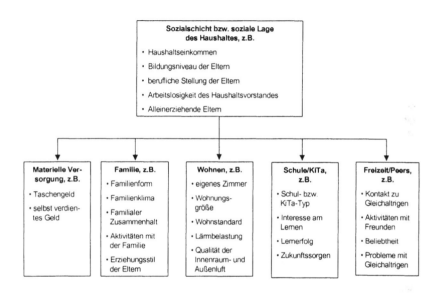

Bei der Formulierung und Begründung von Forschungsfragen und Hypothesen zum Einfluss von Armut und sozialer Ungleichheit auf die gesundheitliche Entwicklung im Kindes- und Jugendalter dient ein Modell als Ausgangs- und Orientierungspunkt, das an Vorschläge zur Systematisierung sozialepidemiologischer Forschungsbefunde und Erklärungsansätze anschließt (z.B. Steinkamp, 1993; Elkeles/Mielck, 1997; Sperrlich/Mielck, 2000).

Abbildung 3 verdeutlicht die Grundstruktur des Modells durch Darstellung der wichtigsten Analyseebenen und Einflussbeziehungen. Außerdem wird auf Konzepte und Dimensionen verwiesen, zu denen der Kinder- und Jugendgesundheitssurvey aussagekräftige Daten bereitstellt.

Angestrebt wird eine Mehrebenenbetrachtung, die zwischen sozialen Strukturen und gesellschaftlichen Problemen (Makroebene), Lebenskontexten und Versorgungsbereichen (Mesoebene) sowie Persönlichkeit und individuellem Verhalten (Mikroebene) differenziert. Armut und soziale Ungleichheit werden als gesellschaftliche Probleme auf der strukturellen Ebene verortet und je nach

Forschungsinteresse auf Einkommensarmut, Sozialhilfeabhängigkeit, Arbeitslosigkeit oder Schichtzugehörigkeit bezogen. Von einer benachteiligten Lebenslage der Kinder und Jugendlichen wird gesprochen, wenn sich diese strukturellen Vorgaben auf der Ebene der Lebenskontexte in einer verminderten Teilhabe bzw. Deprivation in den Bereichen materielle Versorgung, Familiensituation, Wohnen, KiTa oder Schule sowie Freizeit und Gleichaltrigengruppe niederschlagen. Ob sich die in diesen Kontexten gemachten Erfahrungen auf die Gesundheit auswirken, hängt dem Modell zufolge entscheidend von der Persönlichkeit und dem Verhalten der Heranwachsenden ab. Konflikte innerhalb der Familie, schulische Probleme oder Ausgrenzungserfahrungen in der Gleichaltrigengruppe können mit einem verminderten Selbstwertgefühl, negativen Lebenseinstellungen und gesundheitsriskanten Verhaltensmustern wie Rauchen, Alkoholkonsum und Bewegungsmangel einhergehen und stellen dann eine erhebliche Gefährdung für die Gesundheit und das Wohlbefinden dar. Andererseits begünstigen personale Ressourcen wie ein hoher Selbstwert, Kontrollüberzeugung und Optimismus einen konstruktiven und erfolgreichen Umgang mit Belastungen und Konflikten, so dass negative Auswirkungen auf die Gesundheit ausbleiben können.

Positive Erfahrungen und Erlebnisse, wie z.B. ein enger Familienzusammenhalt, ein großer Freundeskreis oder ein breites Spektrum an Freizeitmöglichkeiten, unterstützen die Ausbildung sozialer Kompetenzen und personaler Ressourcen, was oftmals auch in einem gesundheitsförderlichen Verhalten und einem stabilen Wohlbefinden zum Ausdruck kommt. Demnach wäre ein komplexes Zusammenspiel zwischen Lebensbedingungen und Teilhabechancen, Persönlichkeitsentwicklung und individuellem Verhalten dafür verantwortlich, ob und inwieweit sich Armut und soziale Ungleichheit im Gesundheitszustand von Kindern und Jugendlichen abzeichnen.

Darüber hinaus berücksichtigt das Modell die Möglichkeit wechselseitiger Einflussbeziehungen und Rückkopplungen. So können sich Erkrankungen und Gesundheitsstörungen nachteilig auf die Persönlichkeitsentwicklung und auf das Gesundheitsverhalten der Heranwachsenden auswirken. Ebenso lassen sich gesundheitliche Beeinträchtigungen als potenzielles Hindernis für die soziale Teilhabe begreifen. Selbst auf die materielle Lage und die Schichtzugehörigkeit des Haushaltes sind Rückwirkungen denkbar, z.B. wenn die Sorge für ein krankes oder behindertes Kind mit zusätzlichen Kosten verbunden ist oder die Eltern in der Realisierung ihrer Erwerbschancen einschränkt.

Abbildung 3: Modell zur Analyse der gesundheitlichen Konsequenzen von Armut und sozialer Benachteiligung

Eine empirische Prüfung des gesamten Modells und der zum Teil sehr komplexen und wechselseitigen Einflussbeziehungen ist schon aufgrund des Querschnittsdesigns des Kinder- und Jugendgesundheitssurveys nicht möglich. Die bereitgestellten Daten werden aber eine sehr gute Grundlage darstellen, um schicht- und lebenslagenspezifische Unterschiede im Gesundheitsstatus von Kindern und Jugendlichen unter Einbeziehung potenzieller Erklärungsmechanismen zu analysieren. Das Modell dient dabei auch dazu, die untersuchten Fragestellungen und Hypothesen in einen übergeordneten Betrachtungszusammenhang zu stellen und die Untersuchungsergebnisse einer theoriegeleiteten Interpretation zugänglich zu machen. Auf diese Weise lassen sich noch vorhandene Erkenntnislücken aufzeigen und Anforderungen an die weiterführende Theoriebildung und empirische Forschung formulieren. Aufgrund der Fokussierung des Gesundheitsverhaltens und der Persönlichkeitsbildung als vermittelnde Mechanismen der gesundheitlichen Konsequenzen von Armut und sozialer Ungleichheit zielt das Modell in erster Linie auf die Altersphasen der Pubertät und Jugend. Wenn sich der Blick auf jüngere Kinder richtet, sind weitere konzeptionelle Ausgestaltungen unter Berücksichtigung altersspezifischer Bedürfnisse und Entwicklungsaufgaben erforderlich.

5 Ergebnisse des Pretests

Der Pretest des Kinder- und Jugendgesundheitssurveys wurde vom Robert Koch-Institut zwischen März 2001 und März 2002 durchgeführt. An den Befragungen und Untersuchungen nahmen insgesamt 1.630 Mädchen und Jungen zwischen 0 und 17 Jahren sowie deren Eltern teil, die auf unterschiedlichen Wegen (Einwohnermelderegisterstichprobe, Schulenstichprobe) ausgewählt wurden, um alternativer Stichprobendesigns zu erproben (Kamtsiuris & Lange, 2002). Darüber hinaus verband sich mit dem Pretest das Anliegen, die Eignung der Erhebungsinstrumente zu testen, aussagekräftige und verlässliche Indikatoren zu entwickeln, die Vor- und Nachteile verschiedener Feldzugänge abzuwägen sowie die Methoden zur Erhöhung der Motivation und Teilnahmebereitschaft zu verbessern. Durch den Pretest wurden zahlreiche Erfahrungen und Erkenntnisse gewonnen, die zur Optimierung der Vorgehensweise in der Hauptphase des Surveys beigetragen haben (Kamtsiuris et al., 2002). Dies trifft auch auf die Analyse der gesundheitlichen Konsequenzen des Aufwachsens in Armut zu. Zwar erlauben die Pretest-Daten keine repräsentativen Aussagen über soziale und gesundheitliche Problemlagen in der heranwachsenden Generation, sie zeigen aber, inwieweit diese durch die Erhebungsmethoden und Auswertungsstrategien erfasst werden.

Im Folgenden werden Ergebnisse des Pretests zum Einfluss der Schichtzugehörigkeit auf den Gesundheitsstatus und das Gesundheitsverhalten von Kindern und Jugendlichen vorgestellt. Die Sozialschicht des Haushaltes wird mehrdimensional abgebildet und dazu auf den Schichtindex von Winkler (1999) zurückgegriffen, der für den Bundes-Gesundheitssurvey 1998 entwickelt wurde und seitdem breite Anwendung in der epidemiologischen Forschung findet. Berechnet wird der Schichtindex als ungewichteter aggregierter Punktsummenscore auf Basis von Angaben zum Haushaltsnettoeinkommen, der schulischen und beruflichen Ausbildung sowie der beruflichen Stellung der Eltern. Der Schichtindex wird für Mutter und Vater getrennt ermittelt und der höhere Indexwert dem Haushalt zugewiesen. Bei getrennt lebenden Eltern ist ausschlaggebend, wo das Kind hauptsächlich aufwächst. Letztlich werden drei soziale Schichten abgegrenzt und als untere, mittlere und obere Sozialschicht bezeichnet (Lampert et al., 2002).

Im Pretest richteten sich die Fragen zu den schichtkonstruierenden Merkmalen sowohl an die Eltern als auch an die Jugendlichen ab 14 Jahre. Dabei stellten sich bei den Jugendlichen erhebliche Wissensdefizite und Zuordnungsschwierigkeiten heraus. Besonders deutlich wurde dies bei den Fragen nach der Einkommenssituation des Haushaltes und der beruflichen Stellung der Eltern. Wenn die Jugendlichen Auskünfte erteilten, stimmten diese oftmals nicht mit den Angaben ihrer Eltern überein. In der Hauptphase des Surveys werden die Informationen zur Schichtzugehörigkeit deshalb nur von den Eltern erfragt. Auch für die Auswertungen der Pretest-Daten wurde ausschließlich auf die Elternangaben zurückgegriffen. Legt man den Winkler-Index zugrunde, dann gehören etwa 12 % der Kinder und Jugendlichen, die am Pretest teilgenommen haben, zur unteren Sozialschicht, 52 % zur mittleren und 36 % zur oberen Sozialschicht. Der Einfluss der Schichtzugehörigkeit wird in Bezug auf den allgemeinen Gesundheitszustand, die psychische Gesundheit, Beschwerden und Schmerzen, Unfallverletzungen, das Rauchverhalten, die körperliche Aktivität sowie Übergewicht und Adipositas untersucht.

Um den allgemeinen Gesundheitszustand der Heranwachsenden zu erheben, wurden im Pretest die Eltern nach ihrer Einschätzung befragt und eine Skala mit vier Ausprägungen (sehr gut, gut, zufrieden stellend, weniger gut) zugrunde gelegt. Wie Abbildung 4 verdeutlicht, bestehen erhebliche Schichtunterschiede im allgemeinen Gesundheitsstatus zu Gunsten von Kindern und Jugendlichen aus der mittleren und insbesondere aus der höchsten Sozialschicht. Bei den bis 10-jährigen Kindern sind diese noch stärker ausgeprägt als bei Jugendlichen im Alter von 11 bis 17 Jahren. Bei Jungen sind die Schichtunterschiede im Jugendalter nicht mehr zu beobachten.[1] Zur Erfassung der psychischen Gesundheit wird im Kinder- und Jugendgesundheitssurvey u.a. der Strengths and Difficulties Questionnaire (SDQ) eingesetzt. Dieses Instrument umfasst 25 Items zu den Subskalen „emotionale Probleme", „Verhaltensprobleme", „Hyperaktivität/Aufmerksamkeitsdefizit", „Probleme mit Gleichaltrigen (Peer-Probleme)" sowie „prosoziales Verhalten" (Ravens-Sieberer et al., 2002).[2]

---

1 Obwohl das im Pretest eingesetzte Instrument zufrieden stellende Ergebnisse lieferte, wird die allgemeine Gesundheit im Hauptsurvey auf einer von der Weltgesundheitsorganisation empfohlenen fünfstufigen Skala (sehr gut bis sehr schlecht) erhoben, weil diese eher internationale Vergleichbarkeit gewährleistet (Neuhauser et al., 2002).
2 Emotionale Probleme beziehen sich auf Ängste, Niedergeschlagenheit und Somatisierungstendenzen. Verhaltensprobleme äußern sich u.a. in Prügeleien, Wutausbrüchen, Lügen und Stehlen. Kinder und Jugendliche, die Probleme mit Gleichaltrigen haben, sind häufig allein, nicht sonderlich beliebt und kommen oftmals besser mit Erwachsenen als mit den Altersgenossen aus. Unter Aufmerksamkeits-/Hyperaktivitätsprobleme lassen sich motorische Unruhe, Bewegungsdrang, Impulsivität und Unkonzentriertheit fassen. Von einem prosozialem Verhalten wird gesprochen, wenn sich die Kinder durch Hilfsbereitschaft und Freundlichkeit auszeichnen.

Die in Tabelle 2 zusammengefassten Ergebnisse unterstreichen die Schichtspezifität psychischer Auffälligkeiten und Störungen auf der Basis von Angaben der 11- bis 17-jährigen Mädchen und Jungen sowie deren Eltern.

Abbildung 4: Sehr gut eingeschätzter allgemeiner Gesundheitszustand bei 0- bis 17-jährigen Mädchen und Jungen nach sozialer Schichtzugehörigkeit (Elternurteil)

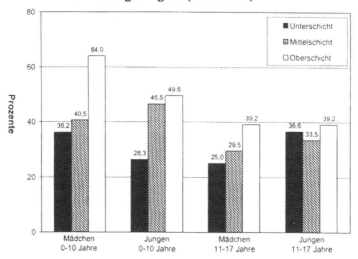

In allen Bereichen zeigen die Jugendlichen aus der unteren Sozialschicht weitaus häufiger ein auffälliges oder zumindest als grenzwertig einzustufendes Verhalten als ihre Altersgenossen aus den höheren Sozialschichten. Dass sich der Schichtgradient im Elternurteil stärker abzeichnet als im Selbsturteil der Jugendlichen, deutet einerseits auf eine schichtspezifische Prägung der elterlichen Wahrnehmungs- und Bewertungsmaßstäbe hin.

Andererseits kommt darin zum Ausdruck, dass die Heranwachsenden einen anderen Blick auf sich und ihre Lebenswelt haben als ihre Eltern und deshalb nach Möglichkeit immer auch selbst befragt werden sollten.

Gesundheitliche Konsequenzen von Armut 73

Tabelle 2: Psychische Auffälligkeiten (SDQ) bei 11- bis 17-jährigen Mädchen und Jungen nach sozialer Schichtzugehörigkeit (Eltern- und Selbsturteil; Angaben in Prozent)[1]

	Mädchen			Jungen		
	Unterschicht	Mittelschicht	Oberschicht	Unterschicht	Mittelschicht	Oberschicht
Emotionale Probleme						
Elternurteil	29,8	20,6	14,7	26,7	17,3	14,6
Selbsturteil	27,7	15,7	14,7	10,9	2,3	3,0
Verhaltensprobleme						
Elternurteil	38,3	33,3	13,5	51,1	41,8	25,7
Selbsturteil	12,5	12,3	4,3	28,3	22,5	11,4
Hyperaktivität Aufmerksamkeitsdefizit						
Elternurteil	6,4	9,9	4,3	37,8	22,8	20,5
Selbsturteil	20,8	20,1	17,2	34,8	19,3	15,0
Peer-Probleme						
Elternurteil	40,4	24,6	15,3	35,6	30,9	24,0
Selbsturteil	19,1	14,7	14,7	26,1	22,0	15,0
Geringes prosoziales Verhalten						
Elternurteil	14,9	8,4	3,7	15,6	21,4	15,8
Selbsturteil	14,6	8,3	4,3	28,3	25,7	16,7

1 Anteil der als auffällig oder grenzwertig eingestuften Jugendlichen. Quelle: KiGGS-Pretest (Elternurteil N=846; Selbsturteil N=845)

Schmerzen sind ein verbreitetes, aber noch unzureichend untersuchtes Problem bei Kindern und Jugendlichen. In KiGGS wird ein Schmerzfragebogen eingesetzt, der auf einem niederländischen Instrument basiert und die Lokalisation der Schmerzen ermöglicht (Roth-Isigkeit et al., 2002). Die Fragen, die sich auf das Vorkommen von Symptomen in den letzten vier Wochen beziehen, richten sich an die Eltern von Kindern ab 3 Jahren und ab dem 14. Lebensjahr auch an die Jugendlichen selbst. Aus Tabelle 3 geht die schichtspezifische Verteilung von Kopfschmerzen, Migräne, Bauch- und Magenschmerzen, Rücken- und Gliederschmerzen sowie Zahnschmerzen hervor. Kopfschmerzen und Migräne treten demnach bei Mädchen in der unteren Sozialschicht häufiger auf als in den anderen beiden Schichten.

Bei Jungen zeigen sich in Bezug auf Kopfschmerzen keine Unterschiede, Migräne kommt auch bei ihnen häufiger in der Unterschicht vor. Bauch- und

Magenschmerzen sind bei Mädchen aus der höchsten Sozialschicht etwas seltener zu beobachten als bei Mädchen aus den anderen beiden Schichten, während die Verteilung bei Jungen in erster Linie durch ein stärkeres Vorkommen in der unteren Sozialschicht gekennzeichnet ist. Auch im Hinblick auf Zahnschmerzen lassen sich deutliche Unterschiede zu Ungunsten von Mädchen und Jungen aus der unteren Sozialschicht feststellen. Rücken- und Gliederschmerzen folgen bei Mädchen wie Jungen einem umgekehrten Verteilungsmuster mit der stärksten Betroffenheit in der höchsten Sozialschicht. Dieses Ergebnis widerspricht bisher vorliegenden Untersuchungen, denen zufolge bei Jugendlichen kein Zusammenhang zwischen Rückenschmerzen und Schichtzugehörigkeit besteht (Ravens-Sieberer et al., 2003).

Tabelle 3: Schmerzen in den letzten vier Wochen bei 3- bis 17-jährigen Mädchen und Jungen nach sozialer Schichtzugehörigkeit (Selbst- oder Elternurteil[1]; Angaben in Prozent)

	Mädchen			Jungen		
	Unterschicht	Mittelschicht	Oberschicht	Unterschicht	Mittelschicht	Oberschicht
Kopfschmerzen	43,9	37,1	36,5	28,6	26,6	30,0
Migräne	17,9	8,1	7,0	11,3	7,6	7,8
Bauch-/ Magenschmerzen	29,3	31,6	26,9	29,3	16,6	16,2
Rücken-/ Gliederschmerzen	10,4	13,4	16,4	9,3	14,4	15,5
Zahnschmerzen	12,8	9,0	6,6	18,9	8,4	8,4

1 Jug. ab 14 Jahren wurden selbst zum Vorkommen von Schmerzen befragt. Für Kinder und Jug. bis 13 Jahre wird auf die Angaben der Eltern zurückgegriffen. Quelle: KiGGS-Pretest (N=1.342)

Unfallverletzungen nehmen im Krankheitsgeschehen von Kindern und Jugendlichen den ersten Rang ein. In KiGGS werden deshalb eine ganze Reihe von Fragen zum Unfallgeschehen gestellt, die sich neben Verletzungsfolgen und deren Behandlung auch auf Art, Ort und Hergang des Unfalls beziehen. Bisherige Studien deuten auf eine stärkere Betroffenheit durch Unfallverletzungen bei sozial benachteiligten Kindern und Jugendlichen hin (Ellsäßer/ Diepgen, 1998; Ellsäßer et al., 2002). Dies lässt sich mit den Pretest-Daten nicht bestätigen, die allerdings nur über ärztlich versorgte Unfallverletzungen Auskunft erteilen (Abbildung 5). Das etwas häufigere Vorkommen in der Mittel- und Oberschicht weist wahrscheinlich eher auf eine schichtspezifisch geprägte Inanspruchnahme des medizinischen Versorgungssystems als auf Unterschiede in der Unfallhäufigkeit hin. Das Rauchen stellt für Kinder und Jugendliche ein ebenso großes Gesundheitsrisiko dar wie für Erwachsene. Vorliegende Studien verweisen auf unverändert hohe Rauchprävalenzen in der heranwachsenden Generation und bei Mädchen zudem auf ein sinkendes Einstiegsalter (BZgA, 2001). Die in Tabelle 4 zusammengestellten Ergebnisse des Pretests machen deutlich, dass 11- bis 17-jährige Jugendliche aus der Unterschicht häufiger rauchen und auch in ihrem Freundeskreis öfter geraucht wird.

Abbildung 5: Ärztlich versorgter Unfall in den letzten 12 Monaten bei 0- bis 17-jährigen Mädchen und Jungen nach sozialer Schichtzugehörigkeit (Elternurteil)

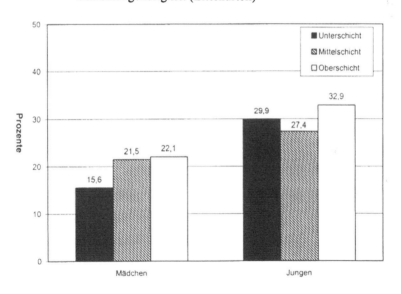

Quelle: KiGGS-Pretest (N=289)

Bei Jungen zeigt sich dieses Muster auch im Konsum von Marihuana oder Haschisch. Angesichts der mit der Passivrauchexposition verbundenen Gesundheitsgefährdungen ist darüber hinaus von Bedeutung, dass sich Jugendliche aus den unteren Sozialschichten häufiger in geschlossenen Räumen aufhalten, in denen geraucht wird.

Daneben stellt ein Mangel an körperlicher Aktivität ein erhebliches Risiko für ein gesundes Aufwachsen dar. Bei Kindern und Jugendlichen, die sich wenig bewegen, werden häufiger Übergewicht, Stoffwechselstörungen, motorische Defizite und andere Entwicklungs- und Gesundheitsstörungen festgestellt. Vor diesem Hintergrund sind Forschungsergebnisse alarmierend, die dafür sprechen, dass Kinder und Jugendliche immer mehr Zeit im Sitzen verbringen und sich zunehmend weniger bewegen (Klaes et al., 2001). Im Pretest gaben in allen Sozialschichten mehr als zwei Drittel der Eltern an, dass ihre Kinder fast jeden Tag im Freien spielen (Abbildung 6). Außerdem ist ein Großteil der Kinder in einem Sportverein aktiv, wobei der Anteil der Sport treibenden Kinder allerdings in der Unterschicht deutlich hinter denen in der Mittel- und Oberschicht zurückbleibt. Im Hauptsurvey werden im Rahmen des Motorik-Moduls umfassende Untersuchungen zum Bewegungsverhalten und zu den motorischen Fähigkeiten durchgeführt, so dass differenzierte Analysen zur körperlichen Aktivität und deren Auswirkungen auf Gesundheit und Wohlbefinden möglich sein werden.

Tabelle 4: Rauchverhalten und Passivrauchexposition von 11- bis 17-jährigen Mädchen und Jungen nach sozialer Schichtzugehörigkeit (Selbsturteil; Angaben in Prozent)

	Mädchen			Jungen		
	Unterschicht	Mittelschicht	Oberschicht	Unterschicht	Mittelschicht	Oberschicht
Raucht regelmäßig	23,4	27,0	13,6	35,6	22,4	19,3
Freunde rauchen	63,4	49,2	48,7	69,0	49,3	45,2
Hat schon Haschisch/ Mariuahana geraucht	10,6	10,8	8,6	19,6	11,5	15,7
Regelmäßige Passivrauchexposition	61,7	51,5	34,3	50,0	44,7	41,6

Quelle: KiGGS-Pretest (N=888)

Ein Gesundheitsproblem, das in letzter Zeit zunehmend größere Beachtung findet, ist die Verbreitung von Übergewicht und Adipositas. Ein zu hohes Körpergewicht beeinträchtigt nicht nur die Gesundheit und Lebensqualität im Kindes- und Jugendalter, sondern stellt auch ein Risiko für chronisch-degenerative Krankheiten im späteren Leben dar, z.B. im Hinblick auf Herz-Kreislauf-Erkrankungen, Diabetes mellitus oder Muskel- und Skeletterkrankungen.

Gesundheitliche Konsequenzen von Armut 77

Aus Abbildung 7 geht der Anteil der übergewichtigen Mädchen und Jungen in Abhängigkeit der Schichtzugehörigkeit hervor. Übergewicht wird ausgehend vom Body-Mass-Index ermittelt und dazu die neuesten Referenzwerte für Kinder und Jugendliche in Deutschland herangezogen (Kromeyer-Hausschild, 2001). Im Kindesalter sind Mädchen und Jungen aus der untersten Sozialschicht mehr als dreimal so häufig übergewichtig wie die Gleichaltrigen aus der höchsten Sozialschicht, im Jugendalter immerhin doppelt so oft.

Damit bestätigen sich die aus zahlreichen Studien bekannten Hinweise, dass sich die sozialen Unterschiede in der Ernährung und im Bewegungsverhalten der Heranwachsenden in der Verbreitung von Übergewicht und Adipositas widerspiegeln.

Abbildung 6: Körperliche Aktivität von 3- bis 10-jährigen Mädchen und Jungen nach sozialer Schichtzugehörigkeit (Elternurteil)

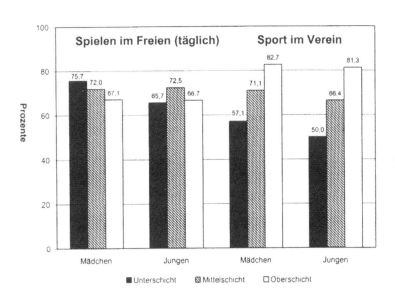

Quelle: KiGGS-Pretest (N=548)

Abbildung 7: Übergewicht bei 0- bis 17-jährigen Mädchen und Jungen nach sozialer Schichtzugehörigkeit (Messwerte der körperlichen Untersuchung)

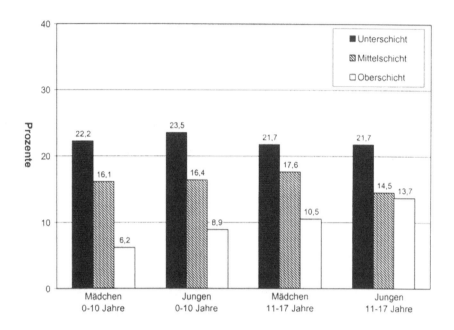

6 Ausblick

Die Ergebnisse des Pretests zum Kinder- und Jugendgesundheitssurvey liefern zahlreiche Hinweise auf die soziale Ungleichheit der Gesundheitschancen und Erkrankungsrisiken in der heranwachsenden Generation. Nach Abschluss der Hauptphase des Surveys im Frühjahr 2006 wird zu prüfen sein, inwieweit sich diese auf breiterer und repräsentativer Datenbasis erhärten und weiter ausdifferenzieren lassen. Ganz besonders betrifft dies Befunde des Pretests, die im Widerspruch zum bisherigen Erkenntnis- und Forschungsstand stehen, z.B. das häufigere Vorkommen von Rücken- und Gliederschmerzen bei Jugendlichen aus den höheren Sozialschichten. Von Vorteil wird dabei sein, dass in dem Survey die meisten Facetten der gesundheitlichen Entwicklung umfassend erhoben werden und häufig sowohl auf Angaben der Kinder und Jugendlichen als auch ihrer Eltern zurückgegriffen werden kann. Auf diese Weise wird eine vertiefende

Betrachtung und Analyse der mit den Pretest-Daten aufgezeigten Zusammenhänge zwischen der sozialen und gesundheitlichen Situation der Heranwachsenden unterstützt.

Die Ergebnisse und Daten des Kinder- und Jugendgesundheitssurveys werden in die Gesundheitsberichterstattung des Bundes einfließen und damit einem großen Adressaten- und Nutzerkreis zugänglich gemacht, der sich neben Wissenschaftlern auch auf politisch Handelnde und in der Praxis tätige Gruppen und Akteure sowie nicht zuletzt auf die breite Öffentlichkeit erstreckt. Bereits im Jahr 2001 wurde vom Robert Koch-Institut ein Gesundheitsbericht herausgegeben, der sich explizit mit den gesundheitlichen Auswirkungen von Armut bei Kindern und Jugendlichen befasst (Klocke, 2001). Mit dem kürzlich veröffentlichten Schwerpunktbericht „Gesundheit von Kindern und Jugendlichen" liegt inzwischen eine thematisch breit angelegte Bestandsaufnahme vor, die zugleich verdeutlicht, dass zu vielen Bereichen bundesweit repräsentative valide Informationen fehlen (Schubert & Horch, 2004). Auch die Gesundheitsberichterstattung der Länder thematisiert zunehmend häufiger die gesundheitlichen Konsequenzen des Aufwachsens in Armut und sozialer Benachteiligung. Besonders zeichnen sich hier die Länder aus, in denen die Sozial- und Gesundheitsberichterstattung unter einem Dach vereinigt ist, z.B. Brandenburg und Berlin. Mit dem Kinder- und Jugendgesundheitssurvey wird die Gesundheitsberichterstattung des Bundes in die Lage versetzt, themen- wie gruppenspezifische Gesundheitsberichte zu erstellen und gleichzeitig der Länderberichterstattung eine wichtige Referenz erschlossen.

Epidemiologische Analysen und Gesundheitsberichte, die Bezüge zur Lebenssituation von Kindern und Jugendlichen herstellen, sind eine notwendige Voraussetzung für gesundheitspolitische Interventionen zur Verringerung der gesundheitlichen Ungleichheit in der heranwachsenden Generation. Eine wichtige Orientierung wird durch Gesundheitsziele vorgegeben, die zugleich als Instrument der Wirkungs- und Fortschrittskontrolle politischen Handelns begriffen werden können. Seit Dezember 2000 führt das Bundesministerium für Gesundheit und Soziale Sicherung (BMGS) gemeinsam mit der Gesellschaft für Versicherungswissenschaft und -gestaltung (GVG) das Projekt „gesundheitsziele.de" durch, in dem die Gesundheit von Kindern und Jugendlichen als einer der Bereiche definiert ist, zu denen nationale Gesundheitsziele entwickelt und Umsetzungsmöglichkeiten erprobt werden sollen (BMGS, 2003). Bislang wurden Gesundheitsziele zur Ernährung, Bewegung und Stressbewältigung als wichtige Aspekte eines gesunden Aufwachsens und zentrale Handlungsfelder von Prävention und Gesundheitsförderung formuliert. Die Gewährleistung der gesundheitlichen Chancengleichheit stellt in dem Projekt eine Querschnittsanforderung dar und wird gerade mit Blick auf Kinder und Jugendliche besonders hervorgehoben. Der Kinder- und Jugendgesundheitssurvey wird zu allen Zielthemen aussagekräftige Informationen bereitstellen, so dass mit weitreichenden Impulsen für die Entwicklung von Gesundheitszielen im Kindes- und Jugendalter und deren Präzisierung unter dem Gesichtspunkt der gesundheitlichen Chancengleichheit zu rechnen ist (Bergmann et al., 2002; Lampert, 2004).

Um die Gesundheitsziele umzusetzen und eine nachhaltige Verbesserung der gesundheitlichen Situation von Kindern und Jugendlichen zu erreichen, ist ein Bündel von aufeinander abgestimmten Maßnahmen und Programmen erforderlich. Der Erfolg der Interventionen wird auch daran zu messen sein, inwieweit Kinder aus sozial benachteiligten Bevölkerungsgruppen erreicht werden. Bislang gehen viele Maßnahmen an ihnen vorbei oder erzielen einen schwächeren Effekt, was sich neben der unzureichenden Inanspruchnahme der U1- bis U9-Untersuchungen auch mit einer geringen Beteiligung an Programmen zur Bewegungsförderung oder an Ernährungskampagnen belegen lässt (Pott/ Lehmann, 2002). Als Schritt in die richtige Richtung ist die stärkere Konzentration auf settingbezogene Ansätze zu werten, die sich an den zentralen Lebenskontexten der Heranwachsenden, also z.B. Kindertagesstätte, Schule, Sportvereinen oder Jugendreisen, ausrichten. Aber auch hier ergeben sich Schwierigkeiten, u.a. weil Kinder aus sozial schwächeren Familien seltener in den Kindergarten gehen oder in einem Sportverein aktiv sind. Außerdem sind ihre Eltern häufig nicht von dem Nutzen der Programme zu überzeugen. Das für den Kinder- und Jugendgesundheitssurvey entwickelte Lebenslagenkonzept wird detaillierte, an der Lebenssituation der Heranwachsenden orientierte Auswertungen ermöglichen und dadurch die Entwicklung settingbezogener Ansätze der Prävention und Gesundheitsförderung unterstützen. Indem der Survey lebenslagenspezifische Gesundheitsrisiken und Gesundheitschancen aufzeigt, wird er einen wichtigen Beitrag zur Ermittlung von Zielgruppen und Erschließung geeigneter Zugangswege leisten.

Literatur

Ahrens, Wolfgang, Bellach, Bärbel-Maria & Jöckel, K.H. (1998). *Messung soziodemographischer Merkmale in der Epidemiologie*. München: MMV Medizin Verlag.
Andreß, Hans-Jürgen & Lipsmeier, Gero (2001). Kosten von Kindern – Auswirkungen auf die Einkommensposition und den Lebensstandard der betroffenen Haushalte. In: Klocke, Andreas, Hurrelmann, Klaus (Hrsg), *Kinder und Jugendliche in Armut. Umfang, Auswirkungen und Konsequenzen* (S. 29-35). Wiesbaden: Westdeutscher Verlag.
Barker, David J. P. (1991). The foetal and infant origins of inequalities in health in Britain. In: *Journal of Public Health and Medicine*, 13, 64-68.

Barker, David J. P. (Hrsg.) (1992). *The foetal and infant origins of adult disease*. London: British Medical Journal Publications.

Becker, Irene & Hauser, Richard (2003). Zur Entwicklung von Armut und Wohlstand in der Bundesrepublik Deutschland – eine Bestandsaufnahme. In: Butterwegge, Christoph & Klundt, Michael (Hrsg.), *Kinderarmut und Generationengerechtigkeit. Familien und Sozialpolitik im demografischen Wandel* (S. 25-41). Opladen: Leske+Budrich.

Bergmann, Karl E., Thefeld, Wolfgang & Kurth, Bärbel-Maria (2002). Der Kinder- und Jugendgesundheitssurvey – eine Grundlage für Prävention, Gesundheitsförderung und Gesundheitsziele. *Das Gesundheitswesen*, 64 (Sonderheft 1), S53-S58.

Böhm, Andreas, Ellsäßer, Gabriele, Kuhn, Joseph, Lüdecke, Karin, Ranft, Gudrun & Rojas, Michael (2003). Soziale Lage und Gesundheit von jungen Menschen im Land Brandenburg. *Das Gesundheitswesen*, 65, 219-225.

Bundesministerium für Arbeit und Sozialordnung (2001). Lebenslagen in Deutschland – Der erste Armuts- und Reichtumsbericht der Bundesregierung. Bonn: BMA.

Bundesministerium für Gesundheit und Soziale Sicherung (2003). gesundheitsziele.de – Forum zur Entwicklung und Umsetzung von Gesundheitszielen in Deutschland. Berlin: BMGS.

Bundeszentrale für gesundheitliche Aufklärung (2001). *Die Drogenaffinität Jugendlicher in der Bundesrepublik Deutschland*. Köln: BZgA.

Elkeles, Thomas & Mielck, Andreas (1997). Entwicklung eines Modells zur Erklärung gesundheitlicher Ungleichheit. In: *Das Gesundheitswesen*, 59, 137-143.

Ellsäßer, Gabriele (1998). Gesundheit von Schulanfängern: Auswirkung sozialer Benachteiligung am Beispiel der Brandenburger Schulanfängeruntersuchungen 1994 und 1995. In: *Das Gesundheitswesen*, 60, 632-637.

Ellsäßer, Gabriele & Diepgen, Thomas L. (1998). Epidemiologische Analyse von Sturzunfällen im Kindesalter (<15 Jahre). In: *Bundesgesundheitsblatt – Gesundheitsforschung – Gesundheitsschutz*, 45, 267-276.

Ellsäßer, Gabriele, Böhm, Andreas, Kuhn, Joseph, Lüdecke, Karin & Rojas, Gudrun (2002). Soziale Ungleichheit und Gesundheit bei Kindern – Ergebnisse und Konsequenzen aus den Brandenburger Einschulungsuntersuchungen. In: *Kinderärztliche Praxis*, 4, 248-257.

Ferri, E. (1998). Forty years on: Professor Neville Butler and the British Birth Cohort studies. In: *Paediatric and Perinatal Epidemiology*, 12 (Supplement 1), 31-44.

Hurrelmann, Klaus, Klocke, Andreas, Melzer, Wolfgang & Ravens-Sieberer, Ulrike (Hrsg.) (2003). *Jugendgesundheitssurvey – Internationale Vergleichsstudie im Auftrag der Weltgesundheitsorganisation WHO*. Weinheim/München: Juventa.

Hradil, Stefan (2001). *Soziale Ungleichheit in Deutschland*. Opladen: Leske+Budrich.

Klaes, Lothar, Rommel, Alexander, Cosler, Detlev & Zens, Yvette C.K. (2001). *WIAD-Studie – Bewegungsstatus von Kindern und Jugendlichen in Deutschland*. Bonn 2001: WIAD.

Kamtsiuris, Panagiotis Bergmann, Karl E., Dippelhofer, Angela, Hölling, Heike, Kurth, Bärbel-Maria & Thefeld, Wolfgang (2002). Der Pretest des Kinder- und Jugendgesundheitssurveys: Methodische Aspekte und Durchführung. *Das Gesundheitswesen*, 64 (Sonderheft 1), S99-S106.

Kamtsiuris, Panagiotis & Lange, Michael (2002). Der Pretest des bundesweiten Kinder- und Jugendgesundheitssurveys: Stichprobendesign. *Das Gesundheitswesen*, 64 (Sonderheft 1), S107-S113.

Klocke, Andreas (2001). *Armut bei Kindern und Jugendlichen und die Auswirkungen auf die Gesundheit*. Gesundheitsberichterstattung des Bundes, Heft 03/01. Berlin: Robert Koch-Institut.

Klocke, Andreas & Hurrelmann, Klaus (Hrsg.) (2001). *Kinder und Jugendliche in Armut – Umfang, Auswirkungen und Konsequenzen*. Opladen: Westdeutscher Verlag.

Klocke, Andreas & Becker, Ulrich (2003). Die Lebenswelt Familie und ihre Auswirkungen auf die Gesundheit von Jugendlichen. In: Hurrelmann, Klaus, Klocke, Andreas, Melzer, Wolfgang & Ravens-Sieberer, Ulrike (Hrsg.), *Jugendgesundheitssurvey – Internationale Vergleichsstudie im Auftrag der Weltgesundheitsorganisation WHO* (S. 183-241). Weinheim/München: Juventa.

Krappmann, Lothar (1998). Kinderarmut. In: Bundesministerium für Familie, Senioren, Frauen und Jugend (Hrsg.), *Lebenslagen von Familien und Kindern* (S. 1-49). Materialien zur Familienpolitik Nr. 11. Frankfurt am Main: BMFSFJ.

Kromeyer-Hauschild, K., Wabitsch, M., Kunze, D. et al. (2001). Perzentilen für den Body-Mass-Index für das Kindes- und Jugendalter unter Heranziehung verschiedener deutscher Stichproben. In: *Monatsschrift für Kinderheilkunde*, 149, 807-818.

Kurth, Bärbel-Maria, Bergmann, Karl E., Dippelhofer, Angela, Hölling, Heike, Kamtsiuris, Panagiotis & Thefeld, Wolfgang (2002a). Die Gesundheit von Kindern und Jugendlichen in Deutschland – Was wir wissen, was wir nicht wissen, was wir wissen werden. In: *Bundesgesundheitsblatt – Gesundheitsforschung – Gesundheitsschutz*, 45 (11), 852-858.

Kurth, Bärbel-Maria, Bergmann, Karl E., Hölling, Heike, Kahl, Heidrun, Kamtsiuris, Pangiotis & Thefeld, Wolfgang (2002b). Der bundesweite Kinder- und Jugendgesundheitssurvey – Das Gesamtkonzept. In: *Das Gesundheitswesen*, 64 (Sonderheft 1), S3-S11.

Lampert, Thomas (2004). Der bundesweite Kinder- und Jugendgesundheitssurvey (KiGGS) – Impulse für die Entwicklung von Gesundheitszielen zur Sicherung der gesundheitlichen Chancengleichheit in der heranwachsenden Generation. In: Geene, Raimund & Hans, Christian (Hrsg.), *Armut und Gesundheit: Gesundheitsziele und Gesundheitsberichterstattung*. Berlin: b_books.

Lampert, Thomas, Schenk, Liane & Stolzenberg, Heribert (2002). Konzeptualisierung und Operationalisierung sozialer Ungleichheit im Kinder- und Jugendgesundheitssurvey. In: *Das Gesundheitswesen*, 64 (Sonderheft 1), S48-S52.

Neuhauser, Hannelore, Dippelhofer, Angela & Hölling, Heike (2002). Befragung zur körperlichen Gesundheit im Rahmen des Kinder- und Jugendgesundheitssurveys. *Das Gesundheitswesen*, 64 (Sonderheft 1), S17-S22.

Pott, Elisabeth & Lehmann, Frank (2002). Interventionen zur Gesundheitsförderung bei Kindern und Jugendlichen aus sozial benachteiligten Gruppen. In: *Bundesgesundheitsblatt – Gesundheitsforschung – Gesundheitsschutz*, 45, 976-983.

Ravens-Sieberer, Ulrike, Hölling, Heike, Bettge, Susanne & Wietzker, Anne (2002). Erfassung von psychischer Gesundheit und Lebensqualität im Kinder- und Jugendgesundheitssurvey. In: *Das Gesundheitswesen*, 64 (Sonderheft 1), S30-S35.
Ravens-Sieberer, Ulrike, Thomas, Christiane & Erhart, Michael (2003). Körperliche, psychische und soziale Gesundheit von Jugendlichen. In: Hurrelmann, Klaus, Klocke, Andreas, Melzer, Wolfgang & Ravens-Sieberer, Ulrike (Hrsg.), *Jugendgesundheitssurvey – Internationale Vergleichsstudie im Auftrag der Weltgesundheitsorganisation WHO* (S. 19-98). Weinheim/München: Juventa.
Roth-Isigkeit, A., Ellert, Ute & Kurth, Bärbel-Maria (2002). Die Erfassung von Schmerz in einem Kinder- und Jugendgesundheitssurvey. *Das Gesundheitswesen*, 64 (Sonderheft 1), S125-S129.
Schubert, R. (1996). Studie zum Gesundheitsverhalten von Kindern während der Einschulungsuntersuchung am Beispiel von Impfungen und Früherkennungsuntersuchungen. In: Murza, Gerhard & Hurrelmann, Klaus (Hrsg.), *Regionale Gesundheitsberichterstattung* (S. 122-137). München/Weinheim: Juventa.
Schubert, Ingrid & Horch, Kerstin (2004). Gesundheit von Kindern und Jugendlichen. Schwerpunktbericht der Gesundheitsberichterstattung des Bundes. Berlin: Robert Koch-Institut.
Smith, K. & Joshi, H. (2002). The Millennium Cohort Study. In: *Population Trends*, 107, 30-34.
Sperrlich, Stefanie & Mielck, Andreas (2000). Entwicklung eines Mehrebenenmodells für die Systematisierung sozialepidemiologischer Erklärungsansätze. In: Helmert, Uwe, Bammann, Karin, Voges, Wolfgang & Müller, Rolf (Hrsg.), *Müssen Arme früher sterben? Soziale Ungleichheit und Gesundheit in Deutschland* (S.27-41). Weinheim/München: Juventa.
Steinkamp, Günther (1993). Soziale Ungleichheit, Erkrankungsrisiko und Lebenserwartung. Kritik der sozialepidemiologischen Ungleichheitsforschung. *Sozial- und Präventivmedizin*, 38, 111-122.
Winkler, Joachim & Stolzenberg, Heribert (1999). Der Sozialschichtindex im Bundes-Gesundheitssurvey. In: *Das Gesundheitswesen*, 61 (Sonderheft 2), S178-S183.
Zeiher, Hartmut J. & Zeiher, Helga (1998). Orte und Zeiten der Kinder: Soziales Leben im Alltag von Großstadtkindern. Weinheim/Basel.
Zinnecker, Jürgen & Silbereisen, Rainer K. (1996). *Kindheit in Deutschland. Aktueller Survey über Kinder und ihre Eltern.* Weinheim: Juventa.

Soziales Kapital als Ressource für Gesundheit im Jugendalter
Andreas Klocke

1 Einleitung

Über den Zusammenhang von sozialer und gesundheitlicher Ungleichheit ist in der sozialepidemiologischen Forschung oft berichtet worden. Nicht nur der – schon klassisch zu nennende – Black-Report von 1980, auch aktuelle Publikationen artikulieren diesen Zusammenhang (Mielck 2000; Helmert et al. 2000). Obwohl also ausreichende Evidenz für einen sozialen Gradienten in der Gesundheit von Menschen vorliegt, muss eingeräumt werden, dass ebenso oft und nachhaltig darauf hingewiesen wird, dass soziale Ungleichheit nicht unmittelbar zu gesundheitlicher Ungleichheit führt. Vermittelnde Glieder wie eine biogenetische Disposition des einzelnen Menschen, sein Temperament und seine Lebenslust oder soziale Ressourcen wie eine familiale, nachbarschaftliche oder sonstige Einbettung in soziale Verkehrskreise vermögen ganz wesentlich die Wirkung sozialer Ungleichheit auf die Gesundheit der Menschen zu beeinflussen.

Wie Kinder und Jugendliche belastende Lebenssituationen verarbeiten und bewältigen ist in der deutschen Forschungsliteratur erst in Ansätzen dokumentiert (Walper 1997, 2001). In den USA wird seit einigen Jahren eine intensive Diskussion zu Risikolagen und Schutzfaktoren im Jugendalter geführt (Jessor 1998; Amato/Booth 1997; Duncan/Brooks-Gunn 1997; Furstenberg et al. 1999). Die amerikanische Literatur unterscheidet verschiedene Risiko- und Schutzfaktoren, die auf der individuellen (Intelligenz, Selbstwertgefühl), der familialen (Familienform, sozioökonomischer Status der Familie), der interaktiven (Freunde, Gleichaltrigengruppe) sowie der sozialen (Nachbarschaft, Kommune) Ebene angesiedelt sind (Jessor 1993, 1998; vgl. auch Kolip 2003). Diesen Faktoren wird grundsätzlich eine doppelte Valenz zugesprochen, indem sie sowohl Risiken als auch Schutz bereithalten mögen. Richard Jessor (1993) gibt das Beispiel, dass „schlechte" Schulen vulnerable Wirkung auf Kinder und Jugendlichen haben ebenso wie „gute" Schulen als protektive Faktoren zu werten sind. Grundsätzlich kommt allen Risiko- und Schutzfaktoren eine eigenständige Kraft zu, und Kombinationen und Kumulationen werden als wahrscheinlichste Ursache für bestimmte Resultate in der Sozialisation junger Menschen angesehen (Jessor 1998; Furstenberg et al. 1999). Welche Wirkungen soziale Ressourcen auf die Gesundheit der Kinder entfalten können, ist eine der aktuellen Forschungsfragen.

Dieser Aspekt wird in den letzten Jahren zunehmend unter dem konzeptionellem Dach „Social Capital" rege diskutiert. Im Folgenden wird versucht, den Einfluss sozialen Kapitals als Mediatorvariable zwischen sozialer und gesundheitlicher Ungleichheit im Jugendalter genauer zu bestimmen. Dazu wird zunächst die Datengrundlage vorgestellt (2). Danach wird der Zusammenhang von sozialer und gesundheitlicher Ungleichheit betrachtet (3). Es folgt die konzeptionelle Operationalisierung des Sozialkapitals (4). Sodann folgen Analysen zur Wirkung des sozialen Kapitals (5), bevor in einer Schlußbetrachtung (6) die Bedeutung des Sozialkapitals für die weitere Forschung erörtert wird.

2 Datengrundlage

Datenbasis ist die Studie „Health Behaviour in School-Aged Children – A WHO Cross National Survey" (HBSC), die alle vier Jahre in über 30 Ländern Europas sowie in Nordamerika und in Israel durchgeführt wird und ca. 200.000 Kinder und Jugendliche mit einem einheitlichen Forschungsdesign zu vielerlei Aspekten ihrer Gesundheit und ihres Gesundheitsverhaltens befragt (Richter 2003). In Deutschland ist die Studie in den Bundesländern Nordrhein-Westfalen, Hessen, Sachsen und Berlin durchgeführt worden[1]. Die Einschränkung auf die vier Bundesländer hat rein finanzielle und forschungspragmatische Gründe. Insgesamt wurden für die WHO-Jugendgesundheitsstudie 23.111 Schülerinnen und Schüler der fünften, siebten und neunten Klassen an allgemeinbildenden Schulen in Deutschland befragt.

Tabelle 1: Stichprobenstruktur HBSC Datensatz 2002, Hessen

	N	Jungen	Mädchen
5. Klasse, Durchschnittsalter: **11,63**	1184	50,8%	49,2%
7. Klasse, Durchschnittsalter: **13,75**	1243	51,9%	48,1%
9. Klasse, Durchschnittsalter: **15,76**	1166	48,0%	52,0%
Gesamt	3593	1807	1786

Quelle: HBSC 2002 Daten für Hessen (N=3.614)

---

1   Deutsches HBSC Konsortium: Prof. Dr. Klaus Hurrelmann, Universität Bielefeld (Leitung); Prof. Dr. Andreas Klocke, FH Frankfurt am Main; Prof. Dr. Wolfgang Melzer, TU Dresden; PD Dr. Ulrike Ravens-Sieberer, Robert-Koch-Institut Berlin

Es wurde dazu eine repräsentative Zufallsstichprobe aus allen allgemeinbildenden Schulen des jeweiligen Bundeslandes gezogen. Die Auswahl der befragten Schulklassen (Klumpenstichprobe) orientierte sich an der statistischen Verteilung nach dem Alter und den besuchten Schulformen in dem jeweiligen Bundesland. Für die hier anstehenden Analysen wird ausschließlich der hessische Teildatensatz (N=3.614) herangezogen, da nur dort alle für die Analysen notwendigen Variablen (Modul: Soziale Ressourcen) enthalten sind. In Tabelle 1 ist ein Überblick über die Stichprobe gegeben.

3 Der Zusammenhang von sozialer und gesundheitlicher Ungleichheit im Jugendalter

Bekannt ist, dass soziale Ungleichheit die Gesundheit von Menschen mitbestimmt (Bundesministerium für Familie, Senioren, Frauen und Jugend 2002). Wenn Kinder und Jugendliche in sozialer Deprivation aufwachsen, dann ist dies in der Regel über eine mangelnde Verdienstmöglichkeit der Eltern begründet. Dabei lassen sich eigenständige Effekte der sozialen Schicht nicht völlig von Bildungsressourcen oder der sozialen Milieuzugehörigkeit trennen. Mit Bezug auf die Bevölkerungsgruppe der Kinder und Jugendlichen kann soziale Ungleichheit nur indirekt, vermittelt über das Elternhaus, erfasst werden. Auch wenn eingewandt werden kann, dass Jugendliche über eigene finanzielle Mittel verfügen, etwa Taschengeld und hinzuverdientes Geld in den Ferien oder auch während der Schulzeit, so spiegelt die unmittelbare Finanzkraft eines Jugendlichen nicht dessen tatsächlichen sozioökonomischen Status wider.

In der HBSC-Studie wird die Messung der sozialen Lage der Kinder und Jugendlichen mit vergleichsweise robusten und einfachen Indikatoren vorgenommen, da in der Befragung ausschließlich die Kinder und Jugendlichen selbst, also nicht zugleich auch deren Eltern, befragt werden. Es wird ein additiver ungewichteter Summenwert sozialer Ungleichheit auf Basis der Items der im internationalen HBSC-Studienverbund entwickelten Family Affluence Scale, FAS (Currie et al. 1997) gebildet. Die Operationalisierung sozialer Ungleichheit im Kindes- und Jugendalter wird wie folgt vorgenommen (Abb. 1):

Die Frage nach dem eigenen Zimmer des Jugendlichen im Haushalt ist ein Indikator für die Wohnraumsituation der Familie. Hat der Jugendliche kein eigenes Zimmer, so liegt eine Unterversorgung in diesem Lebensbereich vor. Die Anzahl der Urlaubsreisen im letzten Jahr misst ebenfalls die finanziellen Ressourcen des Haushalts, denn keine Urlaubsreise oder drei und mehr Urlaubsreisen spiegeln erhebliche Unterschiede in den Lebensbedingungen wie auch in der Lebensqualität der Kinder und Jugendlichen wider. Die Anzahl der Automobile im Haushalt liefert einen stärker materiellen Hinweis auf die finanziellen Ressourcen des Haushalts. Zwei und mehr Kraftfahrzeuge pro Haushalt indizieren in den meisten Haushalten ein gutes Haushaltseinkommen. Der Computerbesitz liefert sowohl einen Hinweis auf die Wohlstandsposition des Haushalts als auch einen Hinweis auf die Technikaufgeschlossenheit und die Modernität. Hier können – wird der Zugang zum Internet mitbedacht – gravierende Unterschiede in den Lebensbedingungen der jungen Generation erwartet werden. Die Anzahl der Bücher im Haushalt wird als Indikator für das soziale Milieu gewertet, in dem die Kinder und Jugendlichen aufwachsen (Baumert 2003).

Abbildung 1: Konstruktion des Wohlstandsindex

Wohnraumversorgung	Hast du ein eigenes Zimmer für dich ganz allein? - nein; ja

+

Urlaubsreisen	Wie häufig bist du in den letzten 12 Monaten mit deiner Familie in den Ferien verreist/ in Urlaub gefahren? - überhaupt nicht; einmal; zweimal; mehr als zweimal

+

Automobilbesitz	Besitzt deine Familie ein Auto, einen Lieferwagen oder einen LKW? - nein; eins; zwei oder mehr

+

Computerbesitz	Wie viele Computer besitzt deine Familie? - keinen; einen; zwei; mehr als zwei

+

Anzahl der Bücher im Haushalt	Wie viele Bücher gibt es ungefähr bei dir zu Hause? (Zähle keine Zeitschriften, Zeitungen oder Schulbücher mit.) - keine, oder sehr wenige; etwa ein Bücherbrett; etwa ein Regal; etwa zwei Regale; drei oder mehr Regale

=

Wohlstands-Index Summe der standardisierten Einzel-Items Einteilung in Quintile

Insgesamt hat sich dieses Messverfahren sowohl in der Vergangenheit und in internationalen Vergleichen (vgl. Klocke 1998) als auch in anderen Studien (Gerhards 2002) bewährt, und die Teststatistik weist keine Anfälligkeiten auf. Die einzelnen Indikatoren wurden standardisiert und in einem additiven, ungewichteten „Wohlstandsindex" zusammengefasst. Die lineare Konstruktion geht zurück auf die Überlegung, dass soziale Ungleichheit zentral über vertikale Ungleichheit bestimmt ist und die Kumulation von Ressourcen den Zugang zu allgemein erstrebenswerten Gütern und Positionen steuert. Die hier gewählten

Soziales Kapital als Ressource für Gesundheit im Jugendalter

Indikatoren des Wohlstandsindex weisen je für sich einen signifikanten und kongruenten Zusammenhang zu den weiter unten aufgeführten Zielvariablen auf und erfüllen so eine wichtige Bedingung der Konstruktion von Indizes. Der berechnete Summenwert wurde in Quintile eingeteilt. Die Einteilung in fünf gleichgroße Gruppen gewährleistet, dass der so gebildete Index eine möglichst einfache und robuste Struktur erhält.

Bei der Messung der Gesundheitsvariablen sind wir auf den subjektiven Bericht der befragten Kinder und Jugendlichen verwiesen. In der folgenden Tabelle sind exemplarisch einige Indikatoren zum Gesundheitsverhalten ausgewählt:

Tabelle 2: Gesundheitsverhalten der Jugendlichen nach sozialer Lebenslage

Indikatoren für Gesundheitsverhalten	Soziale Ungleichheit				
	Unterstes Quintil	2. Quintil	3. Quintil	4. Quintil	Oberstes Quintil
Zähne putzen* Selten / nie	3	2	1	1	1
Sport* 1 x pro Woche oder gar nicht	15	13	10	10	8
Rauchen Mind. wöchentlich	15	21	18	17	12
Frühstück an Schultagen* nie	26	22	21	10	18
TV-/ Video-Konsum an Schultagen* 5 Std. und mehr	21	14	10	10	5
N	691	704	682	681	672

N=3.430
Quelle: HBSC Survey 2002, Deutsches HBSC Konsortium: Universität Bielefeld, TU Dresden, FH Frankfurt am Main, Robert-Koch Institut Berlin; hier: Zahlen für das Bundesland Hessen; Angaben in Prozent
* Zusammenhänge sind signifikant auf dem Niveau p ≤ 0,05

Die Tabelle veranschaulicht deutliche und signifikante Zusammenhänge zwischen der sozialen Ungleichheitslage und dem Gesundheitsverhalten. So zeigt etwa die Zahnhygiene, das Bewegungsverhalten ebenso wie die regelmäßige Ernährung (Frühstück an Schultagen) und der TV/Videokonsum deutliche positive Zusammenhänge mit der aufsteigenden sozialen Stufenfolge. Das Rauchen ist wohl uneinheitlich, folgt aber letztlich auch dem Muster: Je besser die soziale Lebenslage, desto günstiger ist das Gesundheitsverhalten.

Es soll nun betrachtet werden, in welcher Form soziales Kapital als intermediäre Größe zwischen sozialer Ungleichheitslage und Gesundheitszustand und -verhalten vermittelt. Dazu wird zunächst das Konzept sozialen Kapitals und seine Operationalisierung vorstellen.

4 Das Sozialkapital-Konzept

Eine weite Verbreitung hat das Sozialkapital-Konzept in einer politikwissenschaftlich angeleiteten Verwendung im Rahmen von Gemeindestudien und einer Diskussion über die Entwicklungstendenzen der Zivilgesellschaften gefunden. Hier werden die sozialen Kohäsionskräfte einer Gesellschaft mit einer oftmals sozialräumlich bezogenen Perspektive betrachtet, und die Analysen sind zentral mit dem Namen Robert Putnam (1995) verbunden. Eine weitere Verwendung erfährt das Konzept im Rahmen von sozialen Milieuanalysen. Hier wird das Augenmerk darauf gerichtet, ob und zu welcher Gruppe man gehört. Pierre Bourdieu (1983, 1987) kann hier als Pate stehen. Anders als Putnam, der social capital als kommunale/lokale Ressource versteht, stellt soziales Kapital bei Bourdieu eine individuelle Ressource dar und ist unmittelbar in das Geflecht sozialer Ungleichheit eingebunden. Soziales Kapital bezeichnet in Anlehnung an Anthony Giddens auf Vertrauen basierende Netzwerke, auf die Menschen zurückgreifen können, wenn sie soziale Unterstützung brauchen. Es geht folglich um so etwas wie Einbettung, Dazugehörigkeit, Vertrauen – Ressourcen, die bei Bedarf Unterstützung und Hilfe bieten können, und im Alltag der Menschen Stabilität und Wohlbefinden bieten.

Die Analysen und die Messung sozialen Kapitals wird in der HBSC-Studie über vier Bereiche vorgenommen: Soziales Kapital in der Familie, soziales Kapital in Freundschaftsbeziehungen, soziales Kapital in der Nachbarschaft und soziales Kapital durch die Einbindung in Institutionen (vgl. Abb. 2).

Soziales Kapital in der Familie

Hier wird das Gesamtpotenzial und insbesondere die Qualität der Beziehungen in der Familie berücksichtigt. Weiterhin wird das Vorhandensein von Großeltern in die Konstruktion des Index eingeschlossen. Als weitere Größe wird das elterliche Engagement, hier: Unterstützung bei den Hausaufgaben, aufgenommen.

Soziales Kapital in der Freundesgruppe

Die Erfassung der Qualität der Beziehungen zum besten Freund bzw. zur besten Freundin sowie zu gleich- und andersgeschlechtlichen Freunden ist in der HBSC-Studie analog zu den Familienmitgliedern abgefragt. Zusätzlich wird die Größe des Freundeskreises berücksichtigt, die über die Zahl der Freunde bzw. Freundinnen abgefragt wird.

Soziales Kapital in der Nachbarschaft

Soziale Unterstützung in der Nachbarschaft wird darüber erfasst, wie das Verhältnis der Nachbarn untereinander ist, ob die Befragten auf die Nachbarn auch als Unterstützungs- und Vertrauenspersonen zurückgreifen können und wie im Allgemeinen die Freizeitmöglichkeiten im Umfeld der Wohngegend beschaffen sind.

Soziales Kapital in Institutionen

Die Integration in Institutionen wird mit zwei zentralen Variablen erfasst: Zum einen die Häufigkeit des Besuchs eines Vereins, eines Jugendclubs oder einer Jugendgruppe und zum anderen, ob die Befragten sich an ihrer Schule (als Institution) wohlfühlen.

Die Zusammenfassung der einzelnen Indikatoren zu Sozialkapital-Indizes erfolgt analog der Messung der sozialen Ungleichheit: Die standardisierten Einzelwerte werden zu additiven Summenwerten gebündelt. Setzt man das Gesamtvolumen sozialen Kapitals oder auch einen seiner Bestandteile in Beziehung zur sozialen Ungleichheitslage, so zeigt sich, dass Kinder und Jugendliche in deprivierten Soziallagen über deutlich weniger soziales Kapital verfügen als ihre Altersgleichen in höheren sozialen Lagen.

Materielle Armut geht also mehrheitlich mit Armut an sozialen Beziehungen einher. Ob eben dies der Grund für die gesundheitlichen Benachteiligungen deprivierter Soziallagen sein kann, wird im folgenden Abschnitt erörtern.

Abbildung 2: Die Konstruktion der Sozialkapital-Indizes

Soziales Kapital Familie	Soziales Kapital Freunde	Soziales Kapital Nachbarschaft	Soziales Kapital Institutionen
Beziehungspotenzial in der Familie: - Elternteile im hauptsächlichen Zuhause - Elternteile im zweiten Zuhause - Ältere Geschwister Spaß bei Unternehmungen mit Eltern: - täglich; 2-3/Woche; 1/Woche; 1/Monat; seltener; nie Großeltern im hauptsächlichen oder im zweiten Zuhause (wenn Aufenthalt mindestens am Wochenende): - ja; nein Eltern helfen bei den Hausaufgaben: - stimmt genau; stimmt ziemlich; weder noch; stimmt nicht; stimmt überhaupt nicht	Beziehungspotenzial im Freundeskreis: - bester Freund, beste Freundin - Freunde gleichen Geschlechts - Freunde des anderen Geschlechts Anzahl Freunde gleichen Geschlechts: - 0; 1; 2; 3 und mehr Anzahl Freunde des anderen Geschlechts: - 0; 1; 2; 3 und mehr	Leute grüßen sich und sprechen miteinander: - stimmt genau; stimmt ziemlich; weder noch; stimmt nicht; stimmt überhaupt nicht Kleinere Kinder können draußen spielen: - wie vor Man kann Leuten vertrauen: - wie vor Gute Plätze zum Spielen und für die Freizeit: - wie vor Kann Nachbarn um Hilfe bitten: - wie vor Leute würden einen ausnützen: - wie vor	Besuch eines Vereins, eines Jugendclubs oder einer Jugendgruppe: - jeden Tag; 5-6/Woche; 3-4/Woche; 1-2/Woche; weniger als 1/Woche; überhaupt nicht In meiner Schule kann man sich wohlfühlen: - stimmt genau; stimmt ziemlich; weder noch; stimmt nicht; stimmt überhaupt nicht

5 Die Wirkungen sozialen Kapitals auf die Gesundheit von Kindern und Jugendlichen

Wird das Gesamtvolumen sozialen Kapitals ebenfalls in Quintile zerlegt und der Zusammenhang mit dem Gesundheitszustand und -verhalten analog zu Tabelle 2 dargestellt, so ergibt sich folgendes Bild in Tabelle 3.

Soziales Kapital als Ressource für Gesundheit im Jugendalter

Tabelle 3: Gesundheitsverhalten nach Ausstattung mit sozialem Kapital
Angaben in Prozent

Indikatoren für Gesundheitsverhalten	Gesamtvolumen sozialen Kapitals				
	1. Quintil wenig	2. Quintil	3. Quintil	4. Quintil	5. Quintil viel
Zähne putzen* Selten / nie	6	3	2	3	3
Sport* 1 x pro Woche oder gar nicht	19	12	10	9	7
Rauchen* Mind. wöchentlich	28	21	14	9	7
Frühstück an Schultagen* Nie	31	25	17	16	14
TV-/ Video-Konsum an Schultagen* 5 Std. und mehr	17	12	9	10	8
N	691	704	682	681	672

N=3.430
Quelle: HBSC Survey 2002, Deutsches HBSC Konsortium: Universität Bielefeld, TU Dresden, FH Frankfurt am Main, Robert-Koch Institut Berlin; hier: Zahlen für das Bundesland Hessen
* Zusammenhänge sind signifikant auf dem Niveau $p \leq 0,01$

Deutlich ablesbar ist in Tabelle 3, dass alle aufgeführten Zusammenhänge hoch signifikant sind. Dabei zeigt sich, dass eine Erklärungskraft sozialen Kapitals auch dort vorliegt, wo die soziale Ungleichheitslage (vgl. Tabelle 2) nur schwach oder nicht lineare Zusammenhänge zeigte, z.B. beim Rauchen.

Abschließend bleibt die Frage zu klären, ob soziales Kapital geeignet ist, die negativen gesundheitlichen Folgen sozialer Deprivation aufzufangen. Auch wenn geringe materielle Ressourcen oft mit niedrigem Sozialkapital einhergehen, so ist dieser Zusammenhang nicht zwingend. Die folgende Tabelle 4 verdeutlicht, wie das Gesundheitsverhalten und auch das allgemeine Wohlbefinden innerhalb der einzelnen Soziallagen variiert, je nach dem, wie hoch die Ausstattung mit sozialem Kapital ist. (siehe Tabelle 4)

Wie die Ergebnisse in Tabelle 4 zeigen, verbessert sich das Wohlbefinden und das Gesundheitsverhalten (Rauchen) in allen sozialen Ungleichheitslagen mit zunehmendem Sozialkapital. Insbesondere bezüglich des subjektiven Wohlbefindens profitieren Kinder und Jugendliche in deprivierten Soziallagen von einer guten Ausstattung mit sozialem Kapital. Aber auch der Anteil täglicher Raucher nimmt in allen Statusgruppen mit dem Verfügen über viel Sozialkapital deutlich ab, in Durchschnitt um die Hälfte. Im Detail (hier nicht ausgewiesen) zeigen sich wohl graduelle Unterschiede in der Wirkung einzelner Sozialkapitalsorten, aus denen aber keine Empfehlung zur Förderung einzelner Sozialkapitalsorten abgeleitet werden kann, dazu sind der Ergebnisse zu uneinheitlich (vgl. auch Klocke 2001). Halten wir fest: Das Sozialkapital-Konzept hat eine eigenständige Wirkung auf das Gesundheitsverhalten der Kinder und Jugendlichen. Dem Sozialkapital kommt daher in der Diskussion um die Zusammenhänge zwischen sozialer und gesundheitlicher Ungleichheit eine vermittelnde Funktion zu.

Tabelle 4: Die Wirkungen sozialen Kapitals auf die Gesundheit und das Gesundheitsverhalten der Jugendlichen nach der sozialen Lebenslage (Angaben in Prozent)

Prävalenzraten	Wohlbefinden: schlecht*		Rauchen: täglich*	
	Soziales Kapital		Soziales Kapital	
Soziale Ungleichheit	niedrig	hoch	niedrig	hoch
1. Quintil	46	23	17	6
2. Quintil	31	20	23	9
3. Quintil	41	20	15	13
4. Quintil	52	25	22	11
5. Quintil	44	22	16	8
Insgesamt	42	23	19	10

N=3.234
Quelle: HBSC Survey 2002, Deutsches HBSC Konsortium: Universität Bielefeld, TU Dresden, FH Frankfurt am Main, Robert-Koch Institut Berlin; hier: Zahlen für das Bundesland Hessen
* Zusammenhänge sind signifikant auf dem Niveau p ≤ 0,01

6 Schlussfolgerungen für die weitere konzeptionelle und theoretische Verwendung des Sozialkapital-Konzepts

Die rege und oftmals unbekümmerte Verwendung von diversen traditionellen Schichtindikatoren oder Maßen des sozioökonomischen Status in den Gesundheitswissenschaften vermag über die Einbeziehung des Sozialkapitalkonzepts einige Fundierung und Analysekraft gewinnen. Erfolgt nämlich eine Berücksichtigung der Wirkungen sozialen Kapitals, so sprechen die Befunde dafür, dass die Wirkungen sozialer Ungleichheit auf die Gesundheitslage und -biografie der Menschen maßgeblich korrigiert werden können. Damit verstärkt sich der Eindruck, dass soziale Ressourcen einen quasi universellen Effekt auf die

Gesundheit der jungen Menschen haben, d.h. alle Jugendlichen, ob reich oder arm, profitieren von der Ausstattung mit Sozialkapital. Werden die engen Zusammenhänge zwischen sozialer Ungleichheit und Sozialkapital bedacht, so kann sogar resümiert werden: Soziale Ungleichheit wirkt sich auf die Gesundheit der jungen Menschen über das Verfügen über Sozialkapital aus.

Literatur

Bundesministerium für Familie, Senioren, Frauen und Jugend (Hrsg.) (2002): 11. Kinder und Jugendbericht. Bericht über die Lebenssituation junger Menschen und die Leistungen der Kinder und Jugendhilfe in Deutschland. Berlin: Eigenverlag.
Amato, Paul R./Booth, Alan (1997): A Generation at Risk. Growing Up in an Era of Family Upheaval. Cambridge: Harvard University Press
Barlösius, Eva/ Ludwig-Mayerhofer, Wolfgang (Hrsg.) (2001): Die Armut der Gesellschaft. Opladen: Leske+Budrich
Berger, Peter A./ Vester, Michael (Hrsg) (1998): Alte und neue soziale Ungleichheiten in postindustriellen Gesellschaften. Opladen: Leske+Budrich
Bourdieu, Pierre (1983): Ökonomisches Kapital, kulturelles Kapital, soziales Kapital. In: Kreckel (1983): 183-198
Bourdieu, Pierre (1987): Die feinen Unterschiede. Frankfurt am Main: Suhrkamp
Coleman, James S. (1990): Foundations of social theory. Cambridge: Harvard University
Currie, Candace/Elton RA, Todd, Joanna/ Platt Steven (1997): Indicators of socioeconomic status for adolescents: the WHO Health Behaviour in School-aged Children Survey. In: Health Education Research 12: 385-397
Department of Health and Social Services (UK) (1980): Inequalities in health: report of a research working group. (Chairman: Sir Douglas Black). London
Duncan, Greg J./ Brooks-Gunn, Jeanne (Hrsg.) (1997): Consequences of growing up poor. New York: Russel Sage
Furstenberg, Frank F. Jr./Cook, Thomas D./Eccles, Jacqueline (1999): Managing to Make It. Chicago: University Press
Gerhards, Jürgen (2002): Lebensstile und ihr Einfluss auf das Ernährungsverhalten Jugendlicher. In: Soziale Welt 53: 261-284
Hackauf, Horst (2002): Gesundheit und Lebensstile Jugendlicher. Bundesgesundheitsblatt 45: 879-884
Helfferich, Cornelia (1994): Jugend, Körper und Geschlecht. Die Suche nach sexueller Identität. Opladen: Leske+Budrich
Helmert, Uwe/ Bamann, K./ Voges, Wolfgang/ Müller, R. (Hrsg.) (2000). Müssen Arme früher sterben? Soziale Ungleichheit und Gesundheit in Deutschland. Weinheim: Juventa
Henkel, Dieter/ Zemin, Uwe/ Dornbusch, Peer (2003): Sozialschicht und Konsum von Alkohol und Tabak im Bundesgesundheitssurvey 1998. In: Sucht 49: 212-220
Hurrelmann, Klaus (2004): Die Lebensphase Jugend. 7. Aufl. Weinheim/München: Juventa

Hurrelmann, Klaus/ Klocke, Andreas/ Melzer, Wolfgang/ Ravens-Sieberer, Ulrike (Hrsg.) (2003): Jugendgesundheitssurvey. Internationale Vergleichsstudie im Auftrag der Weltgesundheitsorganisation WHO. Weinheim/München: Juventa

Jessor, Richard (1998): Adolescent risk behaviour. New perspectives on adolescent risk behaviour. New York: Cambridge University Press

Klocke, Andreas/ Becker, Ulrich (2003): Die Lebenswelt Familie und ihre Auswirkungen auf die Gesundheit von Jugendlichen. In: Hurrelmann et al. (2003): 183-241

Klocke, Andreas (1998): Reproduktion sozialer Ungleichheit in der Generationenabfolge. In: Berger/ Vester (1998): 211-229

Klocke, Andreas (2001). Armut bei Kindern und Jugendlichen. Belastungssyndrome und Bewältigungsfaktoren. In: Barlösius/ Ludwig-Mayerhofer (2001): 293-312

Kreckel, Reinhard (Hrsg.) (1983): Soziale Ungleichheiten. Soziale Welt Sonderband 2. Göttingen: Schwarz

Kolip, Petra (2003): Ressourcen für Gesundheit – Potenziale und ihre Ausschöpfung. In: Gesundheitswesen 65: 155-162

Mielck, Andreas (2000): Soziale Ungleichheit und Gesundheit. Bern/Göttingen: Huber

Pinquart, Martin & Silbereisen, Rainer (2002): Gesundheitsverhalten im Kindes- und Jugendalter. Bundesgesundheitsblatt, 45, 873-878.

Putnam, Robert D. (1995): Bowling alone: America's declining social capital. In: Journal of Democracy 6: 65-78

Raithel, Jürgen (2001): Risikoverhaltensweisen Jugendlicher. Erklärungen, Formen und Prävention. Opladen: Leske+Budrich

Richter, Matthias (2003): Anlage und Methode des Jugendgesundheitssurveys. In: Hurrelmann et al. (2003): 9-18

Stecher, Ludwig (2001): Die Wirkung sozialer Beziehungen: Empirische Ergebnisse zur Bedeutung sozialen Kapitals für die Entwicklung von Kindern und Jugendlichen. Weinheim/München: Juventa

West, Patrick (1997): Health inequalities in early years: Is there equalisation in youth? In: Social Science and Medicine 44: 833-858

Partizipative Strukturen in der Schule, soziale Ungleichheit und die Gesundheit der Schüler/innen. Ergebnisse der österreichischen HBSC-Studie

Wolfgang Dür, Robert Griebler

1 Einleitung: Partizipation, Empowerment und Gesundheitsförderung

Gesundheitsförderung, wie sie in der Ottawa Charter der WHO (1986) als politisches Konzept vorgelegt worden ist, geht davon aus, dass die Gesundheit der Menschen im Wesentlichen in den jeweils konkreten sozialen Lebenskontexten erzeugt oder beschädigt wird, in denen sie, so die berühmt gewordene Formulierung, „leben, lieben, arbeiten und spielen". Das Konzept kann sich dabei auf eine Vielzahl an wissenschaftlichen Arbeiten berufen, die diese Zusammenhänge empirisch untermauern oder wenigstens nahe legen.[1] Gesundheitsförderung setzt daher folgerichtig auf die Veränderung dieser Lebenskontexte im Sinne der Steigerung der Gesundheit. Dabei ist die Vorstellung zentral, dass die notwendigen Veränderungen von den jeweils betroffenen Menschen selbst umzusetzen sind, sei es durch Veränderung ihres eigenen Verhaltens, sei es durch Beiträge zur Veränderung der „Verhältnisse". Eine gedeihliche Politik, Gesetze, Geldflüsse oder Expertenwissen sind dabei selbstverständlich notwendige Rahmenbedingungen, in politisch-instrumenteller Hinsicht verlangt Gesundheitsförderung aber zuallererst eines: die Möglichkeit zur Mitbestimmung und zur Mitgestaltung der sozialen Verhältnisse auf einer Meso-Ebene der Gesellschaft. Daher heißt es in der Ottawa-Charter:

> „Gesundheitsförderung zielt auf einen Prozess, allen Menschen ein höheres Maß an Selbstbestimmung über ihre Gesundheit zu ermöglichen und sie zur Stärkung ihrer Gesundheit zu befähigen. (...) Gesundheit entsteht dadurch, dass man sich um sich selbst und für andere sorgt, dass man in die Lage versetzt ist, selber Entscheidungen zu fällen und eine Kontrolle über die eigenen Lebensumstände auszuüben, sowie dadurch, dass die Gesellschaft in der man lebt, Bedingungen herstellt, die allen ihren Bürgern Gesundheit ermöglichen." (WHO, 1986)

---

[1] Vgl. zusammenfassend Naidoo & Wills (2003): Lehrbuch der Gesundheitsförderung, Köln

Das Konzept steht und fällt mit der Frage, wie es gelingt, a) die Bürgerinnen und Bürger dazu zu bringen, sich im Sinne ihrer Gesundheit aktiv um ihr Leben und ihre Lebensverhältnisse zu kümmern – statt stumm darauf zu vertrauen, dass dies von anderen zu ihrem Besten besorgt werde – beziehungsweise, b) die sozialen Systeme dazu zu bringen, aktiv sich einmischende Bürgerinnen und Bürger als Bereicherung und nicht als Störung zu behandeln und eine solche Einmischung überhaupt zu ermöglichen.[2] Die Schlüsselbegriffe der Gesundheitsförderung – Enabling und Empowerment – kreisen daher um Macht, Kontrolle, Partizipation und allgemein um Fragen der Inklusion bzw. Teilnahme von Individuen an den für sie relevanten sozialen Systemen bzw. Organisationen. Es geht darum, die sozialen Gestaltungs- und Kontrollmöglichkeiten für die beteiligten Individuen zu öffnen und diese dazu zu befähigen, optimalen Gesundheitsnutzen aus diesen Möglichkeiten zu ziehen. So schreiben Davies und MacDonald:

> „If the activity under consideration is not enabling and empowering, it is not health promotion (...) These concepts are reflected in the action areas of the Ottawa Charter for Health Promotion which fundamentally advocates a basic change in the way society is organized and resources distributed" (Davies & MacDonald, 1998: 8).[3]

Das ist im Duktus einer politischen Forderung geschrieben und kann sich auf eine lange europäische Tradition des Humanismus und der Menschenrechte stützen, in der die gesellschaftlichen Verhältnisse als prinzipiell mach-, gestalt- und steuerbar angesehen werden und in der diese Steuerung immer an den Bedürfnissen und Lebensinteressen der Individuen bzw. von bestimmten Gruppen zu orientieren war. Will man diese Annahmen nicht grundsätzlich hinterfragen, was aus systemtheoretischer Perspektive durchaus interessant wäre, stellt sich für die Soziologie vor allem die Frage, ob es tatsächlich zutrifft, dass

---

2   Gesundheitsförderung ist insofern an die Konzepte des Guten Regierens (Good Governance) gut anschließbar und lässt sich sehr gut mit den Vorstellungen des Europäischen Parlaments zum Thema Good Governance verbinden, in dessen Weißbuch es heißt: „Das Weißbuch schlägt vor, die politische Entscheidungsfindung zu öffnen und mehr Menschen und Organisationen in die Gestaltung und Durchführung der EU-Politik einzubinden" (Europäisches Regieren. Ein Weißbuch, Brüssel 2001, S. 4).

3   „The key concepts in this definition are 'process' and 'control'; therefore effectiveness and quality assurance in health promotion must focus on enabling and empowerment. If the activity under consideration is not enabling and empowering, it is not health promotion (...) These concepts are reflected in the action areas of the Ottawa Charter for Health Promotion which fundamentally advocates a basic change in the way society is organized and resources distributed". (Davies,/MacDonald, 1998: 8)

die Steigerung von Möglichkeiten der Partizipation und des Empowerments die Gesundheit der betroffenen Individuen steigert?[4]

Zu dieser Frage ist die gesundheitswissenschaftliche und insbesondere gesundheitssoziologische Forschung nach wie vor herausgefordert. Es fehlt an klaren begrifflichen Konzepten, an Klärungen zum Verhältnis von Partizipation und Empowerment und zur Verallgemeinerbarkeit der Konzepte. Stark (1996) unterscheidet zwei Hauptformen der Partizipation, allerdings mit engem Bezug auf Gesundheitsförderung: das Teilnehmen und das Teilhaben. Während Ersteres die freiwillige Teilnahme an bestimmten Programmen und Maßnahmen und die Mitarbeit in bestimmten Teilbereichen solcher Maßnahmen bezeichnet, bietet die Teilhabe-Strategie den Zielgruppen die Möglichkeit, sich bereits bei der Zielfindung, der Planung, Vorbereitung und Durchführung von Maßnahmen zu beteiligen. In diesem Fall sind die Beteiligten also in die Gestaltung des sozialen Systems eingebunden, von dem sie eine Verbesserung der Gesundheit erwarten. Diese Begrifflichkeit ist wesentlich an Selbsthilfegruppen entwickelt worden und bezieht sich auf die Durchführung von speziellen Projekten, an denen sich Menschen zusätzlich zu ihren Alltagsverpflichtungen beteiligen. Sie berücksichtigt daher offensichtlich nicht die Frage, wie Partizipation unter Alltagsbedingungen möglich ist und welche Konsequenzen sie hat, wenn solche Projekte in Organisationen implementiert werden müssen. Genau das aber wird von der Gemeindepsychologie als Empowerment definiert und gefordert: „Der übergeordnete Sinngehalt von Empowerment ist es, Menschen, Organisationen und Strukturen mit den Möglichkeiten zur Kontrolle ihres eigenen Lebens auszustatten" (Rappaport, 1987).

Hier ist mitgedacht, dass nicht nur die Menschen zu verändern sind, sondern auch die Organisationen, in denen sie einen Gutteil ihrer Lebenszeit verbringen, und zwar so, dass ein Mehr an Kontrolle für den Einzelnen dabei herauskommt. Rissel (1994) hat diese beiden Elemente des Empowerments am klarsten herausgearbeitet: Demnach bezeichnet Empowerment einerseits Strategien zur Stärkung psychischer Fähigkeiten und Kompetenzen zur Selbstbestimmung des

---

4   Vgl. zu Fragen und Problemen der Steuerung in modernen Gesellschaften Helmut Willke (1995). In der modernen Systemtheorie, wie sie von Niklas Luhmann vorgelegt wurde, werden Menschen oder Individuen nicht als die Elemente sozialer Systeme angesehen, an denen sie teilhaben. Viel mehr wird diesen aufgrund ihrer eigenen Autopoiesis ein sehr hohes Maß an Eigendynamik zugesprochen. Zwischen Individuen und sozialen Systemen besteht aufgrund struktureller Kopplungen zwar ein hohes Maß an gegenseitiger Abhängigkeit, man kann daraus aber jedenfalls nicht ableiten, dass eine aus Sicht der Individuen positive Entwicklung auch eine positive Entwicklung aus Sicht der sozialen Systeme sein müsse, dass also mehr Gesundheit notwendigerweise zugleich mehr Umsatz bedeutet oder bessere Lernleistungen, um nur zwei Beispiele zu geben.

Individuums und andererseits Strategien zur Umverteilung von Ressourcen und Entscheidungsmacht.

Diesem Konzept von Empowerment ist inhärent, dass Macht als eine wesentliche soziale Ressource angesehen wird, die in allen modernen Gesellschaften auf zunehmend problematische Weise ungleich verteilt ist. Die Forderung nach mehr Empowerment entspricht daher der Forderung, die Zugänge zu Macht und Ressourcen in allen gesellschaftlichen Bereichen neu zu gestalten und Macht umzuverteilen. Vollkommen korrekt analysiert daher Bröckling (2003), auch wenn es kritisch gemeint ist: „Empowerment ist demnach eine Technologie des Regierens, die sich dadurch definiert, dass ihre Interventionen die Fähigkeit zur Selbstregierung steigern sollen. Autonomie, Freiheit und Eigenverantwortung stellen dabei nicht länger die Antithese von Herrschaft dar, sondern den avanciertesten Modus ihrer Ausübung".[5] Der Begriff ist aber nicht individualistisch verengt, da es eben um die Gestaltung von Entscheidungsprozessen in sozialen Systemen geht. Die Steigerung der Fähigkeit zur Selbstregierung von Individuen wird daher als Notwendigkeit für die Steuerung und den Fortbestand der sozialen Systeme angesehen, an denen sie teilnehmen. Das ergibt sich aus der Paradoxie der Macht, wie sie von Helmut Willke (1995) beschrieben worden ist: In modernen, „postfordistischen" Gesellschaften scheint das Funktionieren der Macht als Steuerungsmedium immer mehr davon abhängig zu werden, dass sie die „nicht-trivialen Faktoren" (Willke, 1995:176) – das sind die Personen, die durch Macht zu bestimmten Handlungen und kommunikativen Einlassungen veranlasst werden sollen – in ihrer Eigendynamik stärkt und so in Entscheidungen einbezieht. Das zielt in Richtung Verhandlungsdemokratie, wie sie etwa im Konzept des Good Governance angedacht ist (vgl. Kommission der Europäischen Gemeinschaft 2001), wie sie aber auch schon in den jüngsten Diskurs zur Schulreform Eingang gefunden (vgl. Schmidt 2001; Bildungskommission der Heinrich Böll-Stiftung 2002; Haider et al., 2004). Mit die wesentlichsten Entscheidungen in Organisationen betreffen die Verteilung von Ressourcen, und eine der wesentlichsten Ressourcen im Schulkontext ist die Zeit und die Zuwendung der Lehrer/innen. Für den Schulkontext muss Empowerment daher insbesondere auch auf die Verfügbarkeit von Unterstützungen der Schüler/innen durch Lehrer/innen und Mitschüler/innen ausgedehnt werden.

---

5   Ulrich Bröckling, "You are not responsible for being down, but you are responsible for getting up. Über Empowerment", in: Leviathan. Zeitschrift für Sozialwissenschaft, 31. Jahrgang-2003, Heft 3.

2 Problemstellung: Empowerment und soziale Ungleichheit bei Schüler/innen

In der internationalen Health Behaviour in Schoolaged Children-Studie (HBSC) der WHO (vgl. Dür et al. 2000, 2002; Currie et al. 2000, 2004)[6] wird dieser Frage von mehreren Forschergruppen mithilfe unterschiedlicher Konzepte nachgegangen. Zu diesen Konzepten gehören: die Schulzufriedenheit, der Schulstress, der Schulerfolg, die schulbezogene Unterstützung durch Lehrer/innen, Mitschüler/innen und Eltern, die eigenen schulbezogenen Kompetenzen und die Möglichkeit zur autonomen Gestaltung des Lernprozesses (vgl. Currie et al., 2001). Ein Zusammenhang zwischen diesen Konzepten und der selbst berichteten Gesundheit ist aus verschiedenen Studien bekannt (vgl. Mortimore, 1998; Perry, Kelder et al., 1993; Roeser, Eccles & Sameroff, 2000; Samdal 1998; Samdal, Nutbeam et al., 1998 u.a.). In der HBSC-Studie, in der Daten und Ergebnisse aus 35 Ländern verglichen werden können, wurden ähnliche Zusammenhänge von Samdal und Dür (2000, 2004) auf Basis zweier verschiedener Datensets schon aufgezeigt. Einen generellen Einfluss der erlebten Schulsituation auf die Gesundheit haben Ravens-Sieberer et al. (2004) aufgezeigt. Insbesondere ist von Bedeutung, dass der selbst berichtete Gesundheitszustand der Jugendlichen mit dem Ausmaß an eigenen Entscheidungsspielräumen und mit dem Ausmaß an Unterstützung variierte, die sie dabei von ihren Lehrer/innen und Mitschüler/innen erhielten. Insgesamt deuten diese Ergebnisse also an, dass der Gesundheitszustand unserer Kinder und Jugendlichen auch von der Qualität der von ihnen besuchten Schule abhängt.

In denselben Datensets zeigten sich aber gleichzeitig auch starke Zusammenhänge zwischen der selbst berichteten Gesundheit der Schüler/innen und dem sozioökonomischen Status ihrer Familien (Holstein et al., 2004; Torsheim, Currie, Boyce et al., 2004). Da für viele Länder – und gerade auch für Österreich und Deutschland – gilt, dass Schulen keine einheitliche Qualität aufweisen und dass der Besuch einer Schule auch vom sozioökonomischen Status der Familien abhängt, ist der Verdacht nahe liegend, dass der gefundene Zusammenhang zwischen der Schulqualität und der Gesundheit eigentlich über den sozioökonomischen Status der Familie mediatisiert wird.

---

6   Die österreichische HBSC-Studie wird vom Bundesministerium für Frauen und Gesundheit finanziert und vom Bundesministerium für Bildung, Wissenschaft und Kultur unterstützt. Die speziellen hier vorgeführten Analysen wurden mit zusätzlicher Finanzierung durch das letztgenannte Ministerium und den Fonds Gesundes Österreich ermöglicht. Für den gesamten Endbericht vgl. Dür et al. 2002; www.univie.ac.at/lbimgs/projekte.projekte.html.

Daher gilt es zu prüfen, inwieweit der gefundene günstige Einfluss von im weitesten Sinne partizipativen Strukturen in den Schulen auf die Gesundheit von der sozialen Herkunft der Kinder unabhängig ist.

3 Ein theoretisches Modell für den Zusammenhang von Schulfaktoren und Gesundheit bei Jugendlichen

Ausgangspunkt der folgenden Überlegungen ist ein Modell, das die Gesundheit von Kindern und Jugendlichen als das Ergebnis von Prozessen begreift, die auf drei verschiedenen Ebenen stattfinden (vgl. Abbildung 1). Im HBSC-Fragebogen wird die Gesundheit mit der, dem SF-36 entnommenen Frage: *Wie würdest du deine Gesundheit im Allgemeinen beschreiben? – ausgezeichnet, gut, nicht so gut, schlecht*, gemessen. Diese Frage misst die subjektive (selbst berichtete) Gesundheit einer Person und beschreibt, wie gesund sie sich im Allgemeinen fühlt. Aus einer Reihe von Studien ist bekannt, dass diese Frage bei Patientenpopulationen die 5-Jahresprognose für Morbidität und Mortalität besser vorhersagen kann, als dies für medizinische Indikatoren gilt (vgl. Stewart & Ware, 1992; Idler, 1992; Idler & Benyamini, 1997). Man muss also davon ausgehen, dass Kinder und Jugendliche, die diese Frage mit Einschränkungen beantworten, tatsächlich Gesundheitsprobleme haben.

Abbildung 1: Modell zur Beeinflussung der Gesundheit von Jugendlichen

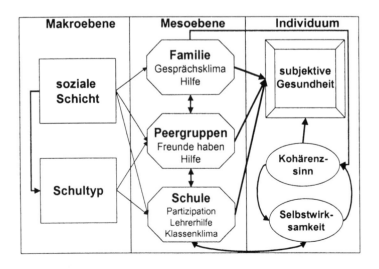

Das Modell geht zunächst davon aus, dass die Beantwortung dieser Frage zuallererst von Persönlichkeitsmerkmalen abhängig ist, die das Umweltverhältnis des Individuums regeln. Je mehr Selbstwirksamkeit (vgl. Schwarzer 1990, 1992; Schwarzer et al., 1997) im Sinne von Coping-Fähigkeiten und je höher bzw. stabiler das Vertrauen des Jugendlichen in seine/ihre Lebenskompetenz, desto eher können ungünstige Erfahrungen und Einflüsse abgewehrt oder bearbeitet werden. Solche Einflüsse werden zuallererst aus der unmittelbaren Umwelt erwartet: Das Individuum steht im Austausch mit den sozialen Systemen, an denen es direkt partizipiert. Das sind die Familie, die Schule und das Netzwerk aus Freund/innen und Peers, mit denen sie die Freizeit verbringen.

Faktoren auf diesen drei Meso-Ebenen hängen wiederum mit Makro-Faktoren zusammen, die durch die Schicht, das Geschlecht oder den Wohnort gegeben sind. Die Makro-Faktoren üben zunächst über die Meso-Faktoren einen Einfluss auf die Gesundheit aus: Es hängt eben vom sozioökonomischen Status der Familie ab, welche psychosoziale Familiensituation ein junger Mensch vorfindet oder welche Schule er besuchen wird. Ähnliche Rollen spielen das Geschlecht und der Wohnort, den wir in den nachstehenden Analysen nicht weiter berücksichtigen werden.

Für die Makro- und die Meso-Faktoren muss aber darüber hinaus angenommen werden, dass sie gleichzeitig auch direkte Wirkungen auf die Gesundheit ausüben, indem etwa Armut auch in gut funktionierenden Familien eine Kumulierung von Einschränkungen mit sich bringt, die sich in Summe letztlich ungünstig auf den Gesundheitszustand auswirken.

4 Die Daten

Grundlage dieser Analysen sind die Daten des 6. in Österreich durchgeführten HBSC-Surveys aus dem Schuljahr 2001/02. Die HBSC-Studie untersucht 11-, 13- und 15-jährige Schüler/innen mittels Selbstausfüller-Fragebogen, der in den Schulklassen erhoben wird. Das Sample wird als nach Alter, Geschlecht und Bundesland quotierte Zufallsauswahl aus allen Schulklassen dieser Altersgruppen in Österreich gebildet. Das Clustersample ist Voraussetzung für die Anwendung der Mehrebenenanalyse, die für die Beantwortung unserer Fragestellung von zentraler Bedeutung ist. Um den Einflussfaktor Alter auszuschalten, beschränken sich diese Analysen auf die 1.277 Fragebögen der 15-jährigen Jugendlichen beiderlei Geschlechts. Die Daten wurden in 78 Schulklassen erhoben.

Der HBSC-Fragebogen beinhaltet für alle Einflussfaktoren des dargestellten theoretischen Modells mehrere Konzepte und entsprechende Fragebatterien und

Skalen. Neben der Gesundheitsvariable werden auf der individuellen Ebene, wie erwähnt, der Kohärenzsinn (vgl. Antonovsky 1979, 1987) und die Selbstwirksamkeit (vgl. Schwarzer 1990, 1992; Schwarzer/Bäßler et al., 1997) erhoben. Die soziale Schicht, die zu erheben gerade angesichts des Alters der Befragten eine Herausforderung für sich darstellt, wird über den Beruf von Vater und Mutter, den selbst eingeschätzten Familienwohlstand und die so genannte Familienwohlsstandsskala (vgl. Currie, 2001) gemessen, die über mehrere Indikatoren (Anzahl der Autos, eigene Zimmer für die Kinder, Anzahl der Computer im Haushalt, Häufigkeit von Urlauben) den Lebensstandard der Familie einzuschätzen versucht. Darüber hinaus wurde mit einem Item nach der Häufigkeit gefragt, mit der ein Kind abends aus Mangel an Nahrungsmitteln im Haushalt hungrig zu Bett gehen muss. Aus all diesen Informationen wurde ein Index gebildet, der die Stichprobe in 5 Gruppen teilt (jeweils 2 Standardabweichungen links und rechts des Mittelwerts, wobei das obere Viertel noch einmal geteilt wurde, um eine bessere Abbildung der Oberschicht zu erhalten; vgl. Abbildung 2).

Abbildung 2: Verteilung der 15-jährigen Schüler/innen in Österreich auf dem Schichtindex (N = 1.046)

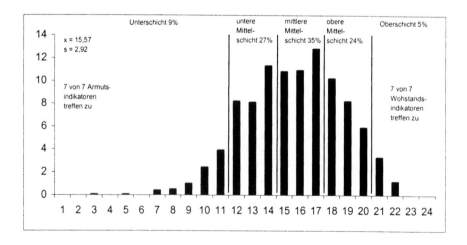

Für den Einfluss der Familie wurden zwei Konzepte herangezogen und jeweils für Vater und Mutter getrennt erhoben: die Qualität des Gesprächsklimas („kann mit Vater/Mutter über meine Probleme sprechen") und die Bereitschaft von Vater/Mutter, den Jugendlichen bei Schwierigkeiten zu unterstützen. Ähnlich ist auch der Einfluss der Peergroup vor allem über das Gesprächsklima und die Unterstützung bei Problemen von Bedeutung.

Für die Rolle der Schule werden in diesen Analysen vier Konzepte verwendet: Das Ausmaß mit dem die Partizipation an schulischen Entscheidungsprozessen (Schuldemokratie), das Ausmaß, mit dem die Schüler/innen von ihren Lehrer/innen bei der Bearbeitung ihrer Aufgaben Unterstützung erhalten können (Lehrer/innenunterstützung), das Ausmaß, in dem die Schüler/innen sich gegenseitig solche Unterstützungen zukommen lassen (Klassenklima oder Mitschüler/innenunterstützung) und die Angepasstheit des Einzelnen an die Normenvorgaben der Schule. Die Unterstützung durch die Lehrer/innen bzw. durch die Schüler/innen wird in diesem Zusammenhang als Empowerment bezeichnet.

Gleichzeitig werden in den Modellen auch die Persönlichkeitsmerkmale Kohärenzsinn und Selbstwirksamkeit konstant gehalten (vgl. Tabelle 1).

Tabelle 1: Konzepte und Items

Konzepte	Indikatoren	Variablen	Variablenausprägung	Variablen-/Indizesbezeichnung
subjektive Gesundheit	persönliche Gesundheitseinschätzung	• Wie würdest du deinen Gesundheitszustand beschreiben?	• ausgezeichnet, gut, eher gut, schlecht	ml00 Werte 1 bis 4
Persönlichkeitsmerkmale	Selbstwirksamkeit	• Die Lösung schwieriger Probleme gelingt mir immer, wenn ich mich darum bemühe. • Ich habe Schwierigkeiten, meine Absichten und Ziele zu verwirklichen. • Ich glaube, dass ich auch bei überraschenden Ereignissen gut zurecht komme. • Was auch immer passiert, ich werde schon damit zurechtkommen.	• „stimmt überhaupt nicht" bis „stimmt genau" (5-teilig)	selb Werte: -1 unselbständig 0 neutral 1 selbständig
	Kohärenzsinn	• Hast du oft oder selten das Gefühl, dass du ungerecht behandelt wirst? • Wie oft sind deine Gefühle und Ideen ganz durcheinander? • Wie oft fühlst du dich als trauriger Versager? • Wie oft hast du das Gefühl, dass die Dinge, die du täglich tust, wenig Sinn haben?	• „habe immer dieses Gefühl" bis „habe nie dieses Gefühl" (7-teilig)	koh2 Werte: -1 negativ 0 neutral 1 positiv

Konzepte	Indikatoren	Variablen	Variablenausprägung	Variablen-/Indizes-bezeichnung
	Anpassung an Schulnormen	• Wie oft denkst du, dass die Schule langweilig ist? • Meine Freunde gehen gerne in die Schule • Meine Freunde halten es für wichtig, gute Schulnoten zu haben • Wie gefällt es dir derzeit in der Schule?	• sehr oft bis nie (5-teilig) • sehr oft bis nie (5-teilig) • alle bis keine (5-teilig) • sehr gut bis gar nicht (4-teilig)	ang1 Werte: -1 angepasst 0 neutral 1 unangepasst
Empowerment in der Schule	Partizipation an Entscheidungs-prozessen	• In unserer Schule sind Schüler/innen an der Festlegung von Regeln beteiligt.	• „stimmt genau" bis „stimmt überhaupt nicht" (5-teilig)	par1 Werte: -1 mitbestimmen 0 neutral 1 nicht mitbestimmen
		• Die Verbote und Regeln in meiner Schule sind gerecht. • Meine Lehrer/innen ermutigen mich, meine Meinung zu sagen. • Meine Lehrer/innen behandeln uns gerecht/fair.	• „stimmt genau" bis „stimmt überhaupt nicht" (5-teilig)	par2 Werte: -1 wohlfühlen 0 neutral 1 nicht wohlfühlen
	Lehrer/innen-unterstützung	• Wenn ich Hilfe brauche, dann bekomme ich sie auch. • Meine Lehrer/innen interessieren sich für mich. • Wie stark fühlst du dich durch das belastet, was in der Schule von dir verlangt wird?	• „fast immer" bis „nie" (5-teilig) • „fast immer" bis „nie" (5-teilig) • „überhaupt nicht belastet" bis „stark belastet" (4-teilig)	srle Werte: -1 gute Unterstützung 0 neutral 1 schlechte Unterstützung
Familien-merkmale	Unterstützung	• Wenn ich ernste Probleme habe, hilft mir mein Vater, damit umzugehen. • Wenn ich ernste Probleme habe, hilft mir meine Mutter, damit umzugehen.	• „stimmt genau" bis „stimmt überhaupt nicht" (5-teilig)	unt_mu unt_va
	Gesprächsklima	• Wie leicht oder schwer fällt es dir, mit Deinem Vater über Dinge zu sprechen, die Dir wirklich nahe gehen und wichtig sind? • Wie leicht oder schwer fällt es dir, mit Deiner Mutter über Dinge zu sprechen, die Dir wirklich nahe gehen und wichtig sind?	• „sehr leicht" bis „habe/ sehe ich nicht" (5-teilig)	gesp_mu gesp_va
Peergroup	Unterstützung	• Wenn ich ernste Probleme habe, hilft mir meine beste Freundin/mein bester Freund, damit umzugehen.	• „stimmt genau" bis „stimmt überhaupt nicht" (5-teilig)	unt_freu
soziale Ungleichheit	subjektive Einschätzung des sozioökonomischen Status	• Hat dein/e Vater/Mutter eine Arbeit? Wenn ja, an welcher Arbeitsstelle arbeitet er und was macht er dort? • Besitzt deine Familie ein Auto? • Hast du ein eigenes Zimmer? • Wie häufig bist du in den letzten 12 Monaten mit deiner Familie in den Ferien (Urlaub) verreist? • Wie viele Computer besitzt deine Familie? • Wie schätzt du insgesamt die Geldsituation deiner Familie ein?	• „nein" bis „zwei Autos oder mehr" (3-teilig) • nein, ja • „überhaupt nicht" bis „öfter als zweimal" (4-teilig) • „keinen" bis „mehr als zwei" (4-teilig) • „sehr gut" bis „überhaupt nicht gut" (5-teilig)	soz_ungl Werte: 1 Unterschicht 2 untere Mittelschicht 3 mittlere Mittelschicht 4 obere Mittelschicht 5 Oberschicht

Partizipative Strukturen in der Schule 107

Konzepte	Indikatoren	Variablen	Variablenausprägung	Variablen-/Indizes-bezeichnung
		• Manche jungen Leute gehen hungrig ins Bett oder in die Schule, weil zu Hause nicht genug Essen da ist. Wie häufig passiert dir das?	• „immer" bis „nie" (4-teilig)	

5 Die subjektive Gesundheit und die Schule

In Abbildung 3 sind die Anteile der Schüler/innen, die eine „ausgezeichnete" Gesundheit berichten, für die Geschlechts- und Altersgruppen dargestellt. Wie man sieht, ist die Gesundheit alters- und geschlechtsabhängig: Sie ist einerseits bei den Mädchen und jungen Frauen aller Altersgruppen wesentlich geringer ausgeprägt als bei den Jungen und nimmt andererseits bei beiden Geschlechtern mit dem Eintauchen in die Pubertät noch dramatisch ab. Gerade noch 23% der 15-jährigen Mädchen beschreiben folglich ihre Gesundheit als „ausgezeichnet".

Abbildung 3: Prozentanteil der 11- bis 15-jährigen Schüler/innen, die ihren Gesundheitszustand als „ausgezeichnet" beschreiben, dargestellt nach Alter (r = .102, p = .000) und Geschlecht (r = .180, p = .000, N = 1.621)

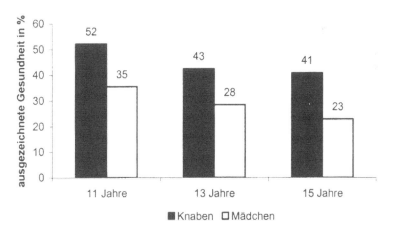

Das Jugendalter ist also mit einer Verschlechterung der Gesundheit verbunden. Wie in Abbildung 4 gezeigt wird, könnte diese Verschlechterung mit den Erfahrungen zusammenhängen, die die Jugendlichen in der Schule machen, da die

Gesundheit und die Schulzufriedenheit in signifikanter Weise korrelieren. Während 48% der Schüler/innen, die mit ihrer Schule „sehr zufrieden" sind, ihre Gesundheit als „ausgezeichnet" beschreiben, trifft dies nur auf 17% derjenigen Schüler/innen zu, die mit ihrer Schule „gar nicht oder wenig zufrieden" sind.

In Analogie zur Forschung über die Arbeitszufriedenheit, der zufolge diese vom Grad der Autonomie und Kontrolle, Höhe der Gratifikation (Gehalt) und vom Ausmaß der erhaltenen Unterstützung abhängt (Karasek & Theorell, 1990) und die zeigte, dass Arbeitszufriedenheit und Gesundheit bzw. Wohlbefinden positiv assoziiert sind (Kawachi et al., 1997), können auch für den Bereich der Schule ganz ähnliche Zusammenhänge gefunden werden. Beispielhaft werden zwei Korrelationen herausgegriffen, die zeigen, dass die selbst berichtete Gesundheit der Schüler/innen signifikant mit dem Ausmaß der erhaltenen Unterstützung durch die Lehrer/innen (vgl. Abbildung 5) und mit dem Ausmaß der Mitbestimmung bei Regelbildungen in der Schule zusammenhängen (vgl. Abbildung 6). Immerhin 47% der Jugendlichen, die viel Unterstützung von ihren Lehrer/innen erhalten, beschreiben ihre Gesundheit als „ausgezeichnet", hingegen nur 26% derer, die wenig Unterstützung erhalten.

Abbildung 4: Prozentanteil der 15-jährigen Schüler/innen, die ihrer subjektive Gesundheit als „ausgezeichnet" beschreiben, dargestellt nach dem Ausmaß ihrer Schulzufriedenheit (r = .255, p = .000, N = 398)

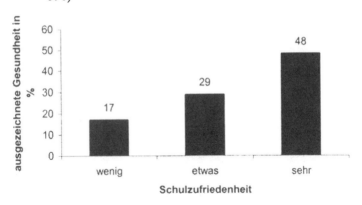

Von den Schüler/innen, die sagen, dass sie bei Regeln in der Schule mitbestimmten können, beschreiben 40% ihre Gesundheit als „ausgezeichnet", von der

Gegengruppe, die überhaupt keine Mitbestimmung zu haben scheint, sind es nur 22%.

So eindrucksvoll und so eindeutig in statistischer Hinsicht diese Zusammenhänge auch sind, so schwierig ist jedoch ihre Interpretation. Belegen diese Zusammenhänge denn nun tatsächlich einen Einfluss der Schule auf die subjektive Gesundheit der österreichischen Jugendlichen? Oder sind diese Zusammenhänge nur statistische Artefakte, erzeugt durch Faktoren, die sowohl der Schule wie der Gesundheit zugrunde liegen? Wäre es nicht denkbar, dass der Schuleffekt eigentlich durch die Schichtzugehörigkeit der Jugendlichen erzeugt wird, indem – verkürzt gesagt – die armen Kinder in schlechte Schulen gehen, in denen die Gesundheit stärker belastet und/oder weniger gefördert wird? Man denke an das schulische Zweiklassensystem, das in Österreich herrscht und das überproportional viele Unterschichtkinder in haupt- und polytechnische Schulen segregiert, während sich in höheren Schulen überproportional viele Mittel- und Oberschichtkinder befinden.

Wäre es des Weiteren nicht denkbar, dass die haupt- und polytechnischen Schulen durch ihr Lehrpersonal, durch ihre Unterrichtsformen, durch ihre Organisationsform insgesamt so viel schlechter sind als die höheren Schulen, dass ihre Schüler/innen systematisch einen Gesundheitsnachteil erwerben?

Abbildung 5: Anteil der 15-jährigen Schüler/innen, die ihre subjektive Gesundheit als „ausgezeichnet" beschreiben, dargestellt nach dem Ausmaß der Unterstützung durch die Lehrer/innen in der Schule (r = .156, p = .000, N = 397)

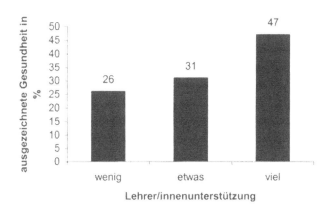

Für die Beantwortung dieser Frage kann die Mehrebenenanalyse herangezogen werden (vgl. Goldstein et al., 1998; Kreft & Leeuw, 1998). Sie ermöglicht es, individuelle Merkmale (Merkmale des einzelnen Befragten) und kollektive Merkmale, die sich aus der Zugehörigkeit des einzelnen Befragten zu einer bestimmten Untergruppe der Stichprobe ergeben, zueinander in Beziehung zu setzen. Als Untergruppen sind die einzelnen Schulklassen definiert, für die angenommen wird, dass die Verteilung der Kollektivmerkmale überzufällig ist, da ihnen eine jeweils gemeinsame Realität zugrunde liegt. Der Zusammenhang zwischen dem Individualmerkmal „Gesundheit" und dem Kollektivmerkmal „Lehrer/innenunterstützung" – oder „Mitbestimmung" – kann dann für jede Schulklasse geprüft werden. Es wird mit anderen Worten untersucht, ob der Zusammenhang, der zwischen den beiden Variablen auf der Individualebene errechnet wurde, auch auf der Kollektivebene nachweisbar ist oder ob er sich auf der Individualebene nur als rechnerisches Mittel ergibt.

Abbildung 6: Prozentanteil der 15-jährigen Schüler/innen, die ihre subjektive Gesundheit als „ausgezeichnet" beschreiben, dargestellt nach dem Ausmaß ihrer Mitbestimmung von Regeln in der Schule (r = .070, p = .013, N = 397)

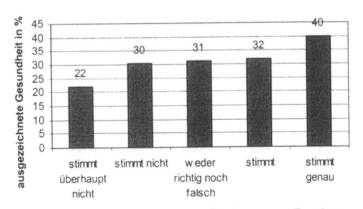

In den Subsamples der Klassen können zusätzlich kovariierende Faktoren wie die Schicht, das Geschlecht, Persönlichkeitsmerkmale, die Familienverhältnisse u.v.m. konstant gehalten werden. Es wird dadurch geprüft, inwieweit die oben gemachte Unterstellung zutrifft, dass die Beantwortung der Frage nach dem Kollektivmerkmal „Lehrerunterstützung" in einer Klasse tatsächlich von der Lehrerunterstützung und nicht von der dort überzufälligen Verteilung von anderen Faktoren abhängt, die mit der Schule nichts zu tun haben, wie zum Beispiel der Schichtzugehörigkeit der Schüler/innen oder deren persönlichen Kompetenzen, von denen ja abhängen könnte, ob sie ein gegebenes Ausmaß an Lehrerunterstützung als hoch oder niedrig bewerten. Sollten solche Kovarianzen ausgeschlossen werden können, wäre der Schluss plausibel, dass der Zusammenhang zwischen dem Kollektivmerkmal auf Schulebene und dem Individualmerkmal Gesundheit sich aus den tatsächlichen Schulerfahrungen ergibt.

6 Drei Hypothesen und ihre Überprüfung

Für die Anwendung dieser Methode auf unsere Fragestellung können wir drei verschiedene Hypothesen formulieren, die den gefundenen Zusammenhängen zwischen der selbst berichteten Gesundheit der Schüler/innen und ihrer Bewertung der Schule hinsichtlich der Lehrer/innenunterstützung auf der einen Seite, ihrer Schichtzugehörigkeit auf der anderen Seite zugrunde liegen könnten (vgl. Abbildung 7).

Hypothese 1: Es handelt sich um ein *Problem der Schule*, das unabhängig von anderen Einflüssen besteht. Diese Hypothese greift die bivariaten Zusammenhänge unmittelbar auf und behauptet, dass ein nennenswerter Anteil Varianz im Gesundheitszustand der Schüler/innen durch das Ausmaß der Unterstützung durch Lehrer/innen erklärt werden kann.

Hypothese 2: Es handelt sich um ein *Problem der Schule*, welches aber teilweise durch günstige Einflüsse der Schicht, der Familie und/oder der Persönlichkeit kompensiert wird. Abhängig von diesen Faktoren ist der ungünstige Einfluss der Schule auf die Gesundheit mehr oder weniger groß.

Hypothese 3: Es handelt sich um ein von der Schule unabhängiges Problem des sozioökonomischen Status der Familien. Bei dem Zusammenhang von Schule und Gesundheit handelt es sich demnach um ein statistisches Artefakt, das durch die schichtspezifische Zuweisung von Schülern zu Schulen erzeugt wird.

6.1 Überprüfung

- Hypothese 1 gilt, wenn der Schuleffekt in einem multivariaten Mehrebenenmodell nicht ganz oder teilweise hinter den Effekten der anderen Faktoren verschwindet, bzw., wenn er durch diese Kovarianzen nicht erklärt werden kann (d.h.: er bleibt).
- Hypothese 2 gilt, wenn in einem multivariaten Mehrebenenmodell der Zusammenhang von Schule und Gesundheit nach Schulen variiert, wenn also Schüler/innen in manchen Schulen trotz schlechter Qualität dennoch eine gute Gesundheit erreichen oder umgekehrt. Das gilt, wenn der u-Wert in einem Mehrebenenmodell signifikant ist.
- Hypothese 3 gilt, wenn der Schuleffekt in einem multivariaten Mehrebenenmodell völlig durch die Kovarianzen der anderen Faktoren erklärt werden kann. Das gilt, wenn der Beta-Wert der Variable Schule im Modell nicht signifikant ist. Zwischen Schule und Gesundheit besteht dann eine Scheinkorrelation.

Bevor diese Modellrechnungen durchgeführt werden können, muss jedoch sicher gestellt werden, dass die Datenlage für solche statistischen Prüfungen ausreichend Varianz zur Verfügung stellt. In diesem Fall trifft dies auf alle im Modell verwendeten Variablen zu.

Abbildung 7: Modell der 3 Hypothesen

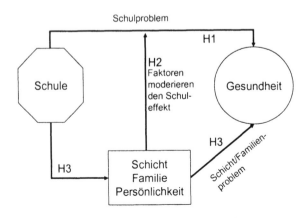

7 Mehrebenenmodell zur Erklärung der subjektiven Gesundheit

In den abschließenden Modellen werden diese Hypothesen überprüft. In Modell 1 (vgl. Tabelle 2) zeigt sich, dass sowohl die Lehrer/innenunterstützung wie auch die Schicht unabhängig von einander konstant bleiben, während etwa die eher formaldemokratischen Partizipationsindizes ihren signifikanten Einfluss auf die Gesundheit, der bivariat noch gegeben war, verlieren. Das könnte zweierlei bedeuten: einmal, dass das direkte Lehrer-Schüler-Verhältnis eben doch das bedeutsamere ist, zum anderen, dass in Schulen, in denen dieses besonders günstig ausgeprägt ist, auch die schuldemokratische Entwicklung fortgeschrittener ist, sodass in diesen Schulen beides gegeben ist: eine hohe Verfügbarkeit der Lehrer/innenhilfe und ein hohes Maß an formaldemokratischer Einbindung.

Tabelle 2: Modell 1 – multivariates Mehrebenen-Modell mit Persönlichkeit, Schule und Schicht zur Erklärung der Gesundheit bei 15-jährigen Schüler/innen in Österreich (N = 1.277)

logit	fixed effects	significance
cons2	-1.238 (0.113)	
Selbstwirksamkeit	0.414 (0.105)	ja
Partizipation 1	0.063 (0.065)	nein
Partizipation 2	-0.057 (0.112)	nein
Kohärenzgefühl	0.0686 (0.135)	ja
Angepasstheit	-0.073 (0.113)	nein
soziale Schicht	0.403 (0.132)	ja
Lehrer/innenunterstützung	-0.326 (0.128)	ja

In Modell 2 (vgl. Tabelle 3) werden zu den signifikanten Faktoren Schule, Schicht und Persönlichkeit nun noch die Familienfaktoren hinzugenommen. Es zeigt sich, dass nur die Unterstützung durch den Vater signifikant ist. Wir interpretieren das so, dass die Familie nur dann einen Unterschied in der Gesundheit der 15-jährigen Schüler/innen machen kann, wenn *auch* der Vater unterstützend eingreift. Wenn der Vater als unterstützend erlebt wird, kann die Unterstützung der Mutter unterstellt werden, sodass der oder die Jugendliche

Tabelle 3: Modell 2 – multivariates Mehrebenen-Modell mit Persönlichkeit, Schule, Familie und Schicht zur Erklärung der Gesundheit bei 15-jährigen Schüler/innen in Österreich (N = 1.277)

logit	fixed effects	significance
cons2	0.346 (0.273)	
Selbstwirksamkeit	0.346 (0.098)	ja
Kohärenzgefühl	0.340 (0.107)	ja
soziale Schicht	0.290 (0.142)	ja
Lehrer/innenunterstützung	0.201 (0.093)	ja
Gesprächsklima Mutter	-0.081 (0.099)	nein
Gesprächsklima Vater	-0.141 (0.107)	nein
Unterstützung Vater	-0.275 (0.092)	ja

beide Eltern verfügbar hat. Hinzu kommt ein Effekt, den wir hier nicht weiter untersuchen können, der aber ebenfalls von Bedeutung sein dürfte: Sowohl die Unterstützung durch den Vater als auch die Gesundheit sind geschlechtsspezifisch verteilt, und zwar so, dass die Mädchen deutlich weniger von beiden haben als die Burschen. Bei der Erklärung der Gesundheit spielt der Vater also eine Doppelrolle: Er wirkt günstig, wo er sie gibt – bei den Burschen, und ungünstig, wo er sie verweigert – bei den Mädchen.

In einem dritten Modell (nicht grafisch dargestellt!) wurden schließlich die Peer-Variablen einbezogen, die jedoch ohne einen Einfluss auf die Gesundheit der Jugendlichen sind. Es kann somit die Hypothese 3 als widerlegt angesehen werden: die Lehrer/innenunterstützung, welche die Schüler/innen in der Schule erfahren, hat einen signifikanten und von der sozialen Schicht und anderen Faktoren unabhängigen Einfluss auf die Gesundheit der 15-jährigen Jugendlichen.

Tabelle 4: Modell 4 – multivariates Mehrebenen-Modell mit Persönlichkeit, Schule und Schicht zur Erklärung der Gesundheit bei 15-jährigen Schüler/innen in Österreich auf Personen- und Schulebene: Gibt es eine Varianz nach Schulen? (N = 1.277)

logit	fixed effects	significance	random effect	significance
cons2	-1.265 (0.104)			
Selbstwirksamkeit	-0.387 (0.105)	ja	0.110 (0.159)	nein
Kohärenzgefühl	-0.699 (0.132)	ja	0.125 (0.162)	nein
soziale Schicht	0.346 (0.130)	ja	0.000 (0.000)	nein
Lehrer/innenunterstützung	-0.382 (0.109)	ja	0.004 (0.169)	nein

Das abschließende Modell (vgl. Modell 4 in Tabelle 4) prüft, ob für diese ermittelten Zusammenhänge ein Unterschied nach Schulen gegeben ist. Wie sich zeigt, ist das nicht so. Das heißt, dass auch Hypothese 2 als widerlegt gelten kann. Somit ist Hypothese 1 gültig.

8 Zusammenfassung und Schlussfolgerung

Wir können also schlussfolgern, dass die Lehrer/innenunterstützung, welche die Jugendlichen in ihrer Schule erfahren, einen wesentlichen Einfluss auf ihre Gesundheit hat, und zwar unabhängig vom sozioökonomischen Status der Familie und davon, welche positiven oder negativen Erfahrungen sie in der Peergroup oder in der Familie machen, und auch unabhängig davon, welche günstigen oder ungünstigen Persönlichkeitsmerkmale sie im Sinne des Kohärenzsinnes und der Selbstwirksamkeit aufweisen. Alle diese intervenierenden Merkmale konstant gehalten, bleibt noch immer ein Anteil Gesundheitsrisiko oder Gesundheitschance, der im Empowerment in der Schule liegt.

Man kann daher einem Argument, mit dem Gesundheitsförderer und andere Schulreformer seitens der Schulen, der Schulbürokratie und auch vieler Lehrer/innen immer wieder konfrontiert sind, mit einer gewissen empirischen Evidenz entgegentreten. Dieses Argument behauptet, dass die Qualität einer Schule, die Qualität des Unterrichts und letztlich die Größe des Lerneffektes aufseiten der Schüler/innen im Wesentlichen von diesen selber und deren sozialem Umfeld abhinge. Schule insgesamt, könne nur so gut geraten, wie die

Schüler/innen quasi als „Ausgangsmaterial" dies zuließen. Ohne das Verhältnis von Sozialsystem Schule und Personensystem Schüler genauer zu untersuchen, kann dem entgegengehalten werden, dass die Schule bei vergleichbaren Schülerpopulationen doch auch noch einmal einen Unterschied machen kann, jedenfalls was die Gesundheit der Schüler/innen betrifft, und dass dieser Unterschied darin liegt, welchen Stellenwert Empowerment-Strategien in einer Schule haben.

Das gilt augenscheinlich allerdings nur für eine bestimmte, wenn man so will, enge Auslegung des Begriffs des Empowerments. Wir haben Empowerment eingangs so definiert, dass er sich sowohl auf die partizipative, kontraktdemokratische Gestaltung von Entscheidungsprozessen in der Schule beziehen lässt als auch auf die Verfügbarkeit der Ressource Lehrer/in im Sinne der „Unterstützung durch Lehrer/innen". Wie sich zeigte, spielt der eher formaldemokratische Aspekt der Gestaltung von Entscheidungsprozessen in der Schule für die selbst berichtete Gesundheit der Schüler/innen keine dominante Rolle. Ihre bivariat noch nachweisbaren Effekte verschwinden hinter dem Unterstützungs-Faktor Lehrer/innenhilfe. Wir möchten dafür folgendes Interpretationsangebot machen, das unserer Auffassung nach auch Konsequenzen für die weitere Forschung zum Thema Gesundheitsförderung in der Schule hat.

Ausgehend von dem, was man als den Kernprozess der Organisation Schule bezeichnen kann, nämlich das Lernen der Schüler/innen – durchaus im Gegensatz zum Lehren der Lehrer/innen verstanden -, kann man annehmen, dass Glück und Unglück, Wohl- und Unwohlbefinden, Gesundheit oder Krankheit der Schüler/innen vor allem vom Gelingen dieses Prozesses abhängt. Es erscheint von daher als verständlich, dass die Schule für die Gesundheit vor allem durch solche Faktoren von Bedeutung ist, die diesem Gelingen zuträglich sind, und das scheint in erster Linie für die Unterstützung der Lehrer/innen bei der Bewältigung von schulischen Aufgaben zu gelten. Denn nicht der Lehrstoff per se erzeugt Stress, sondern das Gefühl der Überforderung, die Versagensangst, das Gefühl mit dem Stoff allein gelassen zu werden, keine Anerkennung für den Versuch zu erhalten, für Fehler gedemütigt zu werden, nicht genügend Unterstützung zu erhalten u.s.w.. Schüler/innen, die sich darauf verlassen können, dass sie im Notfall die Hilfe erhalten werden, die sie brauchen, werden den Kernprozess insofern leichter und unbeschadeter überstehen.

Demgegenüber ist die kontraktdemokratische Partizipation an Entscheidungen, die diesen Lernprozess betreffen, für die Erfüllung der darin gestellten Aufgaben möglicherweise nicht unbedingt förderlich. Nicht nur ist es ein zusätzlicher Aufwand, sich neben den schulischen Aufgaben im engeren Sinn auch noch um Dinge wie die Schulordnung zu kümmern, ob alle oder nur die „Kleinen" Hausschuhe tragen müssen, wer den Bus für den Wandertag organisiert, wie die Benutzung der verfügbaren Lehrmittel auf die Arbeitsgruppen verteilt werden kann u.s.w.. Je mehr die Partizipation den Kernprozess selbst betrifft, etwa durch die Einführung von didaktischen Formen des so genannten „offenen Lernens" oder des „eigenverantwortlichen Arbeitens" (vgl. Klippert 1996, 1999, 2000), die den Schüler/innen große Handlungsspielräume eröffnen, ihnen aber auch große Verantwortung übertragen, desto eher ist darüber hinaus denkbar, dass die damit angebotene Autonomie und die soziale Erwartung, sich in entsprechende Prozesse spürbar einzuklinken, bei einzelnen mit Überforderungen verbunden sind. Da und dort ist heute schon der Vorwurf von Elternseite zu hören, mit der Einführung solcher Methoden würden sich die Lehrer/innen lediglich ihrer Verantwortung entschlagen. Kontraktdemokratie ist aber in der Schule wie auch in allen anderen Bereichen keine Vereinfachung der Verhältnisse, sondern eine Steigerung von deren Komplexität. Partizipation am Kernprozess heißt dann eben auch, dass die Schüler/innen nicht nur einfach den Lehrstoff lernen („pauken") müssen, sondern dass sie zusätzlich den Prozess gestalten müssen, in dem sie den Lehrstoff lernen können und wollen. Wie es scheint, ist dieser Zuwachs an Autonomie und Verantwortung nur für jene Schüler/innen in gesundheitsförderlicher Weise verkraftbar und nutzbar, die dabei gleichzeitig von ihren Lehrer/innen die notwendige Unterstützung erhalten. Lehrer/innen müssen also nicht nur bei der Bearbeitung der sachlichen Probleme helfen, sondern auch bei der Bearbeitung der sozialen Probleme, die bei der Bearbeitung der Ersteren anfallen.

Für die Gesundheitsförderung ergibt sich daraus unserer Ansicht nach auch eine leicht veränderte Problemstellung. Nicht sie ist es mehr, die mit Reformeifer ihre neuen Konzepte von Demokratie, Partizipation und Empowerment im Sinne der Gesundheit in die Schulen hineintragen muss. Längst haben die Schulen unter dem Druck der sich wandelnden gesellschaftlichen Verhältnisse und beschleunigt durch die PISA-Studie von 2000 einen solchen Reformprozess aufgenommen, wenn auch zwischen Avantgardisten und Nachzüglern große Unterschiede bestehen. Die Aufgabe der Gesundheitsförderung könnte heute daher darin liegen, die gesundheitlichen Kosten dieser Entwicklung zu beobachten und Konzepte bereit zu stellen, wie und unter welchen Bedingungen die angelaufenen Reformprozesse in unseren Schulen zum Wohle der Schüler/innen und ihrer Lehrer/innen umgesetzt werden können.

Literatur

Antonovsky, Aaron (1979): Health, Stress, and Coping. Jossey Bass, San Francisco, New York, London
Antonovsky, Aaron (1987): Unravelling the Mystery of Health: How People Manage Stress and Stay Well Stress, and Coping. Jossey Bass, San Francisco
Bildungskommission der Heinrich Böll-Stiftung (2002): Autonomie von Schule in der Wissensgesellschaft, 3. Empfehlung der Bildungskommission der Heinrich Böll-Stiftung
Bröckling, Ulrich (2003): You are not responsible for being down, but you are responsible for getting up. Über Empowerment. In: Leviathan. Zeitschrift für Sozialwissenschaft, 31. Jahrgang-2003, Heft 3
Currie, Candace; Hurrelmann, Klaus; Settertobulte Wolfgang; Smith, Rebecca & Todd, Joanna (eds) (2000): Health and Health Behaviour among Young People. Health Behaviour in school-aged Children: a WHO Cross-National Study (HBSC). International Report. Copenhagen: WHO Regional Office of Europe
Currie, Candace; Samdal, Oddrun; Boyce, Will & Smith, Rebecca (eds) (2001): Health Behaviour in school-aged Children: a World Health Organization Cross-National Study. Research Protocol for the 2001/02 Survey. Edinburgh
Currie, Candace; Roberts, Chris; Morgan, A.; Smith, Rebecca; Settertobulte, Wolfgang; Samdal, Oddrun & Rasmussen, V.B. (eds) (2004): Young people's health in context. Health Behaviour in School-aged Children (HBSC) study: international report from the 2001/2002 survey. Copenhagen: WHO Regional Office of Europe
Davies, John K.; Macdonald, Gordon (1998): Quality, Evidence and Effectiveness. In: Health Promotion. Striving for certainties. London, New York: Routledge
Dür, Wolfgang; Kernbeiss, G.; Mravlag, K.; Stidl, T.; Schuß, I. (2000): Gesundheit und Gesundheitsverhalten bei Kindern und Jugendlichen. Bericht zur Gesundheit der 11, 13- und 15-jährigen Schüler/innen in Österreich. Aufbereitung der Daten des 5. WHO-HBSC-Survey 1998 und die Trends für die 90er Jahre. Wien: BMGS
Dür, Wolfgang; Mravlag, Katharina (2002): Gesundheit und Gesundheitsverhalten bei Kindern und Jugendlichen. Bericht zur Gesundheit der 11-, 13- und 15-jährigen Schüler/innen in Österreich. Aufbereitung der Daten des 6. WHO-HBSC-Survey 2001 und die Trends für 1990-2002. Wien: BMGS
Goldstein, H.; Rasbash, J.; Plewis, I.; Draper, D.; Browne, W.; Yang, M.; Woodhouse, G. & Healy, M. (1998): A user's guide to MLwin. London: Institute of Education University of London
Haider, Günter; Eder, Ferdinand; Specht, Werner; Spiel, Christiane (2004): Zukunft: Schule. Strategien und Maßnahmen zur Qualitätsentwicklung, Bundesministerium für Bildung, Wissenschaft und Kultur, Wien
Holstein, Bjørn; Parry-Langdon, Nina; Zambon, Alessio; Currie, Candace; Roberts, Chris (2004): Socioeconomic inequality and health. In: Currie et al.: Young people's health in context. Health Behaviour in School-aged Children (HBSC) study: international report from the 2001/2002 survey. Copenhagen: WHO Regional Office of Europe

Idler, Ellen & Benyamini, Yael (1997): Self- rated health and mortality: a review of twenty-seven community studies
Idler, Ellen (1992): Self-assessed health and mortality: a review of studies. In: S. Maes, H. Leventhal & Johnston (Eds.): International review of health psychology, N.Y., Wiley, Journal of Health and Social Behaviour
Karasek, Robert A.; Theorell, Tores (1990): Healthy works: stress, productivity, and the reconstruction of working life. New York: Basic Books
Kawachi, I.; Kennedy, B.P.; Lochner, K. (1997): Long Live Community: Social Capital as Public Health. In: The American Prospect, 35, November-December, S. 56-59
Klippert, Heinz (1996): Planspiele. Spielvorlagen zum sozialen, politischen und methodischen Lernen. Weinheim: Beltz
Klippert, Heinz (2000): Teamentwicklung im Klassenraum; Übungsbausteine für den Unterricht. Weinheim: Beltz.
Klippert, Heinz; Lohre, Wilfried (Hg.) (1999): Auf dem Weg zu einer neuen Lernkultur. Pädagogische Schulentwicklung in den Regionen Herford und Leverkusen. Gütersloh: Verlag Bertelsmann Stiftung
Kommission der Europäischen Gemeinschaften (2001): Europäisches Regieren. Ein Weißbuch Brüssel 2001
Kreft, Ita.; de Leeuw, Jan (1998): Introducing multilevel modelling. London, Thousand Oaks, New Dehli: Sage Publications
Mortimore, Peter (1998): The road to improvement: ref ections on school effectiveness. Lisse, Swets & Zeitlinger Publishers
Naidoo, Jennie & Wills, Jane (2003): Lehrbuch der Gesundheitsförderung, Köln of school climate and students' satisfaction with school. Health Education Research, 13(3): 383–397.
Perry, C.L.; Kelder, S.H. & Komro, K. (1993): The social world of adolescents: Families, peers, school and the community. In: Millstein et al.: Promoting the health of adolescents. New York: Oxford University Press, p. 73-96
Rappaport, Julian (1987): Terms of Empowerment/Exemplars of Prevention: Toward a Theory for Community Psychology. In: American Journal of Community Psychology, 15, 2, S. 121-148
Ravens-Sieberer, Ulrike; Kökönyei, Gyöngyi & Thomas, Christine (2004): School and health. In: Currie et al.: Young people's health in context. Health Behaviour in School-aged Children (HBSC) study: international report from the 2001/2002 survey. Copenhagen: WHO Regional Office of Europe
Rissel, Chris (1994): Empowerment: the holy grail of health promotion? In: Health Promotion International, 9, 1, S. 39-47
Roeser, Rob; Eccles, Jaequelynne & Sameroff, Arnold (2000): School as a context of early adolescents' academic and social-emotional development: A summary of research findings. Elementary School Journal, 100(5), 443-471
Samdal, Oddrun (1998): The school environment as a risk or resource for students' health-related behaviours and subjective wellbeing. Bergen, Research Centre for Health Promotion, University of Bergen
Samdal, Oddrun; Nutbeam, Don; Wold, B. & Kannas, L. (1998): Achieving health and educational goals through schools: a study of the importance

Samdal, Oddrun; Dür, Wolfgang (2000): The school environment and the health of adolescents, in: Currie, Candace; Hurrelmann, Klaus; Settertobulte, Wolfgang; Smith, Rebecca; Todd, Joanna (Eds.): Health and Health Behaviour among Young People. Health Behaviour in Schoolaged Children International Report, WHO, Copenhagen

Schmidt, Ralf (2001): Partizipation in Schule und Unterricht, Aus Politik und Zeitgeschichte, B44/2001

Schwarzer, Ralf (Hg.) (1990): Gesundheitspsychologie. Ein Lehrbuch. Göttingen, Toronto: Verlag für Psychologie

Schwarzer, Ralf (Hg.) (1992): Self-efficacy: thought control of action. Washington, D.C.: Hemisphere

Schwarzer, R.; Bäßler, J.; Kwiatek, P.; Schröder, K. & Zhang, J. X. (1997): The Assessment of Optimistic Self-Beliefs: Comparison of the German, Spanish, and Chinese Versions of the General Self-Efficacy Scale. In: Applied Psychology: An international Review

Stark, Wolfgang (1996): Empowerment. Neue Handlungskompetenzen in der psychosozialen Praxis. Freiburg im Breisgau

Stewart, A.L., Ware, John E. Jr. (Hg.)(1992): Measuring functioning and well-being. The medical outcomes study approach. London: Duke University Press

Torsheim, T. ; Currie, C. ; Boyce, W. ; Kalnins, I. ; Overpeck, M. & Haugland, S. (2004): Material deprivation and self-rated health: a multilevel study of adolescents from 22 European and North American countries. Social Science & Medicine, Volume 59, Issue 1, July 2004, Pages 1-12

WHO (Hg.) (1986): Health Promotion. Ottawa Charter. Genf: WHO

Willke, Helmut (1995): Systemtheorie III: Steuerungstheorie, Grundzüge einer Theorie der Steuerung komplexer Sozialsysteme, UTB, Stuttgart Jena

"Besser arm und gesund als reich und krank?"
Zur Allergieentstehung im frühen Kindesalter und deren Zusammenhang mit der Sozialschichtzugehörigkeit

Horst-Dietrich Elvers, Michael Borte, Olf Herbarth

1 Einleitung

In der gesundheits- und sozialwissenschaftlichen Forschung ist unumstritten, dass Gesundheitsressourcen und Krankheitsrisiken sozial ungleich verteilt sind (vgl. z.B. Antonovsky, 1967; Black/Davidson, 1992; Whitehead, 1992; Mielck, 1994; Montgomery et al., 1996; Hradil, 1997; Kunst/Groenhof/Mackenbach, 1998; Laubach et al., 2000; Mielck 2000). Das generelle Muster, das trotz sozialer Sicherungssysteme und medizinisch-technischem Fortschritt auch in zahlreichen Wohlfahrtsstaaten nach wie vor mit empirischen Ergebnissen bestätigt werden kann, lautet: "entweder reich und gesund oder arm und krank". Ausnahmen bestätigen aber bekanntermaßen die Regel – und eine der wenigen Ausnahmen sind Allergien.

Allergien stellen eine aktuelle Herausforderung für die Umweltmedizin dar. Schätzungen des Ärzteverbandes Deutscher Allergologen zufolge sind 24 bis 30 Mio. Deutsche allergisch vorbestet, etwa jedes dritte Baby kommt heute mit einem Allergierisiko zur Welt. In der Fachliteratur weitgehend unumstritten ist, dass die gegenwärtige Verbreitung von Allergien die Folge eines deutlichen Anstiegs der Verbreitung von allergischen Krankheiten innerhalb weniger Jahrzehnte ist (Taylor et al., 1984; Gergen et al., 1988; Butland et al., 1997; McNally et al., 1998; Statistisches Bundesamt, 1998). Wenngleich neueste Forschungen auf der Basis von Fragebogen-Surveys einige Evidenz dafür liefern, dass seit Mitte der 90er Jahre eine Abnahme vor allem der Asthmahäufigkeit zu verzeichnen ist (Anderson et al., 2004; Toelle et al., 2004)[1], bleibt dennoch eine hohe Belastung von Kindern durch Allergien zu verzeichnen. Hinsichtlich der hohen Asthmaprävalenz im Kindesalter wird bereits von einer "neuen pädiatrischen Morbidität" gesprochen (Landrigan, 1994). So sind in Deutschland bis

---

[1] Die Ergebnisse für allergisches Ekzem und Heuschnupfen aus beiden Studien weisen lediglich darauf hin, dass seit den 90er Jahren zumindest *keine Steigerung der Häufigkeit* mehr zu verzeichnen ist. Es ist allerdings noch nicht abzusehen, inwieweit diese Trends generalisierbar und auf tatsächliche Erkrankungen (und nicht auf "Aufmerksamkeitszyklen") zurückzuführen sind.

zu 13% der Kinder im Alter von 9-11 Jahren von allergischem Ekzem betroffen (v. Mutius, 1999). Allergisches Asthma ist in den Industrienationen so weit verbreitet, dass es mittlerweile als häufigste chronische Krankheit im Kindesalter gilt (Joseph et al., 2000).

Allergien werden, obwohl als Krankheitsursachen auch genetische Faktoren erkannt sind, in die Gruppe der umweltbeeinflussten Erkrankungen eingeordnet (vgl. TAB, 1999, S. 73). Die Bundesministerien für Gesundheit und für Umwelt, Naturschutz und Reaktorsicherheit weisen allerdings darauf hin, dass die Forschung zum Zusammenhang von Allergien und Umwelt noch erhebliche Lücken aufweist (BMU/BMG, 1999). Auch das Sondergutachten "Umwelt und Gesundheit" des Rates von Sachverständigen für Umweltfragen stellt fest, dass Allergien zu den Erkrankungen gehören, in deren Entstehung und Auslösung Umweltfaktoren natürlichen und anthropogenen Ursprungs als Ursache eindeutig erkannt sind und fordert zugleich eine stärker umweltorientierte Forschung ein.

Um die Ursachen der hohen Verbreitung von Allergien zu erforschen, werden umfangreiche epidemiologische Bevölkerungsstudien durchgeführt. In diesen Studien wird geprüft, inwiefern die Zunahme der Allergiehäufigkeit auf Schadstoffe in der Außenluft und im Innenraum sowie auf Veränderungen der Lebensweise und Lebensbedingungen der Menschen zurückzuführen ist. Zu letzteren wird die Zunahme der Zeit gerechnet, die in Innenräumen verbracht wird, veränderte Ernährungsgewohnheiten und das Aufwachsen der Kinder unter hygienischen Bedingungen, die das Immunsystem zu wenig stimulieren. Denn gemäß der viel beachteten sog. "Hygienehypothese"[2] können frühkindliche Infektionen protektiv hinsichtlich einer späteren Allergiebelastung wirken. Umgekehrt könnten demnach *zu wenig frühkindliche Infekte* die Ausprägung von Allergien *begünstigen*.

Vor allem die stärkere Häufigkeit vieler allergischer Erkrankungen in den oberen sozialen Schichten, die in diesen Studien wiederholt nachgewiesen wird, macht die Frage der Allergieentstehung aber auch zu einer soziologischen Problemstellung. Nachfolgend werden deshalb schlaglichtartig die grundlegenden empirischen Zusammenhänge zwischen der Sozialschichtzugehörigkeit bzw. dem sozioökonomischem Status und der Allergiehäufigkeit diskutiert.

---

2 Die Hygienehypothese besagt vereinfacht, dass übertriebener Schutz vor Krankheitserregern, mit denen Kleinkinder beim Spielen in Kontakt kommen können, in einer zu geringen Zahl frühkindlicher Infekte resultiert; und dass diese zu geringe Stimulation durch Infekte das kindliche Immunsystem in Richtung einer zellulären Immunantwort beeinflussen könnte, die allergische Sensibilisierungen *begünstigt* (Strachan, 1989).

2 Allergien und Soziale Ungleichheit: Zum Stand der Forschung

Hinsichtlich des Einflusses der Sozialschichtzugehörigkeit bzw. des sozioökonomischen Status auf die Allergieentstehung muss zwischen verschiedenen Allergieformen unterschieden werden. Der Zusammenhang zwischen sozioökonomischen Faktoren und der *Asthmaprävalenz* kann nach gegenwärtigem Kenntnisstand noch nicht als gesichert gelten. Denn diverse Studien können keine Assoziation zwischen Asthma und sozioökonomischen Faktoren nachweisen (Cunningham et al., 1996; Strachan et al., 1996; Squillace et al., 1997). Auch eine Zusammenstellung verschiedener internationaler Arbeiten ergibt diesbezüglich kein eindeutiges Bild (vgl. Mielck et al., 1996). So werden Studien präsentiert, die positive, negative oder überhaupt keine Assoziationen mit Asthma bzw. allergischen Atemwegssymptomen und dem sozioökonomischen Status finden. Allerdings weisen die Autoren (ebd.) in eigenen Untersuchungen *schweres* Asthma häufiger bei Kindern mit niedrigem sozioökonomischem Status nach. Dies korrespondiert mit anderen Studien, in denen für das Ende der 80er Jahre in den USA eine Verdoppelung der Todesrate durch Asthma für die unteren 20% auf der Einkommensskala gezeigt werden konnte, wohingegen die Rate für Patienten des obersten Einkommensquintils nahezu gleich blieb (Weiss et al., 1993). Positive Zusammenhänge zwischen der Asthmaprävalenz und niedrigem sozioökonomischem Status können auch in weiteren, aktuelleren Studien nachgewiesen werden (Duran-Tauleria et al., 1999; Garcia-Marcos et al. 1999; Litonjua et al., 1999; Shaheen et al., 1999). Als sozioökonomisch vermittelter Einflussfaktor auf das Asthmarisiko bei Kindern gilt beispielsweise die Wohnlage (Malveaux/ Fletcher-Vincent, 1995), auch die Tabakexposition gilt als mit der Sozialschichtzugehörigkeit assoziierter Risikofaktor für Asthma[3].

Eine neuere Studie mit deutschen Daten zeigt hingegen höhere Anteile von Asthmaerkrankungen bei Erwachsenen mit *hohem Sozialstatus*, kann allerdings für deren Kinder keinen Zusammenhang feststellen (Bergmann et al., 2000). Möglicherweise widerspiegelt sich darin die Schwierigkeit, in Befragungen medizinisch eindeutige Asthmadiagnosen in Erfahrung zu bringen. So zeigt eine andere Untersuchung (Ernst et al., 1995) zwar einen stabilen und signifikanten Zusammenhang zwischen niedrigem sozioökonomischem Status und asthmatischen *Symptomen*, keinen jedoch für ärztliche *Asthmadiagnosen*. Die Autoren gehen davon aus, dass es in den unteren sozialen Schichten eher eine Unterschätzung von Symptomen für allergisches Asthma gibt, wohingegen die

---

[3] Es ist belegt, dass Rauchen als Risikofaktor in den sozial deprivierten Bevölkerungsgruppen deutlich häufiger vorkommt als in den Oberschichten (Martinez/Cline/Burrows, 1992; Bailis et al., 2003).

Sensibilität für diese Symptome in den oberen Schichten deutlich höher sei. Schichtspezifische Differenzen für Symptome asthmatischer Beschwerden (Bronchospasmen, nächtlicher Husten, Wheezing[4]), nicht aber für ärztlich diagnostiziertes Asthma, können auch andere Studien zeigen (Mitchell et al., 1989; Miller et al. 2001). Familiäre Einflüsse in der frühen Kindheit durch Stress der Mutter sind offenbar ebenfalls mit dem Auftreten von Asthma im Schulalter der Kinder assoziiert, und zwar unabhängig vom sozioökonomischen Status der Eltern (Klinnert et al., 2001).

Hinsichtlich des *atopischen*[5] bzw. *allergischen Ekzems* und *Heuschnupfen* hingegen wird überwiegend eine stärkere Betroffenheit in den oberen sozialen Schichten festgestellt (Williams/Strachan/Hay, 1994; Strachan et al., 1996; Butland et al., 1997; Harrison et al., 1998; Garcia-Marcos et al., 1999; Knopf/ Ellert/Melchert, 1999; Harris et al., 2001). Als Risikofaktoren eines hohen sozioökonomischen Status werden die geringere Dauer des ausschließlichen Stillens (Thestrup-Pedersen, 2002)[6], die weniger verbreitete Betreuung des Kindes in Kindergemeinschaftseinrichtungen[7] und eine geringere Anzahl an Geschwistern genannt (Sibbald, 1993; Diepgen, 2001). Möglicherweise könnten auch Effekte milieuspezifischer Immunisierungspraktiken oder der spezifischen häuslichen Umwelt (Klimaanlage, Chemikalien, Formen der Körperhygiene, Hausstaubmilben) einen Beitrag zur Erklärung der schichtspezifischen Allergievarianz leisten.

Die Ergebnisse zum Zusammenhang zwischen Sozialschichtzugehörigkeit und Allergiehäufigkeit sind allerdings mit Vorsicht zu interpretieren. Der sozioökonomische Status kann nur als Indikator, nicht aber als Risikofaktor verstanden werden. Denn bei der Verwendung eines Index aus Schulbildung, Berufsbildung und/oder Einkommen wird zum einen nicht klar, welche der damit verbundenen Lebensbedingungen den Zusammenhang mit der Allergieentstehung aufklären. Im Zuge der Diversifizierung von Bildungs- und Berufswegen wird zudem das der Sozialschichteinstufung zugrunde liegende Prinzip, dass aus

---

4 Wheezing bedeutet so viel wie "pfeifende, keuchende Atmung". Es tritt vor allem in der frühen Kindheit auf und gilt als Symptom bzw. Risikofaktor für den späteren Ausbruch von Asthma (Burr, 1993).

5 Als Atopie wird in der Regel der Nachweis allergenspezifischer IgE-Antikörper definiert und als atopische Erkrankungen diejenigen, die mit Atopie, d.h. der Produktion allergenspezifischer IgE-Antikörper einhergehen, nämlich atopische Dermatitis, Heuschnupfen und Asthma bronchiale (v. Mutius, 1999, S. 160).

6 Kay et al. (1994) konnten für die Stilldauer allerdings keinen Einfluss auf die Wahrscheinlichkeit, dass das Neugeborene an atopischem Ekzem erkrankt, nachweisen.

7 Dieser Faktor ist wiederum von Bedeutung für die Hygienehypothese. Denn die Betreuung in Kindertageseinrichtungen erhöht das Risiko kindlicher Infekte (durch Ansteckung bei anderen Kindern).

"Besser arm und gesund als reich und krank?" 125

höherer Schulbildung eine höhere Berufsqualifikation und demzufolge ein höheres Einkommen resultiert, zunehmend aufgeweicht.

3 Fragestellung

Die Gesamtheit der für die Allergieentstehung relevanten Lebensbedingungen und Lebensweisen wird zwar mit dem Terminus des "westlichen Lebensstils" (Statistisches Bundesamt, 1998; SRU, 1999; Diepgen, 2001) markant zusammengefasst, aber Risikofaktoren werden damit nur unzulänglich spezifiziert. Vorgeschlagen wird deshalb, die Lebensumwelt der Menschen in *Physische Umwelt* (Schadstoffexposition) und *Soziale Umwelt* (sozioökonomischer Status und Lebensbedingungen) zu differenzieren und in ihren Wechselwirkungen auf die Allergieentstehung zu untersuchen. Damit wird zugleich betont, dass soziale Lebensbedingungen und physische Umwelteinflüsse gleichermaßen bedeutsame Faktoren der kindlichen Entwicklung sind.

In unserem methodischen Verständnis kommt der Sozialen und Physischen Umwelt der Stellenwert *vermittelnder Variablen* zwischen sozioökonomischem Status und Allergierisiko zu. Ein Kausalzusammenhang zwischen sozioökonomischem Status und Allergie ist ohnehin nur bedingt herstellbar, denn "die Übertragung sozialer Faktoren in biologische und pathologische Prozesse ist ein komplexer Prozess mit unterschiedlichen Mechanismen und Auswirkungen in diversen Lebensphasen und verschiedenen Krankheitsbildern." (Goodman, 1999; eigene Übers.).

Aus dem Forschungsstand zum Zusammenhang von Allergien und sozialen Faktoren resultiert daher die Frage, ob es gelingt, Variablen der sozialen Differenzierung herauszuarbeiten, aufgrund derer ein besseres Verständnis des Zusammenhanges von Physischer Umwelt, Sozialer Umwelt und Allergierisiko möglich wird. Fraglich ist in diesem Zusammenhang des Weiteren, wie die höhere Prävalenz einiger allergischer Krankheiten in den oberen Sozialschichten erklärt werden kann. Antworten auf diese Fragen werden in den folgenden Abschnitten anhand empirischer Analysen herausgearbeitet.

4 Datenquelle und Auswahl der Zielgrößen

Datengrundlage der nachfolgenden Auswertungen ist eine epidemiologische Längsschnitt-Kohortenstudie. Die "Studie zum Einfluss von Lebensbedingungen und Verhaltensweisen auf die Entwicklung von Immunsystem und Allergien im Ost-West-Vergleich" (LISA-Studie) wurde im Jahr 1998 mit jeweils einer Geburtskohorte aus München, Leipzig, Bad Honnef und Wesel begonnen und seitdem im Längsschnitt fortgesetzt. Die hier präsentierten Ergebnisse beziehen sich indes auf die Neugeborenenkohorte aus Leipzig und den Zeitraum bis zum zweiten Lebensjahr (N=976)[8].

Tabelle 1: Lebenszeitprävalenz allergischer Symptome und Diagnosen in den ersten beiden Lebensjahren

Krankheitsbild	*Prävalenz*
Wheezing – Symptome	21% (201/976)
Atopische Dermatitis – Symtpome	18% (179/976)
Atopische Dermatitis – Diagnosen	16% (152/976)
Obstrukt. Bronchitis – Symptome	12% (115/976)
Nahrungsmittelallergie – Symptome	9% (91/976)
Nahrungsmittelallergie – Diagnosen	7% (70/976)
Urtikaria – Symptome	6% (55/976)
Rhinitis – Symptome	3% (32/976)
Urtikaria – Diagnosen	3% (29/976)
Rhinitis – Diagnosen	1% (11/976)
Asthma – Diagnosen	0,3% (3/976)

Gegenstand der Studie ist die Entwicklung von Allergien im Kindesalter (vgl. Borte et al., 2001). Aus dem allergischen Formenkreis sind Symptome und Diagnosen für atopische Dermatitis (Allergisches Ekzem, Neurodermitis), Nahrungsmittelunverträglichkeit, Urtikaria (Nesselsucht), Allergische Rhinokonjunktivitis (Heuschnupfen) sowie Symptome von Wheezing und Diagnosen für obstruktive Bronchitis und Asthma berücksichtigt worden. Die *Diagnosen* wurden jeweils folgendermaßen von den Eltern erfragt: "Hat ein Arzt bei Ihrem Kind im Laufe der letzten ... Monate eine der folgenden Krankheiten festgestellt?" Die *Symptome* wurden durch eigens entwickelte umwelt-medizinische Fragen im Fragebogen erfasst. Von Spezialisten wurden darauf basierend die

---

[8] In die Studie wurden gesunde reife Neugeborene mit einem Geburtsgewicht von mindestens 2500g eingeschlossen. Ausländische Kinder, kranke Kinder oder Kinder, deren Mütter gesundheitliche Probleme hatten und aus diesem Grund eine Dauermedikation aufwiesen, wurden in der Stichprobe nicht berücksichtigt. Von der Geburt des Kindes bis zur Vollendung des zweiten Lebensjahres hatten die Eltern insgesamt 5 Fragebögen auszufüllen. Die im Folgenden präsentierten Analysen wurden mit der Statistik-Software STATISTICA, Version 6.1 von StatSoft® Inc., Tulsa, USA durchgeführt.

Variablen zur Allergiebetroffenheit gebildet. Die Häufigkeit der Symptomkomplexe und/oder Erkrankungen in den ersten beiden Lebensjahren der Kinder aus Leipzig kann Tabelle 1 entnommen werden.
Rückschlüsse dieser Zahlen auf Ostdeutschland oder gar die gesamte Bundesrepublik sind allerdings nur bedingt möglich. Zum einen ist bekannt, dass Allergien nach wie vor in Westdeutschland häufiger als in Ostdeutschland auftreten (v. Mutius et al., 1994; Nowak et al., 1996; v. Mutius, 1999; Hermann-Kunz, 1999), wenngleich sich die Raten zunehmend angleichen. Zum anderen besteht das Ziel dieser Studie auch nicht in der repräsentativen Ermittlung von *Häufigkeiten* verschiedener allergischer Erkrankungen, sondern in der Analyse des Einflusses von *Risikofaktoren* auf die Ausprägung verschiedener Allergieformen sowie im Nachzeichnen der Allergieentstehung im Längsschnitt.

5 Ergebnisse
5.1 Soziale Schicht und Allergiehäufigkeit

Um den Rahmen der Untersuchung überschaubar zu halten und ausreichend hohe Fallzahlen für Subgruppenanalysen garantieren zu können, wurden zunächst die vier häufigsten Symptomkomplexe und/oder Erkrankungen – Symptome für Wheezing, Symptome für atopische Dermatitis, Diagnosen für atopische Dermatitis sowie Diagnosen für obstruktive Bronchitis – ausgewählt. Mit diesen wurde zunächst geprüft, ob für die Kohorte der 1998 in Leipzig geborenen Kinder überhaupt eine Sozialschichtabhängigkeit der Allergiehäufigkeit nachgewiesen werden kann. Dazu wurden verschiedene Indikatoren der Sozialschichtzugehörigkeit auf ihren Zusammenhang mit den ausgewählten Erkrankungen untersucht. Neben einem Index, der die Schul- und Berufsbildung des Elternteiles mit der höchsten Qualifikation in 4 Stufen (niedrig, mittel, hoch, sehr hoch) abbildet (in Anlehnung an Jöckel et al., 1998) wurden selektive Indikatoren der Schichtzugehörigkeit, wie das Schul- und Berufsbildungsniveau von Mutter und Vater sowie das gewichtete Äquivalenz-Haushaltsnettoeinkommen ausgewählt und dichotomisiert. Zur Erwerbstätigkeit bzw. dem Berufsstatus lagen keine Angaben vor (vgl. Tab. 2).

Signifikante Zusammenhänge in der Tabelle sind markiert. Hinsichtlich des kombinierten Index der sozialen Schicht kann allerdings nur für die allergischen Atemwegsbeschwerden (Wheezing) eine signifikante Häufung bei Kindern aus den niedrigen und mittleren Statusgruppen bestätigt werden. Für Diagnosen und Symptome von Dermatitis zeigen sich mit dem Index lediglich schwache Tendenzen einer stärkeren Verbreitung in den oberen Schichten, wohingegen bei obstruktiver Bronchitis keine Unterschiede feststellbar sind.

Tabelle 2: Allergische Erkrankungen bis zum 2. Lebensjahr und Sozialschichtindikatoren[9]

	Wheezing $_S$	Dermatitis $_S$	Dermatitis $_D$	Bronchitis $_S$
Sozialstatus +	24% (114/480)	26% (121/468)	22% (108/494)	16% (76/491)
Sozialstatus −	32% (82/258) *	24% (57/235)	18% (43/243)	15% (36/245)
Schulbildung $_M$ +	23% (69/305)	26% (77/302)	22% (69/314)	16% (50/310)
Schulbildung $_M$ −	30% (128/432) *	25% (100/400)	19% (81/422)	15% (62/425)
Berufsbildung $_M$ +	22% (76/342)	27% (91/338)	24% (84/351)	15% (54/351)
Berufsbildung $_M$ −	28% (96/343) *	23% (73/318)	17% (56/336) *	15% (49/336)
Schulbildung $_V$ +	26% (80/307)	28% (83/301)	21% (66/316)	17% (53/313)
Schulbildung $_V$ −	25% (93/377)	24% (85/348)	21% (75/364)	14% (527368)
Berufsbildung $_V$ +	23% (72/313)	25% (79/313)	20% (66/324)	15% (50/324)
Berufsbildung $_V$ −	26% (90/345)	25% (79/312)	20% (66/330)	15% (48/332)
Haushaltseinkommen +	23% (59/253)	25% (64/255)	22% (57/263)	16% (41/260)
Haushaltseinkommen −	26% (87/340)	26% (80/314)	19% (65/337)	13% (42/337)

$_S$: Symptome, $_D$: Diagnosen $_M$: Mutter, $_V$: Vater +: hoch, −: niedrig *: p≤0,05, (*): p<0,1

Hinsichtlich der persönlichen Bildungsqualifikation der Mutter und des Vaters zeigt sich generell, dass die Erkrankungshäufigkeit, wenn überhaupt, vor allem

---

9 Die Variablen sind wie folgt kodiert: *hoher Sozialstatus:* Ausprägungen "sehr hoch" und "hoch" des Sozialschichtindex; *niedriger Sozialstatus:* Ausprägungen "niedrig" und "mittel" des Sozialschichtindex − *hohe Schulbildung der Mutter:* FH-Reife bzw. Abitur; *niedrige Schulbildung der Mutter:* kein Abschluss bis mittlere Reife bzw. POS 10. Klasse − *hohe Berufsbildung der Mutter:* Fachschul-, FH- oder Universitätsabschluss; *niedrige Berufsbildung der Mutter:* beruflich betriebliche, beruflich schulische oder sonstige berufliche Ausbildung − *überdurchschnittliches HH-Einkommen:* Einkommen oberhalb der oberen 95-%-Konfidenzgrenze des Mittelwertes (>765€); *unterdurchschnittliches HH-Einkommen:* Einkommen unterhalb der unteren 95-%-Konfidenzgrenze des Mittelwertes (<721€).

mit der Bildung der Mutter, aber nicht mit der Bildung des Vaters variiert. Auch hier ist wiederum eine höhere Wheezingprävalenz in Zusammenhang mit *niedriger* Schul- und Berufsbildung festzustellen, die Hautallergien hingegen treten häufiger bei Kindern von *besser qualifizierten* Müttern auf. Insbesondere bei den Hautallergien diskriminiert zudem die berufliche Qualifikation der Mutter besser als deren Schulbildung. Für die Diagnosen von atopischer Dermatitis ist indes lediglich der Zusammenhang mit der Berufsbildung der Mutter signifikant. Für obstruktive Bronchitissymptome kann wiederum kein Zusammenhang mit der elterlichen Qualifikation nachgewiesen werden.

Zusammenhänge mit der finanziellen Situation des Haushaltes sind nur schwach ausgeprägt. Diese schwachen Tendenzen stützen aber im Wesentlichen die Assoziationen mit den bildungsbezogenen Sozialstrukturvariablen. So ist Wheezing etwas häufiger bei Kindern aus Haushalten mit unterdurchschnittlichem gewichtetem Äquivalenz-Haushaltsnettoeinkommen, Diagnosen atopischer Dermatitis sind demgegenüber geringfügig häufiger bei Kindern aus finanziell besser gestellten Haushalten zu beobachten. Die etwas höheren Anteile von Kindern mit Symptomen obstruktiver Bronchitis aus Familien mit überdurchschnittlichem Einkommen können vor dem Hintergrund der fehlenden Varianz in Zusammenhang mit den anderen Sozialschichtindikatoren als zufällige Streuung interpretiert werden.

Zusammenfassend ist zunächst festzuhalten, dass diese Ergebnisse bedingt im Einklang mit der Forschung zur unterschiedlichen Allergiehäufigkeit in Abhängigkeit vom sozioökonomischen Status stehen. Da Wheezing als Risikofaktor bzw. Symptom für Asthma bronchiale im späteren Leben gilt werden jene empirischen Befunde gestützt, die für allergische Reaktionen der Atemwege eine höhere Verbreitung in den unteren sozioökonomischen Gruppen zeigen. Auch die gefundene soziale Varianz der Diagnosen atopischer Dermatitis korrespondiert mit der sozial epidemiologischen Forschung, die eine höhere Prävalenz in der Oberschicht nachweist. Für die Erkrankungshäufigkeit bei Kindern in den ersten beiden Lebensjahren kommt allerdings selektiven Indikatoren der sozialen Schicht der Eltern bzw. nur eines Elternteils im Vergleich mit der Sozialschichtzugehörigkeit eine hervorgehobene Bedeutung zu.

5.2 Umwelteinflüsse und Allergiehäufigkeit

Die Zusammenhänge der Allergiehäufigkeit mit den verschiedenen Indikatoren der sozialen Schicht könnten möglicherweise auf Lebensbedingungen hinweisen, die in Abhängigkeit dieser Merkmale einen Einfluss auf die Allergieentstehung haben. Im Folgenden wird daher geprüft, welche Einflussgrößen darüber hinaus in Zusammenhang mit der Allergieentstehung im Kindesalter stehen.

In explorativen Voruntersuchungen wurden zunächst 26 Variablen auf Zusammenhänge mit den genannten vier allergischen Erkrankungen untersucht. Diese Variablen deckten eine sehr breite Varianz an Faktoren der physischen Umwelt (Indikatoren für Außen- und Innenraumluftbelastung) sowie lediglich einzelne Faktoren der sozialen Umwelt (Familienmerkmale und demografische Variablen) ab, weil dem Fragebogen vergleichsweise wenige soziale Faktoren zu entnehmen waren.

Auf der Grundlage dieser ersten Ergebnisse wurde eine Reduktion der abhängigen und unabhängigen Variablen vorgenommen, die in weiteren Analysen vertieft geprüft werden sollten. Als *abhängige Variablen* wurden Diagnosen atopischer Dermatitis und Symptome für Wheezing ausgewählt, weil mit diesen die meisten Variablen assoziiert waren und zudem diese Krankheitsbilder die deutlichsten Zusammenhänge mit Sozialschichtindikatoren aufweisen (vgl. Tab. 2). Als *unabhängige Variablen* wurden jene Variablen ausgewählt, für die signifikante Zusammenhänge mit den Allergien herausgearbeitet werden konnten. Die nach diesen Kriterien ausgewählten Variablen und deren Zusammenhänge mit den beiden allergischen Erkrankungsformen sind in Tabelle 3 wiedergegeben.

Ein Zusammenhang mit allergischen Belastungen der Eltern (genetische Komponente) zeigt sich deutlich für atopische Dermatitis. Gleichwohl liegt der Anteil der Kinder, bei denen in den ersten beiden Lebensjahren diese Hautallergie diagnostiziert wird, *ohne* dass ein oder beide Elternteile selber eine Allergie haben, bei 16%. Dieses Ergebnis verweist daher zugleich auf den hohen Stellenwert von Umwelteinflüssen auf die Allergieentstehung bei Kindern (vgl. Tab. 3).

Kinder, deren Mütter um den Zeitpunkt der Geburt ohne Partner gelebt haben und Kinder, deren Mütter die Schwangerschaft als "nicht erwünscht" angegeben hatten, weisen eine erhöhte Belastung mit allergischen Atemwegssymptomen auf. Der deutlichste Zusammenhang mit der Häufigkeit von Wheezing zeigte sich indes bei Kindern, die während des zweiten Lebenshalbjahres in der Kinderkrippe betreut worden sind. Allerdings ist bei der Interpretation dieses Zusammenhanges Vorsicht geboten: Denn gemäß der Hygienehypothese können frühkindliche Infektionen protektiv hinsichtlich einer späteren Allergiebelastung wirken. Ob die Kinder mit Wheezing gemäß der

"Besser arm und gesund als reich und krank?"

Hygienehypothese im späteren Leben eher wenig Allergien entwickeln[10] oder aber gerade anfälliger gegenüber Asthma sind, werden weitere Analysen dieser Kohorte zeigen.

Tabelle 3: Allergien und Zusammenhänge mit möglichen Einflussgrößen

Einflussgrößen	Atopische Dermatitis: ja		Wheezing: ja	
	"Ja"	"Nein"	"Ja"	"Nein"
Allergie der Eltern	26% (85/330)	16% ** (67/418)	30% (96/326)	25% (105/423)
Mutter allein erziehend zur Geburt	21% (138/673)	18% (13/72)	44% (32/73)	25% *** (168/673)
Schwangerschaft erwünscht	20% (134/671)	25% (18/72)	26% (171/667)	37% * (28/76)
Kind in der Krippe im 2. Lebenshalbjahr	24% (21/87)	20% (123/626)	44% (38/86)	24% *** (148/625)
Tabakexposition der Mutter in der Schwangerschaft	23% (49/212)	20% (100/501)	34% (73/218)	23% ** (116/498)
Starkes Renovieren in der Schwangerschaft	28% (39/140)	18% * (105/572)	30% (41/139)	26% (146/571)
Regelmäßig Staubildung	20% (20/101)	20% (130/641)	34% (33/97)	25% (*) (161/643)
Emittierender Betrieb in Wohnnähe	16% (11/68)	21% (138/669)	43% (29/68)	25% ** (164/668)

Lesehilfe: Von den Eltern die selber Allergie(n) haben (entspricht "ja", Spalte 2) bekamen 26% der Kinder atopische Dermatitis, von den Eltern, die selber keine Allergien hatten (entspricht "nein", Spalte 3), sind 16% der Kinder von atopischer Dermatitis betroffen.
(*) p≤0,1; * p<0,05; ** p<0,01; *** p<0,001

Ein Zusammenhang mit einer möglicherweise erhöhten Schadstoffexposition im *Innenraum* kann für beide Krankheitsbilder gezeigt werden, allerdings mit unterschiedlicher Schwerpunktsetzung. Für Wheezing ist ein deutlicher Zusammenhang mit der Tabakexposition (passiv oder aktiv) der Mutter in der

---

10 Illi et al. (2001) konnten diese These allerdings *nicht für den Einfluss frühkindlicher Infektionen der unteren Atemwege*, aber für andere Infekte wie *Schnupfen und Herpeserkrankungen* auf asthmatische Symptome und Asthma im 7. Lebensjahr belegen.

Schwangerschaft zu erkennen, dieser Zusammenhang ist bereits mehrfach belegt (vgl. dazu auch Cook/Strachan, 1997; Gergen et al., 1998; Lux et al., 2000). Tabakrauch ist ein hochkomplexer Giftcocktail aus über 3800 verschiedenen chemischen Bestandteilen (Etzel, 2001), seine Hauptkomponente ist Benzol (Diez et al., 2000).

Demgegenüber ist die Häufigkeit von Diagnosen atopischer Dermatitis insbesondere bei den Kindern erhöht, deren Eltern während der Schwangerschaft bzw. in den ersten drei Monaten nach der Geburt des Studienkindes umfangreiche Renovierungsaktivitäten in den Wohnungen durchgeführt haben. Diese Zusammenhänge werden auch in anderen Untersuchungen nachgewiesen (vgl. z.B. Herbarth et al., 1998; Diez et al., 2000; Herbarth, 2003). Einer Renovierung lassen sich in erster Linie Ausdünstungen von Chemikalien aus der Gruppe der flüchtigen organischen Verbindungen zuordnen (VOC, *volatile organic compounds*), darunter insbesondere Aldehyde, Alkane, Alkohole, Aromaten, Ester und Terpene (Molhave, 1985; Oppl/Höder/Lange, 2000; Umweltbundesamt, 2000).

Hinsichtlich der Indikatoren der Schadstoffbelastung in der *Außenluft* können lediglich für Wheezing deutliche Assoziationen gefunden werden. So ist eine höhere Krankheitshäufigkeit für die Kinder festzustellen, die in der unmittelbaren Nähe eines Gewerbebetriebes mit wahrnehmbaren Emissionen[11] wohnen. Ein positiver Zusammenhang mit der Atemwegssymptomatik kann auch für den Umstand gezeigt werden, dass sich das Wohnhaus an einer Straße mit regelmäßiger Staubildung befindet. Dies können neben stark befahrenen Hauptverkehrsstraßen auch Kreuzungsbereiche oder stark frequentierte Ein- und Ausfahrten sein.

Diese Ergebnisse bestätigen zum einen die Vermutung, die sich aus der Betrachtung der Zusammenhänge der Allergieformen mit den Indikatoren der sozialen Schicht ergab, dass soziale Faktoren zwischen den beiden allergischen Reaktionen variieren. Allerdings variiert ebenso die Exposition gegenüber Umweltschadstoffen. Während bei den allergischen Atemwegssymptomen offenbar die klassischen Luftschadstoffe infolge von Verkehrs-, Industrieemissionen und Tabakrauch zum Tragen kommen, ist für die Ausprägung von Hautallergien der Faktor Innenraumluft von besonderer Relevanz.

---

11 Dies wurde mit der Frage ermittelt: "Gibt es im Umkreis von 100 Metern um Ihre Wohnung ein Gewerbe, einen Betrieb oder eine Einrichtung (z.B. Tankstelle), die 'stinkt' oder 'qualmt', d.h., die unangenehm riecht oder eine sichtbare Luftverschmutzung vermuten lässt?" Insofern ist die Beantwortung der Frage zugleich ein Indikator für die subjektive Einschätzung bzw. Zufriedenheit mit der Wohnumfeldqualität.

"Besser arm und gesund als reich und krank?"

Ob aber die sozialen Faktoren und die Exposition gegenüber Umweltschadstoffen den Zusammenhang mit den eingangs (Kap. 5.1) festgestellten Indikatoren der sozialen Schicht erklären können, wird Gegenstand der folgenden beiden Abschnitte sein.

5.3 Umwelteinflüsse und Sozialschichtindex

Nachfolgend wird zunächst dargestellt, in welchem Zusammenhang die einzelnen Einflussfaktoren mit der Sozialschichtzugehörigkeit stehen (vgl. Tab. 4). Damit sollen erste Hinweise auf mögliche Erklärungsansätze der Allergiehäufigkeit in den verschiedenen sozialen Gruppen gewonnen werden, die anschließend in multivariaten Modellen überprüft werden.

Tabelle 4: Sozialschicht und Umwelteinflüsse

Sozialschichtindex	"niedrig"	"mittel"	"hoch"	"sehr hoch"
Einflussgrößen				
Allergie der Eltern ***	35% (25/71)	33% (102/309)	46% (87/191)	47% (180/384)
Mutter allein erziehend zur Geburt ***	30% (21/71)	13% (39/309)	11% (21/190)	6% (23/384)
Schwangerschaft nicht erwünscht ***	28% (19/68)	14% (43/307)	15% (28/191)	9% (30/382)
Kind in der Krippe im 2. Lebenshalbjahr ***	8% (3/40)	6% (13/230)	16% (26/162)	15% (52/340)
Tabakexposition der Mutter in der Schwangerschaft ***	67% (42/63)	52% (151/288)	29% (55/187)	20% (73/375)
Starkes Renovieren in der Schwangerschaft	21% (10/48)	19% (49/260)	22% (39/176)	19% (68/356)
Regelmäßig Staubildung ***	33% (17/51)	17% (45/271)	13% (23/184)	9% (35/371)
Emittierender Betrieb in Wohnnähe	18% (9/50)	10% (27/268)	10% (19/185)	8% (30/371)

*** $p<0,001$

Der Anteil der Eltern mit Allergien variiert deutlich mit der Sozialschichtzugehörigkeit. So ist die Belastung unter Erwachsenen mit hohem und sehr hohem Bildungsniveau erheblich größer als bei Erwachsenen mit niedrigem und mittlerem Bildungsniveau. Vor allem hiermit werden die empirischen Befunde einer höheren allergischen Belastung unter Erwachsenen aus den oberen Sozialschichten gestützt.

Die Faktoren "allein erziehend" und "Verneinung des Schwangerschaftswunsches" sind erheblich häufiger in der Unterschicht, die Anteile nehmen mit zunehmendem Sozialstatus ab. Zudem hängen beide Faktoren recht stark miteinander zusammen, denn 39% der allein erziehenden Mütter geben an, die Schwangerschaft sei nicht erwünscht gewesen, gegenüber 7% der Mütter, die in Partnerschaft leben ($p<0,001$). In diesem Punkt korrespondiert die Verteilung dieser sozialen Faktoren mit der Sozialschichtverteilung des Wheezing bei den Kleinkindern (vgl. Tab. 2).

Die Betreuung des Kindes in der Krippe im 2. Lebenshalbjahr, die einen weiteren deutlichen Zusammenhang mit dem Wheezingrisiko aufweist (vgl. Tab. 3), zeigt allerdings eine widersprüchliche Verteilung. Denn die Tatsache dass vor allem in der Oberschicht das Kind häufiger bereits im 2. Lebenshalbjahr in der Krippe betreut wird (vgl. Tab. 4) widerspricht der höheren Prävalenz der allergischen Atemwegssymptome bei Kindern aus der Unterschicht. In den unteren sozialen Schichten müssen noch demzufolge andere Lebensbedingungen ausschlaggebend für die höhere Häufigkeit von Wheezing sein, die wichtiger sind als die Ansteckungsgefahr des Kindes in der Kinderkrippe.

Solche Faktoren können in der Exposition zu Tabakrauch, zu Innenraumschadstoffen oder zu Verkehrs- und Industrieabgasen bestehen. Wie Tabelle 4 zu entnehmen ist, variieren vor allem die Tabakexposition und die Verkehrsbelastung infolge regelmäßiger Staubildung vor dem Haus dahingehend, dass Kinder aus den Unterschichten einer höheren Umweltbelastung ausgesetzt sind. Lediglich tendenziell ist in der Unterschicht auch die Umweltbelastung durch die Nähe eines offenbar emittierenden Gewerbebetriebes höher. Diese drei Faktoren weisen zudem deutliche Bezüge zur Wheezingprävalenz bei den Kleinkindern auf. Die höhere Belastung mit allergischen Atemwegssymptomen bei Kindern aus den unteren sozialen Gruppen kann offenbar weitgehend durch diese Faktoren erklärt werden.

Schließlich wurde die Häufigkeit intensiver Renovierungsmaßnahmen auf Unterschiede in den verschiedenen sozialen Schichten hin untersucht. Hier findet sich allerdings keine nennenswerte Varianz. Allerdings konnte auch für die atopische Dermatitis – die deutliche Zusammenhänge mit der intensiven Renovierungstätigkeit aufwies – keine Varianz mit der Sozialschichtzugehörigkeit festgestellt werden. Der einzige Bezug zur Sozialschichtzugehörigkeit wurde hier für das Berufsbildungsniveau der Mutter gefunden. Aus diesem Grund wurde die Varianz des Renovierens zusätzlich bezüglich dieses selektiven

"Besser arm und gesund als reich und krank?"

Schichtindikators geprüft (Ergebnisse nicht gezeigt). Auch hier fanden sich keine signifikanten Zusammenhänge zwischen der intensiven Renovierung und dem Berufsstatus der Mutter.
Als Zwischenergebnis und weiterführende Untersuchungshypothese ist festzuhalten, dass die Faktoren, die in einem Zusammenhang mit den allergischen Reaktionen stehen, demnach möglicherweise als abhängige Variablen von der Sozialschichtzugehörigkeit begriffen werden könnten. Die Frage, ob die Erkrankungshäufigkeit in Abhängigkeit von den Sozialschichtindikatoren aber tatsächlich durch die herausgearbeiteten Einflussfaktoren erklärt werden kann, ist nur mit multivariaten Verfahren zu beantworten, bei denen sowohl die Sozialschichtindikatoren als auch die Einflussfaktoren auf ihre Zusammenhänge mit den allergischen Erkrankungen geprüft werden. Dies wird Gegenstand des folgenden Abschnittes sein. Als Methode wird dafür das Verfahren der logistischen Regression gewählt.

5.4 Soziale Schicht, Umwelteinflüsse und Allergiehäufigkeit
5.4.1 Wheezing

Zunächst wird geprüft, welche der nachgewiesenen Sozialschichtindikatoren den stärksten Einfluss auf das Wheezingrisiko haben. Dafür wurden die Schulbildung der Mutter, die Berufsbildung der Mutter und der Sozialstatus der Eltern (vgl. Tab. 2) parallel in ein Modell aufgenommen. Da diese Indikatoren stark miteinander korrelieren, konnte allerdings für keine der Einflussgrößen ein signifikanter Odd's-Ratio auf Wheezing gefunden werden. Um dennoch den Indikator auszuwählen, der am deutlichsten mit der Wheezingprävalenz assoziiert war, wurden anschließend alle in einzelnen Modellen geprüft. Dabei zeigte sich für jede dieser Variablen ein signifikanter Einfluss, allerdings war die Irrtumswahrscheinlichkeit p für den Odd's Ratio des Sozialstatus der Eltern mit $p=0,01$ geringer als für die anderen beiden Indikatoren mit jeweils $p=0,03$. Aus diesem Grund wurde entschieden, dass in allen weiteren Modellen der Sozialschichtindex den beiden selektiven Schichtindikatoren vorgezogen wird (vgl. Tab. 5, Modell I).
Für die Häufigkeit von Wheezing wurden neben den Sozialschichtvariablen verschiedene Zusammenhänge mit Variablen der physischen und sozialen Umwelt gefunden (vgl. Tab. 3). Neben der Verneinung des Schwangerschaftswunsches und der Lebensform allein erziehend, die beide auf soziale Rahmenbedingungen hinweisen, zeigten sich Einflüsse ungünstiger Umweltbedingungen durch Tabakexposition der Mutter in der Schwangerschaft, regelmäßige Staubbildung vor dem Haus und die Nähe eines emittierenden Gewerbebetriebes.

Demzufolge können Einflussfaktoren der sozialen Umwelt von Einflussgrößen der physischen Umwelt unterschieden werden. Die Betreuung des Kindes in der Krippe weist auf die erhöhte Ansteckungsgefahr hin und wird aus diesem Grund den Einflüssen der physischen Umwelt zugeordnet.

Um festzustellen, ob der Einfluss der Sozialschichtzugehörigkeit durch die Einflussgrößen der *sozialen Umwelt* erklärt werden kann, wurden in ein zweites Modell zum Sozialschichtindex die beiden Variabeln Schwangerschaftswunsch und Lebensform der Mutter aufgenommen (vgl. Tab. 5, Modell II). Der Zusammenhang mit einer niedrigen Sozialschichtzugehörigkeit bleibt in diesem Modell bestehen. Unabhängig von der Korrelation mit der Sozialschichtzugehörigkeit behält der Umstand, dass das Kind bei einer allein erziehenden Mutter aufwächst den Einfluss auf die Häufigkeit allergischer Atemwegssymptome. Die Verneinung des Schwangerschaftswunsches hingegen hat keinen unabhängigen Einfluss auf die Allergiesymptomatik mehr.

Inwiefern der Einfluss der Sozialschichtzugehörigkeit durch die Faktoren der *physischen Umwelt* erklärt werden kann, wurde in einem weiteren Modell geprüft, in dem die Nähe eines emittierenden Gewerbebetriebes, die Tabakexposition der Mutter, die regelmäßige Staubildung vor dem Haus und die Betreuung des Kindes in der Krippe parallel zum Sozialschichtindex geprüft wurden (vgl. Tab. 5, Modell III). Der Sozialstatus verliert in diesem Modell seinen Einfluss, ebenso wie die Tabakexposition und die regelmäßige Staubbildung vor dem Haus. Signifikant bleiben demgegenüber der Einfluss der zeitigen Betreuung des Kindes in der Krippe und die Umweltbelastung infolge eines emittierenden Gewerbebetriebes in der unmittelbaren Wohnumgebung.

Tabelle 5: Logistische Regression, Abhängige Variable: Wheezing

Einflussgrößen	Odd's Ratios und 95%-Konfidenzintervalle			
	Modell I	Modell II	Modell III	Modell IV
Konstante	0,5 *** [0,4-0,6]	0,3 *** [0,2-0,5]	0,3 *** [0,2-0,4]	0,3 *** [0,2-0,4]
Sozialstatus hoch/ sehr hoch	0,7 * [0,5-0,9]	0,7 * [0,5-1,0]	0,8 [0,5-1,2]	0,7 (*) [0,5-1,0]
Schwangerschaft nicht erwünscht	/	1,4 [0,8-2,4]	/	/
Mutter allein erziehend zur Geburt	/	1,9 * [1,1-3,2]	/	1,9 * [1,1-3,2]
Kind in der KiTa im 2. Lebenshalbjahr	/	/	2,8 *** [1,7-4,6]	2,8 *** [1,7-4,6]
Emittierender Betrieb in Wohnnähe	/	/	2,2 ** [1,2-3,8]	2,2 ** [1,3-3,8]
Rauchen der Mutter in der Schwangerschaft	/	/	1,3 [0,9-2,0]	/
Regelmäßig Staubildung vor dem Wohnhaus	/	/	1,2 [0,7-2,0]	/
p für das Modell	p<0,05	p<0,01	p<0,001	p<0,0001

[1] einschließlich Abschluss der 10. Klasse (POS bzw. Mittlere Reife)
(*) p≤0,1; * p<0,05; ** p<0,01; *** p<0,001

In einem letzten Modell wurden die Sozialschichtzugehörigkeit, die *soziale Umwelt* (Lebensform der Mutter) und die *physische Umwelt* (Betreuung des Kindes in der Krippe, Nähe eines emittierenden Gewerbebetriebes) parallel geprüft (vgl. Tab. 5, Modell IV). Die Ergebnisse zeigen, dass der Alleinerziehendenstatus der Mutter signifikant bleibt, ebenso wie die beiden Faktoren der physischen Umwelt. Die Sozialschichtzugehörigkeit hat in diesem Modell nur noch einen tendenziellen Einfluss. Nichtsdestotrotz ist dieser aber deutlich genug, um dem Sozialschichtindex im Vergleich mit den Variablen der sozialen und physischen Umwelt dennoch einen nicht zu unterschätzenden Stellenwert anzuerkennen.

Aus diesen verschiedenen Modellversuchen ist zu schlussfolgern, dass die Sozialschichtunterschiede der Wheezinghäufigkeit durch die Lebensform der Mutter, die Nähe eines emittierenden Betriebes und die Betreuung des Kindes in der Krippe annähernd erklärt werden. So korrespondiert die Häufigkeit von Wheezing bei den Kindern in der Unterschicht mit stärkeren Anteilen allein erziehender Frauen und der Nähe der Wohnung zu einem emittierenden Gewerbebetrieb. Allerdings ist der Einfluss der Sozialschichtzugehörigkeit im letzten Modell mit $p=0,1$ dennoch tendenziell sichtbar. Dies resultiert zum einen aus den Zusammenhängen zwischen sozialer Schicht und Partnerschaftsstatus und Nähe eines emittierenden Gewerbebetriebes. Zum anderen heißt das aber auch, dass es unabhängig von den hier erkannten Risikofaktoren für Wheezing noch weitere geben könnte, die in der unteren Sozialschicht häufiger zu finden sind.

Die Betreuung des Kindes in der Krippe kann hingegen nicht als Erklärung der höheren Wheezinghäufigkeit in den unteren sozialen Schichten gelten, weil sie in der Oberschicht häufiger ist.

5.4.2 Atopische Dermatitis

Für die Häufigkeit von Diagnosen atopischer Dermatitis in den ersten beiden Lebensjahren der Kinder konnten in den bivariaten Analysen gegenüber der Atemwegssymptomatik nur sehr wenige signifikante Zusammenhänge gefunden werden. Als einziger Sozialschichtindikator wies die berufliche Qualifikation der Mutter einen signifikanten Zusammenhang mit der Dermatitisprävalenz auf. Der einzige signifikante Einfluss der physischen Umwelt konnte für eine intensive Renovierung der Wohnung in der Schwangerschaft nachgewiesen werden. Daneben wurde ein starker Zusammenhang mit einer allergischen Belastung der Eltern gefunden, wohingegen in unseren Untersuchungen kein Einfluss der sozialen Umwelt auf die Häufigkeit atopischer Dermatitis festzustellen war.

Die Berufsbildung der Mutter wurde folglich als einziger Sozialschichtindikator für die multivariaten Analysen aufgenommen. Es zeigte sich erwartungsgemäß ein signifikanter Einfluss auf das Auftreten atopischer Dermatitis in den ersten beiden Lebensjahren (vgl. Tab. 6, Modell I). Es sei jedoch angemerkt, dass der Einfluss der beruflichen Qualifikation zwar signifikant, aber, wie an den Odd's Ratios zu sehen ist, nicht sonderlich deutlich ausfällt.

In ein zweites Modell wurde parallel zur beruflichen Qualifikation der Mutter die allergische Belastung der Eltern aufgenommen. Denn die genetische Prädisposition wurde als starker Risikofaktor für atopische Dermatitis bestätigt (vgl. Tab. 3). Mit dem zweiten Modell sollte festgestellt werden, ob die unterschiedliche Dermatitishäufigkeit bei den Kindern in Abhängigkeit von der beruflichen Qualifikation der Mutter möglicherweise Ausdruck der höheren

"Besser arm und gesund als reich und krank?"

Anteile von Eltern mit Allergien in den oberen Sozialschichten ist (vgl. Tab. 4). Allerdings hätte in diesem Fall auch die Sozialschichtzugehörigkeit und nicht die Berufsbildung der Mutter der relevante Schichtindikator sein müssen. Die Ergebnisse belegen folgerichtig, dass neben dem deutlichen Einfluss der Allergiebetroffenheit der Eltern die berufliche Qualifikation der Mutter eine signifikante Einflussgröße bleibt (vgl. Tab. 6, Modell II).

Tabelle 6: Logistische Regression, Abhängige Variable: Atopische Dermatitis

Einflussgrößen	Odd's Ratios und 95%-Konfidenzintervalle			
	Modell I	Modell II	Modell III	Modell IV
Konstante	0,2 ***	0,2 ***	0,2 ***	0,1 ***
	[0,1-0,3]	[0,1-0,2]	[0,1-0,2]	[0,1-0,2]
Hohe Berufsbildung der	1,6 *	1,5 *	1,6 *	1,6 *
Mutter [12]	[1,1-2,3]	[1,0-2,2]	[1,1-2,4]	[1,1-2,3]
Allergie der Eltern	/	1,6 *	/	1,7 **
		[1,1-2,4]		[1,1-2,5]
Intensives Renovieren in	/	/	1,7 *	1,6 *
der Schwangerschaft			[1,1-2,6]	[1,0-2,5]
p für das Modell	p<0,05	p<0,01	p<0,01	p<0,001

[1] einschließlich Abschluss der 10. Klasse (POS bzw. Mittlere Reife)
(*) p≤0,1; * p<0,05; ** p<0,01; *** p<0,001

In einem dritten Modell wurde lediglich der Einfluss der beiden externen Faktoren (die Berufsbildung der Mutter und die Renovierung der Wohnung) verglichen. Die allergische Belastung der Eltern wurde nicht mit aufgenommen. Es war allerdings zu erwarten, dass der Renovierungseinfluss den Einfluss der beruflichen Qualifikation der Mutter *nicht* mindert, da für Ersteren keinerlei Unterschiede in der Häufigkeit in Abhängigkeit von der Sozialschichtzugehörigkeit und der beruflichen Qualifikation der Mutter herausgefunden werden konnten (vgl. Tab. 4). In diesem Modell zeigten sich erwartungsgemäß beide Variablen als voneinander unabhängige und signifikante Einflussgrößen auf die Dermatitisprävalenz in den ersten beiden Lebensjahren (vgl. Tab. 6, Modell III).
   In einem letzten Modell wurden alle signifikanten Faktoren parallel geprüft. Bemerkenswert dabei ist, dass neben dem starken Faktor einer allergischen Belastung der Eltern sowohl die intensive Renovierung als auch das hohe

---

12 Fachschul-, Fachhochschul- oder Universitätsabschluss

berufliche Bildungsniveau der Mutter ihren Einfluss auf die Häufigkeit atopischer Dermatitis in den ersten beiden Lebensjahren behalten (vgl. Tab. 6, Modell IV).

Nach diesen Ergebnissen ist festzuhalten, dass neben dem starken Faktor der genetischen Prädisposition – die in den oberen sozialen Schichten erheblich höher ist als in den mittleren und unteren – sowohl der Umweltfaktor einer intensiven Renovierung – die auf eine erhöhte Konzentration an flüchtigen organischen Verbindung in der Innenraumluft hinweist – als auch der soziale Faktor einer hohen beruflichen Qualifikation der Mutter einen weitgehend voneinander unabhängigen Einfluss auf die Ausprägung von atopischer Dermatitis in den ersten beiden Lebensjahren zeigen. Im Vergleich zu den Symptomen allergischer Atemwegserkrankungen konnten so für die atopische Dermatitis zwar weniger Zusammenhänge mit Faktoren der sozialen und physischen Umwelt herausgearbeitet werden, allerdings behielten alle Faktoren in der multivariaten Analyse ihre Erklärungskraft.

6 Diskussion

Die vorliegende Studie hatte zum Ziel, den Zusammenhang, der vielfach für die Allergiehäufigkeit und die Sozialschichtzugehörigkeit gezeigt wird, anhand von Daten einer Leipziger Kinderkohortenstudie zu hinterfragen und durch Einbeziehung von Faktoren der physischen und sozialen Umwelt weitgehend zu erklären. Damit sollte vor allem ein Beitrag zum besseren Verständnis der Interaktion von Sozialschicht und Allergieentstehung geleistet werden.

Dabei zeigten sich jedoch Besonderheiten, die unsere Untersuchung von bisherigen empirischen Studien abheben. Insbesondere betrifft dies die Feststellung, dass die Häufigkeit von Diagnosen atopischer Dermatitis bei Kindern in den ersten beiden Lebensjahren nicht mit der Zugehörigkeit zu sozialen Schichten variiert. Des Weiteren konnte auch kein Einfluss des Äquivalenz-Haushaltsnettoeinkommens nachgewiesen werden. Dies lässt den Schluss zu, dass atopische Dermatitis nicht als Krankheit gewertet werden kann, die einen Bezug zu klassischen Formen der sozialen Ungleichheit aufweist. Vielmehr ist sie durch Lebensbedingungen charakterisierbar, die zwar mit spezifischen Sozialschichtmerkmalen einhergehen, aber nicht unbedingt als vertikale Ungleichheiten zu werten sind. So ist im Hinblick auf die Entstehung von atopischer Dermatitis möglicherweise gänzlich von der Vorstellung sozialer Schichtung abzurücken und demgegenüber das Augenmerk auf horizontale soziale Differenzierungen der Lebenslage zu lenken. Das berufliche Bildungsniveau der Mutter könnte für solche Differenzierungen ein Indikator sein, der allerdings durch "lebensnähere" Indikatoren ergänzt werden muss. Dafür spricht auch das Ergebnis, dass hinsichtlich der Verbreitung von atopischer Dermatitis das *Berufsbildungsniveau* der Mutter in einem deutlicheren Zusammenhang mit der Allergiehäufigkeit steht als deren *Schulbildungsniveau* – also, dass *aktuelle* Bedingungen höhere Relevanz haben, als erworbene, *nicht veränderbare*.

Des Weiteren wurde nachgewiesen, dass für diagnostizierte Hautallergien und allergische Atemwegssymptome unterschiedliche Zusammenhänge sowohl mit Sozialschichtmerkmalen als auch mit Einflussfaktoren der physischen und sozialen Umwelt maßgeblich sind. Für keine der untersuchten unabhängigen Variablen konnte ein Einfluss auf beide Erkrankungsformen gezeigt werden (vgl. Tab. *3*). Dies legt die Schlussfolgerung nahe, dass atopische Dermatitis als Allergie der Haut und Wheezing als Symptom einer allergischen Reaktion der Atemwege in der frühen Kindheit nicht nur durch unterschiedliche Umweltbedingungen ausgelöst bzw. verstärkt werden, sondern schwerpunktmäßig auch in unterschiedlichen sozialen Gruppen auftreten.

Die Wheezingprävalenz weist Merkmale typischer Erkrankungsformen der Unterschicht auf. Denn mit einer Ausnahme sind die nachgewiesenen Faktoren der physischen Umwelt charakteristisch für die Lebensbedingungen sozial deprivierter Bevölkerungsgruppen. So ist die Belastung mit gesundheitsschädlichen Umweltbelastungen in der Regel in den Unterschichten höher als in den oberen sozialen Schichten (vgl. z.B. Maschewsky, 2001; Bolte et al., 2004). Eine Ausnahme ist der starke Einfluss auf die Wheezingprävalenz, der für die Betreuung des Kindes in der Kindertagesstätte im zweiten Lebenshalbjahr gezeigt werden konnte. Dass dies häufiger von Müttern aus den oberen sozialen Schichten angegeben wird widerspricht aber der häufigeren Ausprägung von Wheezing bei Kindern aus unteren sozialen Schichten. Zudem konnte im multivariaten Modell sogar ein weniger starker Einfluss für die *Sozialschichtzugehörigkeit* als für die *Betreuung in der Krippe* nachgewiesen werden. Allerdings handelt es sich bei ersterer lediglich um einen Indikator, bei letzterer aber fast schon um einen Kausalfaktor. So ist gleichwohl anzunehmen, dass für die Prognose der allergischen Atemwegssymptomatik im weiteren Lebenslauf der betroffenen Kinder die Sozialschichtzugehörigkeit zunehmend an Bedeutung gewinnt, weil sie – wie gezeigt werden konnte (vgl. Tab. 4) – offenbar mit relevanten Lebensbedingungen der Allergieentstehung korreliert. Der hohe Einfluss der Kinderkrippe charakterisiert vor diesem Hintergrund die erwartungsgemäß höhere Bedeutung des unmittelbaren Lebensumfeldes in der frühen Kindheit im Vergleich zu den sozialen Parametern der Eltern.

Demgegenüber ist atopische Dermatitis eine Allergieform, die zwar tendenziell häufiger in den oberen Sozialschichten vorkommt, für die aber dennoch eine Einordnung in "oben" und "unten" weniger angemessen scheint.

Denn der einzige Risikofaktor, der neben dem Berufsbildungsniveau und der genetischen Vorbelastung für atopische Dermatitis bei den Kleinkindern gefunden wurde, ist die intensive Renovierung der Wohnung in der Schwangerschaft. Dieser Faktor weist keinen Bezug zur Sozialschichtzugehörigkeit auf. Vielmehr gibt es Hinweise dafür, dass bei einer Renovierung der Wohnung in Abhängigkeit von Merkmalen der *Lebenslage* schwerpunktmäßige Tätigkeiten variieren (vgl. Elvers et al., 2004). So ist es insbesondere für Familien, die ihr erstes Kind bekommen und infolgedessen eine neue Wohnung beziehen typisch, dass vor allem Wände und Tapeten gestrichen werden. In finanziell besser gestellten Familien mit älteren Eltern, die bereits mindestens ein weiteres Kind haben, wird dahingehend der Schwerpunkt auf eine neue Möblierung gelegt, wobei die weniger gut gebildeten Eltern Spanplattenmöbel bevorzugen und die besser gebildeten Eltern Vollholzmöbel präferieren (ebd.). Infolge dieser unterschiedlichen Schwerpunktsetzungen kann nachfolgend auch das Schadstoffspektrum und demzufolge das Risiko einer allergischen Reaktion bei den Kindern variieren. Diese Ergebnisse liefern jedoch vor allem Anhaltspunkte dafür, dass Erkrankungen des allergischen Formenkreises nicht mehr mit dem klassischen Schichtansatz zu begreifen sind und einen soziologisch wie umweltmedizinisch differenzierten Risikofaktorenansatz erfordern.

Zusammenfassend ist festzuhalten, dass in unserer Arbeit zwar sowohl Hinweise auf vertikale soziale Ungleichheit gefunden wurden, zugleich aber auch mögliche Zusammenhänge mit einer horizontalen Differenzierung der Lebensweise aufgezeigt werden konnten. Diese Resultate sind künftig weiter zu vertiefen – sowohl soziologisch als auch umweltmedizinisch. Vor allem ist zu schauen, inwiefern sich die Tendenzen, die wir aufzeigen konnten, in der späteren Kindheit manifestieren. Der Bundesverband der Kinder- und Jugendärzte Deutschlands (BVKJ) beispielsweise sieht enorme Risiken auf finanziell schwache Familien zukommen, die seit dem 1.04.2004 die nicht mehr verschreibungspflichtigen Allergiepräparate künftig aus eigener Tasche zahlen müssen[13].

7 Ausblick

Die in dieser Arbeit untersuchte Interaktion von Sozialschicht, Faktoren der Lebenslage und umweltmedizinischen Risikofaktoren der Allergieentstehung

---

13 So eine Mitteilung auf der Internetseite des BVKJ.
URL:http://www.kinderaerzteimnetz.de/bvkj/aktuelles1/show.php3?id=1148&nodeid=26;
Letzter Zugriff: 27. 07. 2004

hatte vor allem den Einfluss der Exposition zu Umweltschadstoffen – bzw. im Fall der Betreuung in der Kinderkrippe auch die Exposition zu Krankheitserregern – zum Gegenstand. Ausgeklammert blieben hierbei zwei Erklärungsrichtungen der sozial selektiven Allergiehäufigkeit, für die in bisherigen Untersuchungen bereits einige Evidenz gefunden werden konnte und die den Einfluss möglicher *psychosozialer Risikofaktoren* betonen. In einigen Arbeiten wird deshalb vorgeschlagen, auch diese Aspekte stärker zu berücksichtigen und in ihren Wirkungen genau zu untersuchen (so Lynch et al., 2000).

Einer dieser Erklärungsansätze betrifft die Symptomaufmerksamkeit. Eine kürzlich publizierte qualitative Studie thematisiert Wahrnehmungen und Einschätzungen allergischer Symptome bei den Kindern durch deren Eltern (Lauritzen, 2004). Die Autorin weist dabei drei Wahrnehmungsmuster nach, die von Unwissenheit (*"I do not know what this can be."*) über Ungläubigkeit (*"I do not believe that he/she has an allergy."*) bis hin zu absoluter Sicherheit reicht, dass es sich hierbei um eine Allergie handeln müsse (*"I'm sure it is allergy"*). Uns ist bislang noch keine Studie bekannt, die in Abhängigkeit von derartigen Wahrnehmungen der Eltern verschiedene Stufen des *"Erkennens"* einer Allergie bei Kindern untersucht – vom Aufsuchen des Arztes bis hin zur Diagnose einer Allergie durch einen Facharzt.

Es ist aber nachgewiesen, dass z.B. das Vorsorgeverhalten von Eltern mit niedrigem sozioökonomischem Status in Bezug auf die Früherkennungsuntersuchungen im frühen Kindesalter schlechter ist (Mersmann/Warrlich, 1998). Das heißt zugleich, dass sozial selektive individuelle Gesundheitskonzepte der Eltern den Gesundheitszustand der Kinder maßgeblich beeinflussen (Pott/Lehmann, 2002). Auf Allergien bezogen bedeutet dies, dass unabhängig davon, ob das Kind nun tatsächlich eine Allergie hat oder nicht, sozial selektive Gesundheitskonzepte und -wahrnehmungen der Eltern darin resultieren können, dass bei dem einen Kind eine Allergie festgestellt wird, bei dem anderen aber nicht.[14] Auch der Berufsverband der Kinder- und Jugendärzte Deutschlands (BVKJ) geht davon aus, dass allergische Symptome bei großen Teilen der Bevölkerung unterschätzt würden (vgl. Fn. 13). Die hohe Allergiebelastung könnte demnach, sofern sie auf Angaben über Arztdiagnosen beruht, in Wirklichkeit weit höher sein, als angenommen.

---

14 Dieses konkrete Beispiel würde eine Unterschätzung der Allergiehäufigkeit in bestimmten Bevölkerungsgruppen implizieren, insoweit ggf. allergische Symptome nicht als solche erkannt werden. Gleichwohl ist m. E. aber auch das Gegenteil vorstellbar – eine Überschätzung der Allergiehäufigkeit in anderen Bevölkerungsgruppen, die daraus resultieren könnte, dass (eine generelle Zunahme an potenziellen Allergenen und Expositionsszenarien [Kontaktmöglichkeiten zu diesen Allergenen] vorausgesetzt) bei ausreichend "intensiver" Suche heute bei fast jedem Menschen potenziell eine allergische Reaktion festgestellt werden könnte.

Des Weiteren sind *psychosoziale* Erklärungsansätze der unterschiedlichen Allergiehäufigkeit in Abhängigkeit von der Sozialschichtzugehörigkeit vorstellbar, die sozioökonomische Unterschiede in der Betroffenheit mit Stress in den Familien zum Gegenstand haben. Stress kann zum einen als abhängige Variable gesehen werden. So zeigen Eltern von Kindern mit allergischem Ekzem in Abhängigkeit von der Pflegebedürftigkeit des Kindes zum Teil sehr ausgeprägte Stresserfahrungen – als Folge von regelmäßigen Schlafstörungen bis hin zu teilweiser oder vollständiger Berufsunfähigkeit (vgl. Lapidus, 2001). Allergische Erkrankungen können aber gleichwohl auch durch Stress ausgelöst werden (Wright/Rodriguez/Cohen, 1998; Eberlein-König et al., 2002) bzw. es können enge Zusammenhänge zwischen dem aktuellen Zustand von Patienten mit allergischen Ekzemen und psychosozialem Stress nachgewiesen werden (Buske-Kirschbaum/Geiben/Hellhammer, 2001). Stress ist positiv mit der Häufigkeit von Gesundheitsproblemen assoziiert und in den untersten sozioökonomischen Gruppen sind belastende Lebensereignisse deutlich häufiger als in den obersten Gruppen (Hypothese der differentiellen Exposition) (Stronks et al., 1998; Kristensen et al., 2004). Abgesehen davon, dass diese Ergebnisse aus Querschnittstudien stammen und insofern Ursache und Wirkung nicht eindeutig erkennbar sind, beziehen sie sich auch auf den Zusammenhang von Stress und Krankheit bei *denselben* Personen. Die Allergieentstehung bzw. Manifestation einer Allergie bei einem sensibilisierten Kind auf Stress der Eltern zurückzuführen ist ein weit komplexeres Unterfangen. Nicht zuletzt deshalb sind künftig Vertiefungen des Stressansatzes im Hinblick auf die Allergieentstehung angezeigt.

Alle Faktoren der Allergieentstehung, die wir für die frühe Kindheit aufzeigen konnten, haben durch ihre direkte Beeinflussung der Erkrankungshäufigkeit natürlich auch Bezüge zum Gesundheitszustand der Kinder in der Zukunft. Allerdings sind allein vor der Perspektive sich ändernder Raumbezüge im Lebensverlauf sowohl der betroffenen als auch (noch) nicht betroffenen Kinder neue soziale und physische Umweltbedingungen für die Entstehung und Ausprägung allergischer Erkrankungen zu erwarten. Diesbezüglich ist viel Platz für soziologische Anschlussfragen und künftige Einblicke in die Spezifik von Lebenslagen, die Einflüsse auf bestimmte Krankheitsbilder haben.

Um diese Fragen zu beantworten, müssen sich die Sozialepidemiologie und ihre begleitenden Disziplinen allerdings von dem Gedanken verabschieden, die Häufigkeit von Allergien lediglich mit dem Sozialschichtansatz erklären zu können und demzufolge auch lediglich in sozialen Schichten die Zielgruppen für Allergieprävention zu sehen. Die Problematik der Allergieentstehung ist komplex und erfordert ein spezielles, auf das jeweilige Krankheitsbild und die betroffene Bevölkerungsgruppe bezogenes Herangehen. Von Generalisierung zu

Spezifizierung – so könnte demnach die Hauptaussage lauten, die aus unserer Arbeit abgeleitet werden kann.

Literatur

Anderson Ross H, Ruggles Ruth, Strachan David P, Austin Jane B, Burr Michael, Jeffs David, Standring Peter, Steriu Andrea, Goulding Rosie. Trends in prevalence of symptoms of asthma, hay fever, and eczema in 12-14 year olds in the British Isles, 1995-2002: questionnaire survey. BMJ 2004; 328: 1052-1053.

Antonovsky Aaron. Social class, life expectancy, and overall mortality. Milbank Memorial Fund Quarterly 1967; 45: 37-73.

Bailis Daniel S, Segall Alexander, Mahon Michael J, Chipperfield Judith G, Dunn Elaine M. Perceived control in relation to socioeconomic and behavioural resources for health. Soc Sci Med 2001; 53: 1661-1676.

Bergmann Renate L, Edenharter Günther, Bergmann Karl E, Lau Susanne, Wahn Ulrich. Socioeconomic status is a risk factor for allergy in parents but not in their children. Clin Exp Allergy 2000; 30: 1740-1745.

Black Douglas, Davidson Nick (eds.). Inequalities in health: The Black Report. 2nd ed., Harmondsworth: Penguin Books 1992.

BMG/BMU – Bundesministerium für Gesundheit, Bundesministerium für Umwelt, Naturschutz und Reaktorsicherheit (Hrsg.). Aktionsprogramm Umwelt und Gesundheit. Kurzfassung. Bonn: o.V. 1999.

Bolte Gabriele, Elvers Horst D, Schaaf Beate, von Berg Andrea, Borte Michael, Heinrich Joachim. Soziale Ungleichheit bei der Belastung mit verkehrsabhängigen Luftschadstoffen. Bolte Gabriele, Mielck Andreas (Hrsg.). Umweltbelastungen und Soziale Ungleichheit: Diskussionsstand und erste Ergebnisse zur Umweltgerechtigkeit. Weinheim: Juventa 2004.

Borte Michael, Schulz Rita, Lehmann Irina, Diez Ulrike, Heinrich Joachim, Schoetzau Angela, Bolte Gabriele, Wichmann Heinz E. Influence of lifestyle and behaviour on the development of the immune system and allergic diseases. Public Health research and practice: Report of the public health research association Saxony 2001; 3: 59-77.

Buske-Kirschbaum Angelika, Geiben Andrea C, Hellhammer Dirk H. Psychobiological aspects of atopic dermatitis: an overview. Psychother Psychosom 2001; 70: 6-16.

Butland Barbara K, Strachan David P, Lewis Sarah, Bynner John, Butler Neville, Britton John. Investigations into the increase in hay fever and eczema at age 16 observed between the 1958 and 1970 in two British Birth Cohorts. Br Med J 1997; 315: 717-721.

Burr Michael L. Epidemiology of asthma. Burr Michael L (ed.). Epidemiology of Clinical Allergy. Basel: Karger 1993: 80-102.

Cook Derek G, Strachan David P. Parental smoking and prevalence of respiratory symptoms and asthma in school age children. Thorax 1997; 52: 1081-1094.

Cunningham John, Dockery Douglas W, Speizer Frank. Race, asthma, and persistent wheeze in Philadelphia schoolchildren. Am J Public Health 1996; 86: 1406-1409.

Diepgen Thomas L. Atopic dermatitis: The role of environmental and social factors: The European experience. J Am Acad Dermatol 2001; 45: S44-S48.

Diez Ulrike, Kroeßner Tobias, Rehwagen Martina, Richter Matthias, Wetzig Heide et al. Effects of indoor painting and smoking on airway symptoms in atopy risk children in the first year of life: Results of the LARS-Study. Int J Hyg Environ Health 2000; 203: 23-28.

Duran-Tauleria Enric, Rona Roberto J. Geographical and socioeconomic variation in the prevalence of asthma symptoms in english and scottish children. Thorax 1999; 54: 476-481.

Eberlein-König Bernadette, Przybilla Bernhard, Kühnl Peter, Golling Gabriele, Gebefügi Istvan, Ring Johannes. Multiple chemical sensitivity (MCS) and others: allergological, environmental and psychological investigations in individuals with indoor air related complaints. Int J Hyg Environ Health 2002; 205: 213-220.

Elvers Horst D, Bolte Gabriele, Borte Michael, Diez Ulrike, Kabisch S, Wichmann Heinz E, Herbarth Olf. Einflüsse der Sozialen Lage auf die Wohnumwelt von Neugeborenen. Ergebnisse einer epidemiologischen Studie zu Renovierungsaktivitäten im Innenraum. Bolte Gabriele, Mielck Andreas (Hrsg.). Umweltbelastungen und Soziale Ungleichheit: Diskussionsstand und erste Ergebnisse zur Umweltgerechtigkeit. Weinheim: Juventa 2004.

Ernst Pierre, Demissie Kitaw, Joseph Lawrence, Locher Uli, Becklake Margaret R. Socioeconomic status and indicators of asthma in children. Am J Resp Crit Care Med 1995; 152: 570-75.

Etzel Ruth A. Indoor air pollutants in homes and schools. Pediatr Clin North Am 2001; 48: 1153-1164.

Garcia-Marcos Luis, Guillen Joan J, Dinwiddie Robert, Guillen Albert, Barbero Pablo. The relative importance of socioeconomic status, parental smoking, and air pollution (SO_2) on asthma symptoms, spirometric and bronchodilator response in 11-year-old children. Pediatric Allergy Immunol 1999; 10: 96-100.

Gergen Peter J, Mullally David I, Evans Richard. National survey of prevalence of asthma among children in the United States, 1976 to 1980. Pediatrics 1988; 81: 1-7.

Gergen Peter J, Fowler Jean A, Maurer Kurt R, Davis William W, Overpeck Mary D. The burden of environmental tobacco smoke exposure on the respiratory health of children 2 months through 5 years of age in the United States. Pediatrics 1998; 101: e8.

Goodman Elisabeth. The role of socioeconomic status gradients in explaining differences in US Adolescents Health. Am J Public Health 1999; 89: 1522-8.

Harris Jessica M, Cullinan Paul, Williams Hywel C, Mills Peter, Moffat Steve, White Colin, Newman Taylor Alistair J. Environmental associations with eczema in early life. Br J Dermatol 2001; 144: 795-802.

Heinrich Joachim, Mielck Andreas, Schäfer Ines, Mey Wolfgang. Soziale Ungleichheit und umweltbedingte Erkrankungen in Deutschland: Empirische Ergebnisse und Handlungsansätze. Landsberg: ecomed 1998.

Herbarth Olf, Fritz Gisela, Diez Ulrike, Rehwagen Martina, Borte Michael et al. Effect of Volatile Organic Compounds In- and Outdoors on Allergies. Brebbia Carlos A,

Ratto Corrado F, Power Henry (eds.). Air Pollution IV – 6th International Conference on Air Pollution. Southampton: WIT-Press 1998: 619-629.

Herbarth Olf. Allergien im Kindesalter. Epidemiologische Studien zum Zusammenhang zwischen lufthygienischen Belastungen und allergischen Erkrankungen. Bundesgesundheitsbl Gesundheitsforsch Gesundheitsschutz 2003; 46: 732-738.

Hermann-Kunz Edelgard. Häufigkeit allergischer Erkrankungen in Ost- und Westdeutschland. Gesundheitswesen 1999; 61: S100-S105.

Hradil Stefan. Lebenssituation, Umwelt und Gesundheit. Materialien zur Bevölkerungswissenschaft. Wiesbaden: Bundesinstitut für Bevölkerungsforschung 1997.

Illi Sabina, v Mutius Erika, Lau Susanne, Bergmann Renate, Niggemann Bodo, Sommerfeld Christine, Wahn Ulrich, and the MAS Group. Early childhood infectious diseases and the development of asthma up to school age: a birth cohort study. Br Med J 2001; 322: 390-395.

Jöckel Karl H, Babitsch Birgit, Bellach Bärbel M, Bloomfield Kim, Hoffmeyer-Zlotnik Jürgen, Winkler Joachim. Empfehlungen der Arbeitsgruppe "Epidemiologische Methoden" in der Deutschen Arbeitsgemeinschaft Epidemiologie der Gesellschaft für Medizinische Informatik, Biometrie und Epidemiologie (GMDS), und der Deutschen Gesellschaft für Sozialmedizin und Prävention (DGSMP) zur Messung soziodemographischer Merkmale in epidemiologischen Studien. Ahrens Wolfgang, Bellach Bärbel M, Jöckel Karl H (Hrsg.). Messung soziodemographischer Merkmale in der Epidemiologie. München: MMV-Verlag 1998: 7-38.

Joseph Christine LM, Ownby Dennis R, Peterson Edward L, Johnson Christine C. Racial differences in physiologic parameters related to asthma among middle-class children. Chest 2000; 117: 1336-44.

Kay Jeremy, Gawkrodger David J, Mortimer Michael J, Jaron Andrew J. The prevalence of childhood atopic Eczema in a general population. J Am Acad Dermatol 1993; 30: 35-39.

Knopf Hiltraut, Ellert Ute, Melchert Hans U. Sozialschicht und Gesundheit. Gesundheitswesen 1999; 61 (Sonderheft 2): S169-S177.

Kristenson Margareta, Eriksen Helge R, Sluiter Judith K, Starke Dorith, Ursin Holger. Psychobiological mechanisms of scioeconomic differences in health. Soc Sci Med 2004; 58: 1511-1522.

Kunst Anton E, Groenhof Feikje, Mackenbach Johan P and the EU working group on socioeconomic inequalities in health. Occupational class and cause specific mortality in middle aged men in 11 European countries: comparison of population based studies. Br Med J 1998; 316: 1636-1641.

Landrigan Philip J, Carlson Joy E, Bearer Cynthia F, Spyker Cranmer Joan, Bullard R et al. Gesundheit von Kindern und Umwelt: Eine neue Agenda für präventive Forschung. Medizin Umwelt Gesellschaft 1994; 12: 105-115.

Lapidus Candace S. Role of social factors in atopic dermatitis: The US perspective. J Am Acad Dermatol 2001; 45: S41-S43.

Laubach Wilfried, Schumacher Jörg, Mundt Andreas, Brähler Elmar. Sozialschicht, Lebenszufriedenheit und Gesundheitseinschätzung. Ergebnisse einer repräsentativen Untersuchung der deutschen Bevölkerung. Soz Präventivmed 2000; 45: 2-12.

Litonjua Augusto, Carey Vincent J, Weiss Scott T, Gold Diane R. Race, Socioeconomic factors, and area of residence are associated with asthma prevalence. Pediatr Pulmonol 1999; 28: 394-401.

Lux Andrew L, Henderson John A, Pocock Stuart J, and the ALSPAC Study Team. Wheeze associated with prenatal tobacco smoke exposure: a prospective, longitudinal study. Arch Diss Child 2000; 83: 307-312.

Lynch John W, Smith George D, Kaplan George A, House James S. Income inequality and mortality: importance to health of individual income, psychosocial environment, or material conditions. Br Med J 2000; 320: 1200-1204.

Malveaux Floyd J, Fletcher-Vincent Sheryl A. Environmental risk factors of childhood asthma in urban centers. Environ Health Perspect 1995; 103 (suppl 6): 59-62.

Maschewsky Werner. Umweltgerechtigkeit, Public Health und soziale Stadt. Frankfurt/M.: VAS 2001.

Martinez Filippe D, Cline Mary, Burrows Betty. Increased incidence of asthma in children of smoking mothers. Pediatrics 1992; 89: 21-26.

McNally Nick J, Phillips David R, Williams Hywel C. The problem of atopic eczema: aetiological clues from the environment and lifestyles. Soc Sci Med 1998; 6: 729-742.

Mersmann Heinrich, Warrlich Ralph. Ergänzende Hilfen für die Gesundheit von Kindern in sozial benachteiligten Stadtteilen am Beispiel der Stadt Köln. Gesundheitswesen 1998; 60: 638-643.

Mielck Andreas (Hrsg.). Krankheit und soziale Ungleichheit: Ergebnisse der sozialepidemiologischen Forschung in Deutschland. Opladen: Leske+Budrich 1994.

Mielck Andreas. Soziale Ungleichheit und Gesundheit. Empirische Ergebnisse, Erklärungsansätze, Interventionsmöglichkeiten. Bern: Huber 2000.

Mielck Andreas, Reitmeir Peter, Wjst Matthias. Severity of Childhood Asthma by Socioeconomic Status. Int J Epidemiol 1996; 25: 388-393.

Mielck Andreas, Heinrich Joachim. Soziale Ungleichheit und die Verteilung umweltbezogener Expositionen. Gesundheitswesen 2002; 64: 405-416.

Miller Jennifer E. Predictors of Asthma in Young Children. Does Reporting Source affect our Conclusions? Am J Epidemiol 2001; 154: 245-250.

Mitchell Ed A, Stewart Alistair W, Pattemore Philip K, Asher Martin, Harrison AC, Rea Howard H. Socioeconomic status in childhood asthma. Int J Epidemiol 1989; 18: 888-890.

Molhave Lars. Volatile Organic Compounds as Indoor Air Pollutants. Gammage Richard B (ed.). Indoor Air and Human Health: Proceedings of the 7th Life Sciences Symposium. Chelsea MI: Lewis 1985: 403-414.

Norbäck Dan, Björnsson Eythór, Janson Jan C, Widström Jens, Boman Gunnar. Asthmatic symptoms and volatile organic compounds, formaldehyde, and carbon dioxide in dwellings. Occup Environ Med 1995; 52: 388-395.

Nowak Dennis, Heinrich Joachim, Jörres R, Wassmer Gernot, Berger J, Beck E, Boczor S, Claussen M, Wichmann HE, Magnussen H. Prevalence of respiratory symptoms, bronchial hyperresponsiveness and atopy among adults: West and East Germany. Eur Respir J 1996; 9: 2541-2552.

Montgomery Laura E, Kiely John, Pappas Greg. The effects of poverty, race, and family structure on U.S. children's health: data from the NHIS, 1978 through 1980 and 1989 through 1991. Am J Public Health 1996; 86: 1401-1405.

Oppl Reinhard, Höder Burkahard, Lange Andreas. Innenraumluft und TVOC: Messung, Referenz- und Zielwerte, Bewertung. Bundesgesundheitsbl – Gesundheitsforsch – Gesundheitsschutz 2000; 43: 513-518.

Pott Elisabeth, Lehmann Frank. Interventionen zur Gesundheitsförderung bei Kindern und Jugendlichen aus sozial benachteiligten Gruppen. Bundesgesundheitsbl Gesundheitsforsch Gesundheitsschutz 2002; 45: 976-983.

Shaheen Seif, Sterne Jonathan, Montgomery Scott, Azima Hossain. Birth Weight, Body Mass Index, and Asthma in Young Adults. Thorax 1999; 54: 396-402.

Sibbald Bonnie. Epidemiology of Allergic Rhinitis. Burr Michael L (ed.). Epidemiology of Clinical Allergy. Basel: Karger 1993: 61-79.

Squillace Susan P, Sporik Richard P, Rakes Gary et al. Sensitization to Dust Mites as a dominant Risk Factor for Asthma among Adolescents living in Central Virginia. Am J Respir Crit Care Med 1997; 156: 1760-4.

SRU – Der Rat von Sachverständigen für Umweltfragen (Hrsg.). Umwelt und Gesundheit. Risiken richtig einschätzen. Sondergutachten. Wiesbaden: SRU 1999.

Statistisches Bundesamt (Hrsg.). Gesundheitsbericht für Deutschland: Ergebnis eines Forschungsvorhabens; Gesundheitsberichterstattung des Bundes. Stuttgart: Metzler+Poeschel 1998.

Strachan David P. Hay fever, hygiene, and household size. Br Med J 1989; 299: 1259-1260.

Strachan David P, Butland Barbara K, Anderson Ross H. Incidence and Prognosis of Asthma and Wheezing Illness from early Childhood to Age 33 in a National British Cohort. Br Med J 1996; 312: 1195-1199.

Stronks Karien, van de Mheen Horben, Looman Caspar WN, Mackenbach Johann P. The importance of psychosocial stressors for socio-economic inequalities in perceived health. Sc Sci Med 1998; 46: 611-623.

TAB – Büro für Technikfolgenabschätzung beim Deutschen Bundestag (Hrsg.). TA-Projekt "Umwelt und Gesundheit". Endbericht. Berlin: TAB 1999.

Taylor Brent, Wadsworth Jane, Wadsworth Michael, Peckham Catherine. Changes in the reported prevalence of childhood eczema since the 1939-45 war. The Lancet 1984; 2: 1255-1257.

Thestrup-Pedersen Kristian. Environmental factors and atopic dermatitis. How could they influence disease expression? ACI International 2002; 14: 165-169.

Umweltbundesamt (Hrsg.). Leitfaden für die Innenraumlufthygiene in Schulgebäuden. Berlin: Umweltbundesamt 2000.

vMutius Erika, Martinez Fernando D, Fritzsch Christian, Nicolai Thomas, Roell Gabriele, Thiemann Hans H. Prevalence of atopy in two areas of West and East Germany. Am J Respir Crit Care Med 1994; 149: 358-364.

vMutius Erika. Epidemiologie allergischer Erkrankungen bei Kindern. Wahn Ulrich, Armaleo Claudio (Hrsg.). Pädiatrische Allergologie und Immunologie in Klinik und Praxis. 3. Aufl., München: Urban und Fischer 1999: 159-172.

Wright Rosalind J, Rodriguez Mario, Cohen Sheldon. Review of psychosocial stress and asthma: an integrated biopsychosocial approach. Thorax 1998; 53: 1066-1074.

Weiss Kyle B, Gergen Peter J, Wagener Dan K, Breathing better or wheezing worse? The changing epidemiology of asthma morbidity and mortality. Ann Rev Publ Health 1993; 14: 491-573.

Wieslander Gudrun, Norbäck Dan, Björnsson Eythór, Janson Jan C, Boman Gunnar. Asthma and the indoor environment: The significance of emission of formaldehyde and volatile organic compounds from newly painted indoor surfaces. Int Arch Occup Environ Health 1997; 69: 115-124.

Williams Hywel C, Strachan David P, Hay Rod J. Childhood eczema: disease of the advantaged? Br Med J 1994; 308: 1132-1135.

Whitehead Margaret.. The Health Divide. Townsend Peter, Whitehead Margaret, Davidson Nick (eds.). Inequalities in Health. 2nd ed., Harmondsworth: Penguin Books; 1992: 219-400.

Wolkoff Peder. How to Measure and Evaluate Volatile Organic Compound Emissions from Building Products. A Perspective. Sci Total Environ 1999; *227:* 197-213.

Geschlecht, Lebensstile und Ernährung

Jürgen Gerhards, Jörg Rössel, Claudia Beckert-Zieglschmid, Janet Bennat

1 Einleitung

Wenn es um Gesundheit geht – und insbesondere um die von Kindern und Jugendlichen – spielt die Ernährung eine zentrale Rolle. Neben Bewegungsmangel gehört eine falsche Ernährung heute bei vielen Jugendlichen zu den wesentlichen Ursachen für Gesundheitsstörungen, die häufig die Weichen für ernsthafte Erkrankungen im Erwachsenenalter stellen. Die Forschung hat gezeigt, dass es eine Vielzahl an Faktoren gibt, die das Ernährungsverhalten von Jugendlichen beeinflussen. Neben genetischen Dispositionen sind es vor allem sozial vermittelte Faktoren, die darüber entscheiden, in welchem Maße sich Jugendliche gesund ernähren. Neben dem Ernährungswissen, dem besuchten Schultypus, der Schicht- und Klassenzugehörigkeit und den praktizierten Lebensstilen, ist es das Geschlecht einer Person, das einen Einfluss auf das Ernährungsverhalten hat.[1] Monika Setzwein (2002) hat die empirischen Befunde jüngst zusammengefasst:

> „Sie (die Frauen) konsumieren häufiger und mehr frisches Obst und Gemüse, Milchprodukte wie Quark und Joghurt, greifen häufiger zu Vollwertwaren und leben zu einem größeren Teil vegetarisch. Männer zeigen dagegen höhere Verzehrswerte bei energiereichen Speisen und nehmen deutlich häufiger und in größeren Mengen Fleisch, vor allem rotes Fleisch, sowie alkoholische Getränke zu sich".

Während die deskriptiven Befunde über geschlechtsspezifische Unterschiede in der Ernährungsweise als relativ gesichert gelten können, scheinen die Ursachen für die gefundenen Differenzen und der Zusammenhang zwischen Geschlecht und anderen Faktoren, die das Ernährungsverhalten beeinflussen, noch relativ ungeklärt zu sein. Das zentrale Ziel unserer Analyse ist es zu erklären, warum sich Mädchen meist gesünder ernähren als Jungen und wie das Verhältnis zwischen Geschlecht und anderen Faktoren, die das Ernährungsverhalten beeinflussen, theoretisch und empirisch zu bestimmen ist. Dazu werden wir in einem ersten Schritt prüfen, ob sich auch in unserer Untersuchung bestätigen

---

1   Vgl. auch die populärwissenschaftliche Monografie von Zittlau (2002).

lässt, dass sich Mädchen gesünder ernähren als Jungen. In einem zweiten Schritt rekonstruieren wir die sozialwissenschaftliche Literatur, die eine theoretische Erklärung geschlechtsspezifischer Unterschiede des Ernährungsverhaltens versucht hat. Diese interpretiert geschlechtsspezifische Ernährungsweisen als das Resultat einer geschlechtsspezifischen Rollensozialisation: Sowohl das Wissen über Ernährung als auch die Vorstellungen eines idealen Körpers, als auch die mit Nahrungsmitteln verbundenen Bedeutungen, sind gelernte Orientierungen und Verhaltensweisen, die je nach Geschlecht unterschiedlich ausfallen und die unterschiedlichen Ernährungsweisen von Mann und Frau erklären können. Wir werden im dritten Kapitel prüfen, ob sich diese Thesen empirisch bestätigen lassen; dies geschieht unter Kontrolle von Drittvariablen, die sich als besonders erklärungskräftig erwiesen haben, nämlich der Lebensstile der Befragten. Schließlich gehen wir in einem vierten Schritt der Frage nach, ob sich die Unterschiede zwischen Jungen und Mädchen erst mit der Pubertät ausbilden und wie man die Unterschiede im Ernährungswissen und den Körpereinstellungen wiederum erklären kann.

Empirische Grundlage der Untersuchung bildet eine Befragung von Jugendlichen im Alter zwischen 13 und 17 Jahren (vgl. zur Methodik der Studie Gerhards und Rössel 2003). In einer standardisierten Befragung wurden die Verzehrsgewohnheiten der Schüler erhoben und Fragen über ihr Wissen über Ernährung, ihre Freizeitaktivitäten, ihren Freundeskreis, die Freizeitaktivitäten von Vater und Mutter und soziodemografische Merkmale des Elternhauses gestellt. Die standardisierte, schriftliche Befragung wurde 2001 in drei Leipziger Schulen (Gymnasium und Mittelschulen) durchgeführt. In allen drei Schulen wurden jeweils die Schüler der Klassenstufen 8, 9 und 10 befragt. Insgesamt wurden Schüler in 18 Klassen befragt, sodass Fragebögen von 400 Schülern vorliegen. Zusätzlich haben wir mit 25 Jugendlichen, die auch an der standardisierten Befragung teilgenommen hatten, Leitfadengespräche durchgeführt. Auf dieser Basis haben wir die Einbettung von Ernährungsverhaltensweisen in die alltäglichen Handlungsroutinen und Lebensstile der Jugendlichen dichter rekonstruiert, als dies auf der Basis einer standardisierten Befragung möglich ist.

2 Geschlechtsspezifische Unterschiede in der Ernährungsweise: deskriptive Befunde

In vielen Studien ist ein Zusammenhang zwischen Geschlecht und Ernährungsweise nachgewiesen worden. Der Verzehr von Obst, Gemüse, Milchprodukten und Vollwertkost liegt bei Frauen deutlich höher als bei Männern. Der Verzehr von Fleisch und tierischen Fetten insgesamt liegt bei Männern hingegen

Geschlecht, Lebensstile und Ernährung 153

höher als bei Frauen (vgl. Nationale Verzehrsstudie Kübler et al. 1994; ähnlich bei Köhler 1991; Weyrauch 1996; Roos et al. 1998). Prättälä konnte in verschiedenen Studien zu jugendlichem Ernährungsverhalten nachweisen, dass Jungen mehr Fette und Zucker zu sich nehmen (Prättälä 1988; Prättälä et al. 1988; Prättälä et al. 1986). Auch in deutschen Studien konnten ähnliche Unterschiede im Ernährungsverhalten von Jungen und Mädchen festgestellt werden (Kienzle 1988; Faber 1996). Reinhard Wittenberg kommt in seiner an Nürnberger Hauptschulen durchgeführten Studie zu dem Ergebnis, dass Jungen häufiger übergewichtig sind als Mädchen, dass Mädchen umgekehrt häufiger untergewichtig sind als Jungen (Wittenberg 1999: 38). Insofern kann man sagen, dass sich Frauen bzw. Mädchen gesünder ernähren als Männer bzw. Jungen. Wann genau sich diese Unterschiede herausbilden, ist in der Literatur allerdings umstritten.[2]

Wir wollen in einem ersten Schritt prüfen, ob sich auch in unserer Untersuchung bestätigen lässt, dass sich Mädchen gesünder ernähren als Jungen. Das Erkenntnisinteresse zielt dabei auf die Beschreibung und Erklärung geschlechtsspezifischer Unterschiede bezüglich einer *gesunden* Ernährungsweise ab. In Hinblick auf die Einschätzung bestimmter Arten von Ernährung als gesund haben wir uns an den Ernährungsregeln der DGE orientiert (Deutsche Gesellschaft für Ernährung 2000). Dabei muss man berücksichtigen, dass es keine grundsätzlich gesunden oder ungesunden Nahrungsmittel gibt. Es kommt auf eine vielfältige Kombination an, bei der die verschiedenen Lebensmittel in einem angemessenen Umfang genossen werden. Zunächst vergleichen wir die Maßstäbe der DGE mit den in unserer Studie festgestellten Verzerhshäufigkeiten:[3]

1. Möglichst mehrmals am Tag sollten Getreideprodukte – am besten Vollkornprodukte – konsumiert werden. Wir operationalisieren diese Dimension durch die Häufigkeit des Konsums von *Vollkornbrot*. Die Verzehrshäufig-

---

2 Einige Studien kommen zu dem Ergebnis, dass die Unterschiede in der Phase der Pubertät entstehen, in der sich verstärkt auch eine weibliche und männliche Identität herausbildet. Diese Interpretation wird zum Beispiel durch die Auswertung der Nationalen Verzehrsstudie unterstützt, in der nach Altersgruppen und Geschlecht unterschieden wurde (Kübler et al. 1994: 303). Auch Prättälä zeigt, dass sich das Ernährungsverhalten von Mädchen mit zunehmendem Alter stärker vom Ernährungsverhalten der Jungen unterscheidet (Prättälä et al. 1988). Allerdings kommt Heyer in ihrer Studie über die Ernährungsversorgung von Schülern der vierten Jahrgangsstufe zu einem anderen Resultat. Erstens zeigt sich in ihrer Untersuchung, dass bereits in dieser Altersgruppe Mädchen ein vielfältigeres und gesünderes Pausenfrühstück zu sich nehmen und zweitens, dass Jungen häufiger überwiegend ungesunde Zwischenmahlzeiten essen (Heyer 1997).

3 Es wurde die Verzehrshäufigkeit von insgesamt 42 Lebensmitteln abgefragt, wobei jede Variable fünf Ausprägungen hatte: täglich, mehrmals pro Woche, einmal pro Woche, einmal pro Monat und nie.

keit der befragten Schüler liegt weit unter den Empfehlungen, sodass eine Steigerung wünschenswert ist.

2. Die DGE betont die gesundheitsförderliche Wirkung des Verzehrs von Obst, Gemüse und Salat, die möglichst täglich oder mehrmals täglich konsumiert werden sollten. Da nur ein Teil der Schüler täglich Gemüse (27,8%), Salat (11,3%), Obst (55,3%) oder Fruchtsaft (35,5%) zu sich nimmt, ist eine Steigerung des Konsums dieser Produkte gesundheitsförderlich. Wir haben die einzelnen Indikatoren zu einem Ernährungsmuster mit dem Namen *Obst/Gemüse* zusammengefasst.

3. Fetthaltige Speisen sollten möglichst wenig konsumiert werden. Wir haben in unserer Studie einen Index von fettreichen *Snacks* gebildet (Pommes Frites, Bratwurst, Döner Kebab, Pizza, Chips und Hamburger) und folgende Verzehrshäufigkeiten gefunden: Mindestens einmal in der Woche konsumieren die Jugendlichen Pommes Frites (24,9%), Bratwurst (28,1%), Döner Kebab (29,7%), Pizza (47,7%), Hamburger (28,6%) und Chips (51,4%). Eine Verringerung des Verzehrs dieser Produkte ist also wünschenswert.

4. Zucker und Salz, das ebenfalls nur in Maßen konsumiert werden sollte, manifestiert sich in drei verschiedenen Produkten: Erstens sind vor allem die genannten *Snacks* meist ausgesprochen salzreich, zweitens findet sich Zucker in hohem Maße in *Süßigkeiten* (Schokolade, Schokoriegel, Eis, Kuchen und Teilchen) und drittens in „versteckter" Form in den *Süßgetränken* (Cola, Limonade, Powerdrinks). Mindestens einmal in der Woche konsumieren die Schüler: Kuchen (70,3%), Schokolade (85,4%), Schokoriegel (74,5%), Teilchen (54,3%), Eis (92,8%), Cola (59,2%), Limonade (73,2%) und Powerdrinks (21,0%). Die Verzehrshäufigkeiten liegen auch hier deutlich über den Empfehlungen.

5. Alkoholische Getränke sollten gar nicht oder laut DGE selten und in geringen Mengen konsumiert werden. Dies gilt vor allem für Jugendliche. Wir konnten auf der Basis einer Faktorenanalyse ein Ernährungsmuster (*Drogen*) bestimmen, das einerseits den Alkoholkonsum (Wein, Bier, Schnaps) und andererseits das Rauchen von Zigaretten umfasst.[4] Es zeigt sich, dass 40% der befragten Schüler rauchen und ein nicht geringer Anteil Bier (36,4%), Wein (61,1%) oder härtere alkoholische Getränke (34,1%) konsumiert.

---

4 Rauchen wurde durch die Menge der Zigaretten gemessen, der Konsum von Alkohol durch die Häufigkeit (täglich, mehrmals pro Woche, einmal pro Woche, einmal pro Monat, nie) verschiedener alkoholischer Getränke.

Fazit

Die Senkung des Konsums von Drogen, Snacks, Süßigkeiten und Süßgetränken sowie die Steigerung des Verzehrs von Obst, Gemüse und Salat sowie Vollkornbrot kann – unabhängig vom Geschlecht – als gesundheitsförderlich für die von uns befragten Jugendlichen betrachtet werden. Nach der Ableitung und Bestimmung der abhängigen Variablen können wir nun prüfen, ob es geschlechtsspezifische Unterschiede im Konsum dieser Lebensmittel gibt. In Tabelle 1 sind die bivariaten Zusammenhänge zwischen dem Geschlecht und dem Konsum der verschiedenen Lebensmittel abgebildet.

Tabelle 1: Bivariate Korrelation zwischen Geschlecht und gesunder Ernährung

	Geschlecht (männlich = 1)	Anzahl Fälle
Snacks	0,35***	288
Süßigkeiten	0,06	292
Fleisch	0,22***	292
Drogen	0,06	290
Süßgetränke	0,23***	293
Obst/Gemüse	-0,23***	292
Vollkornbrot	-0,10	296

* p < 0,05; ** p < 0,01; *** p < 0,001

Die bivariaten Befunde sind eindeutig: Männliche Jugendliche ernähren sich weniger gesund als weibliche Jugendliche. Sie essen mehr Snacks, Süßigkeiten, Fleisch, konsumieren mehr Drogen und Süßgetränke, zugleich aber weniger Obst, Gemüse und Vollkornbrot. Dabei sind die Ergebnisse für Süßigkeiten, Drogen und Vollkornbrot nicht statistisch signifikant. Die statistischen Ergebnisse werden auch durch die Befunde der von uns durchgeführten Leitfadeninterviews unterstützt.

In den Interviews findet sich z.B. kein einziger Junge, der eine Abneigung gegen Fleisch zum Ausdruck bringt. Es wird im Gegenteil die Vorliebe für Fleisch und die Notwendigkeit von Fleischgerichten betont: *„Einmal im Monat muss es Rouladen geben."* (Interview 358: 6). Allein in den Mengenangaben zeigt sich bei diesem Schüler die Wichtigkeit von Fleisch: So werden für ihn und seinen Vater gleich zwanzig Rouladen auf Vorrat gebraten, bei der Familienfeier werden zwei ganze Schweine zubereitet:

„Das eine Mal gab es Schweinebraten, ein ganzes Schwein, davon aber zweie, bei siebzig Mann. Das eine ist total alle geworden, das andere war bloß noch der Kopf da." (ders.: 18f.).

Auch andere Schüler betonen enthusiastisch die Bedeutung von Fleisch, vor allem für das Mittagessen am Wochenende:

„Manchmal gibt's auch, so, sehr Schönes, da macht meine Mutter zum Beispiel schönes Fleisch und noch andere Sorten von Fleisch, das meine Schwester dann mag." (Interview 245: 4).

Hier kommt nicht nur die eigene Vorliebe für Fleisch zum Ausdruck, sondern auch der innerfamiliäre geschlechtsspezifische Unterschied im Hinblick auf den Fleischverzehr. Dieser lässt sich aus den Leitfadengesprächen nicht nur für die Generation der Schüler, sondern auch für die Elterngeneration erschließen. So wird vor allem dann Fleisch gegessen, wenn die Väter kochen, und mit Rücksicht auf die Väter wird Fleisch angeboten:

„Und mein Vati isst halt trotzdem gerne noch Fleisch und deswegen gibt's halt meistens, ... ein bisschen Fleisch oder so, damit mein Vati halt auch ein bisschen auf seine Kosten kommt." (Interview 236: 4).

Bei den befragten Mädchen kommt dagegen häufig eine Abneigung gegenüber Fleisch und eine Vorliebe für leichte Kost zum Ausdruck; vor allem wird an die in den Lebensmitteln enthaltenen Kalorien gedacht:

... es ist auch wieder so ein bisschen dieses Kaloriendenkendahinter ...." (Interview 236: 6). „Ich esse bewusst weniger." (Interview 183: 6) „Aber ich versuche, Fleisch zu meiden, das ist nicht so mein Fall, so viel Fett dran und so. Wenn ich das so sehe, die Tiere, was da alles so drin ist – dann doch nicht so." (Interview 146: 4)

Derartige Äußerungen, die auf eine kontrollierte, kalorienarme und fettarme Ernährung hinauslaufen, finden sich durchweg nur bei den von uns interviewten Mädchen.

3 Geschlechtsspezifisches Ernährungsverhalten: Theoretische Perspektiven

Die genannten Unterschiede hinsichtlich der Variable "Geschlecht" lassen offen, welche sozialen Mechanismen zu diesen Differenzen im Ernährungsverhalten zwischen Männern und Frauen führen und wie diese theoretisch zu erklären sind. Geschlecht ist letztendlich keine im engeren Sinne erklärende soziologische Kategorie und muss aufgelöst werden in Bedingungsfaktoren, die „hinter" Geschlecht lagern. Bezüglich der Erklärungskraft der Variable Geschlecht gilt das gleiche Argument, das Hedström und Swedberg für die Variable "soziale Klasse" ausgeführt haben: „A statistical effect of a class variable in contexts like these is essentially an indicator of our inability to specify properly the underlying

Geschlecht, Lebensstile und Ernährung 157

explanatory mechanisms. The worse we do in specifying and incorporating the actual generative mechanisms into the statistical model, the stronger the effect of the class variable will appear to be." (Hedström und Swedberg 1998:11). Die Frage ist nun, welche Faktoren geschlechtsspezifische Unterschiede im Ernährungsverhalten aus sozialwissenschaftlicher Perspektive erklären können.

3.1 Ungleiche Verfügung über Ressourcen

Nahrungs- und Genussmittel sind Ressourcen, die zur Erhaltung des Körpers und zur Reproduktion der Arbeitskraft erforderlich sind. Die Verfügung über Nahrungsmittel war historisch häufig innerhalb von Haushalten ungleich verteilt. Nährstoffreichere und fetthaltigere Lebensmittel kamen meist den Personen in größerem Maße zu, die in höherem Maße mit (Macht-) Ressourcen ausgestattet waren, und das waren meist männliche, erwachsene Personen. In historischen und anthropologischen Studien ist eine solche ungleiche und geschlechtsspezifische Verteilung von Nahrungsmitteln in Haushalten nachgewiesen worden (Elias 1997; Marquardt 2000; Harris 1995). Auch in gegenwärtigen Gesellschaften lassen sich noch Hinweise auf eine solche Ungleichverteilung feststellen (Charles und Kerr 1986; Kerr und Charles 1986; Frerichs 2000). Insbesondere Bourdieu stellte fest, dass in unteren Klassen die geschlechtsspezifische Verteilung der Speisen stark ausgeprägt ist; diese Ungleichverteilung nimmt mit steigender Klassenlage ab (Bourdieu 1987).

Insgesamt scheint uns aber eine Erklärung von geschlechtsspezifischen Ernährungsweisen durch Unterschiede über die Verfügung über Ressourcen kaum noch angemessen zu sein und dies aus zwei Gründen. Erstens sind die Ernährungsgewohnheiten von Männern nicht eindeutig mit höheren monetären Aufwendungen verbunden, wie z.B. der höhere Konsum von Obst und Gemüse durch Frauen deutlich macht. Zweitens konnten wir in unseren Analysen nicht feststellen, dass in sozial schwachen Haushalten, in denen die Ressourcenausstattung geringer ist, die geschlechtsspezifischen Unterschiede größer sind, als in ressourcenstarken Haushalten. Diese Ergebnisse lassen vermuten, dass das Ernährungsverhalten in gegenwärtigen Gesellschaften weniger durch die Ressourcenausstattung der Akteure, sondern durch sozialisationsvermittelte Einstellungen und Rollenbilder erklärt werden können.

3.2 Sozialisation von geschlechtsspezifischen Einstellungen und Rollen

Die Sozialisationstheorie geht davon aus, dass insbesondere in der Jugendphase die Suche nach der Identität im Vordergrund des Entwicklungsprozesses der Individuen steht (Reinders 2002). Die Ausbildung dieser Identität verläuft entlang zweier sozialisatorischer Prozesse. Zum einen ist das die Vergesellschaftung bzw. „Integration". Während dieser erlernt der Heranwachsende legitime Normen und Verhaltensmuster wie auch Rollen zu übernehmen, um in der Umwelt interagieren zu können und eine soziale Identität auszubilden. Zum anderen ist das die „Individuierung": Sie führt zur Entwicklung einer individuellen Persönlichkeitsstruktur bzw. personaler Identität. Für den Aufbau dieser personalen Identität ist vor allem eine Kontinuität im Selbsterleben durch Reaktionen Dritter wichtig. Und diese Kontinuität erreichen Jugendliche u.a. auch durch den Rückgriff auf stereotype Handlungsmuster, die in die eigene Definition des Geschlechts eingehen (Hurrelmann 1990; Hurrelmann 1999). Durch beide Prozesse werden die legitimen und normativen Vorstellungen der Geschlechteridentität und Körpervorstellungen über Generationen hinweg vermittelt. Sie gehen zum einen in die eigene Definition der Geschlechtsidentität (Individuierung) ein und steuern zum anderen adäquates normkonformes Geschlechtsverhalten (Integration).

Drei Faktoren der Sozialisation und Identitätsentwicklung sind besonders relevant, um geschlechtsspezifische Ernährungsweisen zu erklären:
a. Zum Ersten lassen sich die geschlechtsspezifischen Ernährungsweisen mit Rekurs auf die Semiotik von Nahrungsmitteln erklären. Diese Semiotik verweist auf die mit bestimmten Nahrungsmitteln einhergehenden Bedeutungen. So sind einige Nahrungsprodukte in unserer Gesellschaft eher mit einer weiblichen, andere eher mit einer männlichen Identität assoziiert; dieser Zusammenhang wird im Sozialisationsprozess vermittelt. Mit Fleisch z.B. verknüpfen sich Assoziationen von Kraft und Potenz. Mit dem Konsum von Fleisch können sich die männlichen Jugendlichen auch den mit dem Fleisch verbundenen Bedeutungshof aneignen und zum Aufbau einer männlichen Identität benutzen (vgl. Prahl und Setzwein 1999: 79). Der umgekehrte Sachverhalt gilt für Obst und Gemüse. Die Leichtigkeit und Frische der Produkte lässt sich zum Aufbau einer weiblichen Identität instrumentalisieren, die in unserer Gesellschaft als zart und empfindsam codiert ist.
b. Zum Zweiten kann die Sozialisation von Körperbildern und Gesundheitsaspekten geschlechtsspezifische Unterschiede erklären helfen (Köhler 1991; Roos et al 1998): So sind Frauen in unserer Gesellschaft in sehr viel

Geschlecht, Lebensstile und Ernährung

stärkerem Maße als Männer dazu aufgefordert, einen schlanken Körper zu haben (vgl. Prahl und Setzwein 1999: 77); die Idee eines gesunden und gepflegten Körpers ist ebenfalls stärker im Identitätsbild der Frauen verankert als in dem der Männer.

c. Zum Dritten werden im Sozialisationsprozess den Mädchen und Jungen gesellschaftlich unterschiedliche Konzepte des Umgangs mit Nahrung vorgegeben. So werden Mädchen auch heute noch in stärkerem Maße als Jungen mit der Auswahl und Zubereitung von Lebensmitteln vertraut gemacht, da die Hausarbeit auch gegenwärtig überwiegend die Domäne der Frauen darstellt. Damit verbunden ist ein grundlegend größeres Wissen über Ernährung und eine stärkere Kenntnis der Vor- und Nachteile bestimmter Lebensmittel.

Wir vermuten also, dass a) die geschlechtsspezifischen Bedeutungen von Lebensmitteln, b) das Wissen um die Ernährung sowie c) die Gesundheits- und Körpereinstellungen sozialisationsbedingt für Männer und Frauen unterschiedlich sind. Diese Faktoren konstituieren u.a. eine geschlechtsspezifische Identität. Und diese Geschlechtsrollenidentität steuert das Ernährungsverhalten so, dass die Geschlechterunterschiede zutage treten. Folgt man dieser Perspektive, kann man erwarten, dass Frauen sich vor allem deshalb gesünder ernähren, weil sie zum einen mehr Wissen über Lebensmittel haben, zum anderen in stärkerem Maße auf die Schlankheit und Gesundheit ihres Körpers achten und schließlich den Lebensmitteln andere Bedeutungen zuordnen.

4 Die Determinanten geschlechtsspezifischer Ernährungsweisen

4.1 Der Einfluss von Wissen und Körpervorstellungen: Operationalisierungen

Wir wollen im Folgenden prüfen, ob wir die geschlechtsspezifischen Unterschiede im Ernährungsverhalten auf die Wissensunterschiede zwischen den Geschlechtern, die unterschiedlichen Körpervorstellungen und auf die geschlechtsspezifischen Bedeutungen von Lebensmitteln zurückführen können.

1. Ernährungswissen: Das Ernährungswissen der Schüler wurde mithilfe eines kleinen Tests erfragt. Daraus haben wir eine Variable mit dem Namen *Ernährungswissen* gebildet, die auf 15 Wissensfragen zur Ernährung basiert. Für jede richtige Antwort haben die Schüler einen Punkt erhalten, sodass sie zwischen 0 und 15 Punkten erreichen konnten. Tatsächlich haben eine Reihe von Schülern keinen einzigen Punkt, die Maximalzahl von 15 Punkten wurde von keinem Schüler erreicht, dafür lagen aber immerhin 4 Schüler bei 13 bzw. 14 Punkten.

2. Körper und Gesundheitsbewusstsein: Wir haben mehrere Fragen gestellt, die die Bedeutsamkeit von Einstellungen für das Ernährungsverhalten erheben sollten. Dazu gehört die Bedeutung des Gesundheitsaspektes bei der Bewertung des Ernährungsverhaltens. Diese Dimension wurde mit der Frage erhoben: „Was findest Du am Essen besonders wichtig: Essen muss gesund sein". Die Variable hatte fünf Ausprägungen (von „sehr wichtig" bis „sehr unwichtig"). Die Wichtigkeit eines schlanken Körpers haben wir mithilfe einer Skala, die sich aus zwei Fragen zusammensetzt, erhoben. Einerseits wurde die Angst vor dem Zunehmen und andererseits das Gefühl zu dick zu sein abgefragt (Cronbach's alpha: 0,89).

Wir haben dann den Zusammenhang zwischen Geschlecht einerseits und dem Ernährungswissen und dem Gesundheits- und Körperbewusstsein andererseits analysiert. Das Ergebnis bestätigt unsere theoretischen Vermutungen: Mädchen sind im Hinblick auf die Ernährung gesundheitsbewusster (r = 0,21***), sie sind weitaus stärker an einem schlanken Körper orientiert (r = 0,43***) und wissen auch mehr über Ernährung (r = 0,21***).

Wir prüfen in einem zweiten Schritt (Kap. 3.3), in welchem Maße das Ernährungswissen und das Körper- und Gesundheitsbewusstsein eine gesunde bzw. ungesunde Ernährungsweise beeinflussen. Wir gehen von der Erwartung aus, dass sich die Erklärungskraft der Variable Geschlecht auf das Ernährungsverhalten merklich reduzieren müsste, wenn man die genannten Größen in die Regressionsanalyse aufnimmt. Darüber hinaus sollen aber auch die Lebensstile der Schüler berücksichtigt werden, da sich diese als die wichtigsten Determinanten des Ernährungsverhaltens in dieser Altersgruppe erwiesen haben (Gerhards und Rössel 2002; 2003).

4.2 Lebensstile als Determinanten des Essens: Operationalisierungen

Wir haben an anderer Stelle gezeigt, dass die Lebensstile der Befragten einen guten Prädiktor für gesunde bzw. ungesunde Ernährungsweisen darstellen (Gerhards und Rössel 2002); insofern haben wir die Lebensstile der Jugendlichen als Kontrollvariable in die Analyse aufgenommen.

Einer der einflussreichsten Versuche der Gliederung von Lebensstilen stammt von Gerhard Schulze aus seiner Studie über die Erlebnisgesellschaft (Schulze 1992). Schulze bezeichnet die Präferenzmuster als alltagsästhetische Schemata. Er unterscheidet bekanntlich drei typische inhaltliche Muster: Erstens das *Hochkulturschema*, welches z.B. durch den Besuch von klassischen

Konzerten, das Lesen von Literatur oder das Schauen von Informationssendungen im Fernsehen gekennzeichnet werden kann. Die hier genannten Freizeitaktivitäten weisen einen gewissen Komplexitätsgrad auf und sollen idealerweise kontemplativ genossen werden. Davon grenzt sich das *Trivialschema* ab, das sich eher an Harmonie und Gemütlichkeit orientiert. Es schließt Aktivitäten wie das Hören von Volksmusik und Schlagern, das Lesen von Groschenromanen und die Beteiligung an Kaffeefahrten ein. Entsprechen diese beiden Schemata noch dem traditionellen Gegensatz von Hoch- und Trivialkultur, so hat sich in den letzten Jahrzehnten ein drittes Schema etabliert, das *Spannungsschema* (vgl. Müller-Schneider 1994). Damit sind Aktivitäten wie der Kino- und Konzertbesuch, Präferenzen für Actionfilme und Rockmusik gemeint.

Wir haben uns in unserer Vorgehensweise in einem ersten Schritt an diesen Schemata von Schulze orientiert. In der standardisierten Befragung der Jugendlichen wurden zahlreiche Fragen nach den Lebensstilen der Eltern und nach den Lebensstilen der Schüler gestellt[5]; wir haben die Vielzahl der Informationen über die Häufigkeit einzelner Freizeitverhaltensweisen zu komplexeren Variablen zusammengefasst. Folgende unterscheidbare Lebensstile lassen sich empirisch bestimmen:

Wir finden keine Hinweise auf die Existenz eines Trivialschemas unter den Jugendlichen. Dies ist insofern nicht überraschend, da Schulze eine Orientierung am Trivialschema vorwiegend bei älteren, weniger gebildeten Personen hat finden können und jugendkulturelle Stile gerade im Gegensatz zu den „spießigen" Lebensstilen der älteren Bevölkerung entstanden sind (Zinnecker 1987).[6] Das von Schulze beschriebene *Hochkulturschema* findet sich hingegen bei den Schülern in ausgeprägter Form. Aktivitäten wie Bücher lesen, ins Theater gehen, Musizieren und klassische Musik hören, fallen unter diese Freizeitorientierung. Es ist naheliegend, dass auch das Spannungsschema sich als Lebensstilorientierung bei den von uns befragten Jugendlichen findet. Allerdings zeigen unsere empirischen Analysen, dass es ratsam ist, zwei Unterfälle zu differenzieren. Wir unterscheiden entsprechend zwischen einem *außerhäuslichen* und einem *innerhäuslichen Spannungsschema*: Ersteres ist vor allem auf spannungsorientierte Freizeitaktivitäten außerhalb des Hauses gerichtet. Es umfasst Aktivitäten wie in die Disco gehen, mit Freunden rumhängen, Bummeln, in die Kneipe gehen, Jugendclubs besuchen, zum Imbiss bzw. ins Kino gehen,

---

5   Gefragt wurde nach der Häufigkeit des Praktizierens der Freizeitaktivitäten: Die jeweilige Variable hatte sieben Ausprägungen: täglich, mehrmals pro Woche, einmal pro Woche, mehrmals pro Monat, einmal pro Monate, ein oder mehrmals im Jahr und nie.

6   Diese Distanz lässt sich am Beispiel der Vorliebe für deutschen Schlager sehr deutlich demonstrieren. Trotz eines gewissen Schlagerrevivals unter Jugendlichen in den letzten Jahren, bekunden in unserer Umfrage weniger als 5% der befragten Jugendlichen eine Neigung zum deutschen Schlager.

Rock, Pop oder Techno hören. Das zweite Schema bezieht sich auf spannungsorientierte Aktivitäten, die im Haus ausgeübt werden, wie z.b. Musik hören, Videos gucken, Computer spielen, Zeitschriften sowie Comics lesen und im Internet surfen.

Man hätte erwarten können, dass Fernsehen ein Bestandteil des innerhäuslichen Spannungsschemas ist. Dies ist empirisch aber nicht der Fall. Die Fernsehdauer am Wochenende und in der Woche konnte weder diesem noch einem anderen Lebensstilschema zugeordnet werden. Insofern und angesichts der erheblichen Dauer dieser „Aktivität" ist es gerechtfertigt, dieses als eigenes Lebensstilschema – *Fernsehschema* – zu betrachten.

Auch die Sportpräferenzen der Jugendlichen lassen sich nicht unter die drei Schemata von Schulze subsumieren, sodass wir ein eigenes Schema mit dem Namen *Sportschema* gebildet haben. Es beinhaltet folgende Aktivitäten: Sport treiben, Sportveranstaltungen besuchen, Mitglied im Sportverein und Anzahl der Tage im Verein.

Die unterschiedenen fünf Lebensstilschemata erweisen sich nach statistischen Kriterien als ausreichend homogen und sind zugleich auch nicht weiter reduzierbar. Die Werte für Cronbach's alpha liegen zwischen 0,61 und 0,79.[7]

Auch für die Lebensstile haben wir geprüft, ob es geschlechtsspezifische Unterschiede gibt: Mädchen präferieren eher das Hochkulturschema (r = -0,13**), während Jungen häufiger das innerhäusliche Spannungsschema (r = 0,27***), das Fernsehschema (r = 0,14***) sowie das Sportschema (r = 0,12**) bevorzugen. Im Hinblick auf das außerhäusliche Spannungsschema gibt es keine Unterschiede zwischen Mädchen und Jungen. Wir vermuten, dass die geschlechtsspezifischen Lebensstilpräferenzen helfen können, die Geschlechtsunterschiede in der Ernährung zu erklären.

4.3 Einfluss der Determinanten auf den Verzehr der verschiedene Produktgruppen: Ergebnisse

Tabelle 3 gibt nun die Ergebnisse von sieben Regressionsanalysen wieder, in denen die Ernährungsweisen die abhängigen Variablen bilden. Als erklärende Variablen wurden die fünf erläuterten Lebensstildimensionen, Gesundheits- und Körpereinstellungen und das Wissen um Ernährung und schließlich die Ressourcenausstattung (Taschengeld und zusätzliches Einkommen) sowie natürlich das Geschlecht der Schüler berücksichtigt. Präsentiert werden hier nur

---

7 a) Außerhäuslich-spannungsorientiertes Schema: Cronbach's α: 0,68. b) Häuslich-spannungsorientiertes Schema: Cronbach's α: 0,61. c) Hochkulturelles Schema: Cronbach's α: 0,72. d) Sportschema: Cronbach's α: 0,75. e) Fernsehschema: Cronbach's α: 0,79.

Geschlecht, Lebensstile und Ernährung

die Modelle mit den statistisch signifikanten Variablen und zum Vergleich noch einmal die bivariaten Korrelationen zwischen dem Geschlecht und den sieben Ernährungsdimensionen.

Betrachtet man die Ergebnisse im Überblick, so zeigt sich in vier von sieben Fällen eine deutliche Reduktion des statistischen Effekts der Variable Geschlecht auf die jeweilige abhängige Variable.

Beim Verzehr von *Snacks* lässt sich fast eine Halbierung des kräftigen geschlechtsspezifischen Unterschieds feststellen. Dieser geht fast vollständig auf die ernährungsrelevanten Einstellungen zurück. Zugleich wird aber auch deutlich, dass die Lebensstile einen Einfluss auf dieses Ernährungsverhalten haben.

Auch beim Verzehr von *Obst und Gemüse* findet sich eine Verringerung der geschlechtsspezifischen Unterschiede; auch diese geht auf die Einstellungsdifferenzen zurück. Gleichzeitig wird der Verzehr von Obst und Gemüse durch einen sportorientierten Lebensstil und einen fernsehorientierten Lebensstil beeinflusst.

Ein geringfügiger Rückgang der Erklärungskraft von Geschlecht ist auch beim *Fleischkonsum* festzustellen. Dieser ist auf die Ressourcenausstattung und einen häuslichen spannungsorientierten Lebensstil zurückzuführen, wobei die Einstellungen hier weniger relevant sind.

Eine deutliche Ausnahme vom restlichen Muster stellen der Konsum von alkoholischen Getränken und das Zigarettenrauchen dar (hier unter dem Begriff *Drogenkonsum* zusammengefasst). Es zeigt sich – unter Kontrolle der anderen Variablen – sogar ein deutlicher Anstieg der geschlechtsspezifischen Unterschiede. Die zentrale Determinante für dieses Verhalten ist ein außerhalb des Hauses geführter spannungsorientierter Lebensstil. Zudem zeigt sich, dass Jugendliche mit einer starken Orientierung an einem schlanken Körper häufiger Drogen konsumieren als andere. Dieser Drogenkonsum kann im Zusammenhang mit dem für die Jugendphase typischen abgrenzenden Verhalten interpretiert werden. Ähnlich wie eine ausgeprägte Körperorientierung, verhilft es den Jugendlichen zu Anerkennung der eigenen Persönlichkeit durch die Peergruppe aber auch durch die Eltern – selbst – bzw. gerade auch dann, wenn die Jugendlichen damit Normen brechen.

Tabelle 2: Lineare Regression: Erklärung geschlechtsspezifischer Unterschiede im Ernährungsverhalten[8]

	Snacks	Obst/ Gemüse	Fleisch	Drogen	Süßgetränke	Süßigkeiten	Vollkornbrot
Geschlecht bivariat	0,35***	-0,23***	0,22***	0,06	0,23***	0,06	-0,10
Geschlecht	0,18**	-0,16**	0,19**	0,18**	0,11*	---	---
Körpereinstellung	-0,16**	---	---	0,16**	---	0,35***	---
Ernährungswissen	-0,15**	0,14*	---	---	-0,15**	---	---
Gesundheitseinstellung	-0,10**	0,33***	0,14*	-0,24***	-0,14**	---	0,12*
Hochkultur	-0,14**	---	---	---	-0,22***	---	0,21**
Sport	---	0,18***	---	---	---	---	---
Fernsehen	---	-0,15**	---	---	0,13*	---	-0,21**
Spannung außer Haus	0,20**	---	---	0,47***	0,27***	0,31***	---
Spannung im Haus	0,20***	---	0,17**	-0,15**	0,17**	---	---
Taschengeld	0,16**	---	---	---	0,10*	---	---
Sonstiges Einkommen	---	---	0,18**	0,12*	---	---	---
Korrigiertes R^2	0,34	0,26	0,11	0,39	0,38	0,18	0,13
Anzahl Fälle	288	292	292	290	293	292	296

* p < 0,05; ** p < 0,01; *** p < 0,001

Wiederum eine kräftige Reduktion des geschlechtsspezifischen Unterschieds kann man beim Konsum von *Süßgetränken* feststellen, wobei diese sowohl auf die Lebensstile als auch auf die Ernährungseinstellungen zurückzuführen ist.

Sowohl beim Verzehr von *Süßigkeiten* als auch von *Vollkornbrot* verringern sich die Effekte des Geschlechts unter Kontrolle der erklärenden Variablen.[9]

---

8   Im Sinne einer leichteren Verständlichkeit und um die Tabellen nicht zu unübersichtlich werden zu lassen, haben wir hier die standardisierten Regressionskoeffizienten präsentiert, da diese sich in ihrer Aussage nicht von den eigentlich methodisch gebotenen unstandardisierten Regressionskoeffizienten unterscheiden (Geschlecht: männlich = 1).

Geschlecht, Lebensstile und Ernährung 165

Geschlechtsunterschiede des Süßigkeitenkonsums werden zum einen erklärt durch einen förderlichen spannungsorientierten Lebensstil und zum anderen durch die Körpereinstellung, die hinderlich wirkt. Für den Verzehr von Vollkornbrot ist ein hochkulturorientierter Lebensstil förderlich, ein außerhäuslicher Spannungsstil hinderlich und die positiven Gesundheitseinstellungen (in sekundärem Maße) wiederum förderlich. Die quantitativen Ergebnisse spiegeln sich in den Leitfadengesprächen und lassen sich mit diesen illustrieren.

Insbesondere Mädchen haben ein ausgeprägtes Wissen über gesunde Ernährungsweisen:

„Und ich mach mir dann halt immer mein Müsli, Milch oder Joghurt oder Früchte mach ich dann halt immer mit rein. Mehr aber nicht, weil in der Schule ess' ich dann noch ne Schnitte oder Obst oder irgendwie so was. (...) Und in der Woche leg ich halt auch Wert drauf, dass schon en bisschen was dabei ist, was gesund ist und dass ich am Tag auch was damit anfangen kann. Das es nicht irgendwie so en 08/15 Frühstück ist, deswegen auch Müsli und so. (...) Zweitens weiß ich, dass es gesund ist und dass dort auch ziemlich viele Vitamine, Nährstoffe drin sind, ja." (Interview 199: 2).

Diese Schülerin ist gesundheitsbewusst und weiß, welche Nahrungsmittel gesund bzw. schädlich sind. Dementsprechend gehören zu ihrer Nahrungspalette Obst, Gemüse, Vollkorn- und Milchprodukte. Auch ihre folgende Äußerung bringt ihr Gesundheitsbewusstsein und Wissen wie auch die Ablehnung ungesunder Nahrung zum Ausdruck:

„Aber so jetzt, irgendwie jetzt zu Mc Donalds würd ich auf keinen Fall. Fast Food und so was, da sag ich generell nein. ...Und es sollt auch nicht so was ein, wovon ich genau weiß, da ist was drin, Farbstoffe oder Phosphor und Geschmacksverstärker und so en Zeug und Aroma, also das finde ich dann auch nicht so gut." (Interview 199: 5). Die Einstellung und das Wissen um gesunde Ernährungsweisen wurden der Schülerin durch die Mutter vermittelt, sie sagt an andere Stelle: „Also, Mama, die achtet schon sehr drauf, dass es Gesundes gibt, insofern brauch ich mir da nicht groß en Kopf machen." (Interview 199: 5).

Auch das Körperbewusstsein und die Vorstellung von einem gesunden Körper scheint bei Mädchen stärker ausgeprägt zu sein als bei Jungen. Das folgende Beispiel zeigt, wie diese Vorstellungen auf den männlichen Partner (erfolgreich) übertragen werden:

„Mein Freund hat früher immer noch so Bratwürste, (...) und hat sich diese übelst fetten Bratwürste geholt und das ist so eklig. Und nachdem ich ihm erzählt hab', dass mehr und mehr sein Waschbrettbauch schwindet, hat er das auch aufgegeben und hat mir ganz stolz erzählt, dass er auch keine Chips und so was mehr isst." (Interview 236: 7).

---

9 Unter Kontrolle der im besten Modell berücksichtigten Variablen liegt der standardisierte Regressionskoeffizient für das Geschlecht im Falle der Zwischenmahlzeiten 0,05 und beim Vollkornbrot ebenfalls bei -0,05.

Anders sehen die Vorlieben und die Essens- und Körpereinstellungen bei den Jungen aus. Das zeigt sich in der Vorliebe zum Fleisch im Allgemeinen sowie bei der Zubereitung von Fleischgerichten, die oft von den Vätern vorgenommen wird. In der folgenden Aussage eines Jungen wird nicht nur die semiotische Perspektive sichtbar:

> „Also ich bin eigentlich nicht so gesundheitsbewusst, dass ich jetzt äm, unbedingt drauf jetzt bestehe jetzt Gemüse oder was anderes zu essen, was gesund ist. Da hab ich mich erst letztens mit meinem Freund drüber unterhalten. Also, wenn ich wählen könnte zwischen nem Broccoliauflauf und nem schönen Steak, dann würde ich mich bestimmt fürs Steak entscheiden." (Interview 342: 7).

Auch bei anderen Schülern zeigt sich, dass die „leichten" Nahrungsmittel – eher typisch weiblich – von der Mutter zubereitet werden und der Vater für die Zubereitung des Fleisches verantwortlich ist. Ein Schüler äußert:

> „Das ist unterschiedlich, meine Mutter die macht meistens, wenn's Nudeln gibt oder Pizza oder Auflauf oder so, das macht sie. Und mein Vater, der macht eigentlich meistens das Fleisch." (Interview 335: 8).

Eine Schülerin meint:

> „Schweinebraten oder so was, dann gibt's dazu entweder Rotkraut, Erbsen, Möhren. Also, das macht dann aber auch mein Papa. (...) Also Fleisch brauch ich schon. Und vor allen Dingen, es schmeckt so lecker, wenn mein Papa kocht." (Interview 199: 8,9, weiblich).

Und eine weitere Schülerin weiß, wenn der Vater kocht, dann gibt es Fleisch:

> „Also, am Wochenende kocht meistens mein Papa, weil der auch ziemlich gut kochen kann. (...) Und da gibt's dann meistens sonntags auch so Fleisch." (Interview 351: 4).

Bilanzieren wir die Ergebnisse unserer Analyse: Wir können einen relativ hohen Anteil der geschlechtsspezifischen Unterschiede im Ernährungsverhalten durch die theoretisch begründeten Variablen auflösen bzw. erklären. Wir hatten gesehen, dass Jungen und Mädchen zum Teil unterschiedliche Lebensstile präferieren: Mädchen sind stärker hochkulturorientiert, die Jungen stärker sport-, fernseh- und spannungsorientiert (innerhäusliche Spannungsorientierung). Mit den Lebensstilen sind unterschiedliche Vorlieben für gesunde bzw. ungesunde Lebensmittelprodukte verbunden, sodass ein Teil der Geschlechtsunterschiede in der Ernährungsweise auf die von den Geschlechtern unterschiedlich bevorzugten Lebensstile zurückzuführen sind.

Weiterhin hat sich gezeigt, dass neben dem Ernährungswissen das Gesundheits- und Schlankheitsbewusstsein tatsächlich in stärkerem Maße zur weiblichen als zur männlichen Rollenidentität gehört und die gesündere Ernährungsweise der Mädchen erklären helfen kann. Schließlich erweisen sich insbesondere für die Jungen die aus semiotischer Perspektive relevanten geschlechtsspezifischen Bedeutungen von Nahrungsprodukten als einflussreich. Unabhängig von anderen Faktoren lässt sich bei Jungen eine Präferenz für die als

Geschlecht, Lebensstile und Ernährung 167

männlich geltenden Lebensmittel Fleisch und Alkohol zeigen. Schwächer, aber feststellbar, findet sich bei den Mädchen eine Präferenz für die als weiblich geltende Gruppe Obst/Gemüse. Die eindeutige Zuschreibung von geschlechtsspezifischen Bedeutungen gilt aber nur für diese begrenzte Gruppe von Nahrungsmitteln, weniger für Vollkornbrot und Süßigkeiten.[10]
Die Gesundheits- und Körpereinstellungen, das (Alltags-)Wissen wie auch die Bedeutungen von Lebensmitteln werden durch Sozialisationsprozesse vermittelt. Die Handlungsrelevanz dieser Determinanten lässt sich auf die handlungsleitende Suche nach der eigenen Identität von Jugendlichen zurückführen. Die eigene Weiblichkeit oder Männlichkeit zu demonstrieren, gelingt den Jugendlichen durch den Rückgriff auf die legitimen und bekannten Stereotype, die hinter den genannten Determinanten liegen und im Sozialisationsprozess vermittelt werden.[11] Wir wollen im Folgenden prüfen, ob sich die geschlechtsspezifischen Unterschiede im Ernährungsverhalten und in den Einstellungen erst in der Sozialisation und vor allem in der Pubertät ausbilden (4.1); weiterhin gehen wir der Frage nach, ob man die Ernährungseinstellungen, die ja vor allem die geschlechtsspezifischen Ernährungsweisen erklären, selbst wiederum auf das Elternhaus der Kinder und die Schule als die dominanten Sozialisationsinstanzen zurückführen kann (4.2).

5 Die Entwicklung geschlechtsspezifischer Ernährungseinstellungen und deren Erklärung

5.1 Entwicklung geschlechtsspezifischer Ernährungsweisen und Einstellungen

Sozialisationstheorien gehen davon aus, dass sich geschlechtsspezifische Identitäten erst im Zeitverlauf ausbilden. Ihre besondere Ausprägung erhalten sie mit der Pubertät. Mit der biologischen Geschlechtsreife werden die gelernten, zum Teil aber latent gehaltenen geschlechtsspezifischen Rollenvorbilder und Verhaltensweisen aktualisiert und zum Aufbau einer eigenen Geschlechtsrollenidentität genutzt. Entsprechend kann man auch im Hinblick auf die geschlechtsspezifischen Ernährungsweisen und Einstellungen erwarten, dass diese sich im Verlauf der Jugendphase erst richtig ausbilden bzw. verstärken.[12] Wir können

---

10 Vor allem Campbell (1986) hat in seiner Kritik an der semiotischen Konsumsoziologie deutlich gemacht, dass für viele Produkte erstens keine eindeutigen Bedeutungen vorliegen und dass diese zweitens auch keineswegs allgemein bekannt sind.
11 Vgl. zu entwicklungsförderlichen Konflikten oder Gewalt und Aggression: Hurrelmann 1999; Mansel und Hurrelmann 1998.
12 Gegen Ende der Pubertät bzw. im Erwachsenenalter werden die im Jugendalter demonstrativ praktizierten stereotypen Verhaltensweisen vermutlich wieder zurückgehen. Sie treten dann

diese Vermutung mit unseren Daten empirisch prüfen, indem wir drei verschiedene Altersgruppen unterscheiden und analysieren, ob sich die geschlechtsspezifischen Differenzen im Zeitverlauf verstärken.

Die empirischen Analysen bestätigen die theoretisch formulierten Erwartungen weitgehend: Jungen konsumieren mit höherem Alter im Vergleich zu Mädchen mehr Drogen und Snacks. Der umgekehrte Sachverhalt gilt für den Konsum von Obst und Gemüse. Die Präferenz der Mädchen für Obst und Gemüse verstärkt sich im Zeitverlauf. Dagegen bleibt der geschlechtsspezifische Unterschied im Fleischkonsum nahezu konstant. Auch im Hinblick auf die Einstellungen zeigen sich in zwei von drei Fällen die theoretisch erwarteten Entwicklungsverläufe.

Die Geschlechtsunterschiede bezüglich der Gesundheitsorientierung und des Ernährungswissens nehmen mit dem Alter zu.

Für den Konsum von Vollkornbrot, Süßigkeiten und Süßgetränken, lässt sich eine Zunahme der Geschlechtsunterschiede bei den ersten beiden Altersstufen beobachten, während der Unterschied bei der dritten Altersstufe wieder abnimmt. Über die Ursachen können wir hier nur spekulieren. Wir vermuten, dass die Unterschiede wieder abnehmen, weil in der Altersphase der 16-19-jährigen Mädchen die Hochphase der Pubertät bereits beendet ist, während sie bei den Jungen noch andauert (Fend 2001: 106-108). Diese Annahme wird durch die Entwicklung der Einstellungen unterstützt. So nimmt der Geschlechterunterschied bei den Körpereinstellungen und den Gesundheitseinstellungen in der dritten Altersklasse wieder ab. Entsprechend des Verlaufsunterschiedes der Pubertät bei den Geschlechtern, ist eine solche Verringerung plausibel. Denn die Bedeutung des schlanken Körpers und darauf basierend die Orientierung an Gesundheit des Körpers, tritt bei den Mädchen, wenn sie älter als 15 Jahre sind, wieder mehr in den Hintergrund.[13]

5.2 Sozialisationsinstanzen und die Ausbildung der geschlechtsspezifischen Einstellungen

In den Analysen des letzten Kapitels wurde deutlich, dass sich ein großer Teil der Unterschiede im Ernährungsverhalten zwischen Jungen und Mädchen auf Differenzen in den generalisierten Einstellungen zur Ernährung zurückführen lässt. Die Sozialisationshypothese legt es nahe, diese Unterschiede auf die beiden wichtigsten Sozialisationsinstanzen – das Elternhaus und die Schule – zurück-

---

hinter andere Definitionskriterien von Geschlecht zurück (z.B. spezielle Fähigkeiten, Bildungserfolge, Familienstatus etc.).

13 Vgl. Ergebnisse zu Essstörungen, Magersucht u.a.: Gerlinghoff et al. 1999.

Geschlecht, Lebensstile und Ernährung 169

zuführen. So ist aus der Sozialisationsforschung bekannt, dass die Entwicklung von allgemeinen Wertvorstellungen und Einstellungen zu Grundfragen des Lebens stark abhängig ist von der Sozialisation durch die Herkunftsfamilie (Grundmann 2001; Vogelgesang 2001).

Tabelle 3: Bivariate Korrelation: Geschlecht, gesunde Ernährung und Ernährungseinstellungen für drei verschiedene Altersgruppen

Ernährung	Geschlecht	Geschlecht 13-14-Jährige	Geschlecht 15-Jährige	Geschlecht 16-19-Jährige
Snacks	0,35***	0,22**	0,42***	0,51***
	(288)	(121)	(101)	(66)
Obst/Gemüse	-0,23**	-0,20**	-0,22*	-0,32***
	(292)	(123)	(102)	(67)
Fleisch	0,22***	0,25***	0,19*	0,20
	(292)	(120)	(103)	(69)
Drogen	0,06	-0,01	-0,07	0,37**
	(290)	(120)	(102)	(68)
Süßgetränke	0,23***	0,19**	0,34***	0,10
	(293)	(122)	(103)	(68)
Süßigkeiten	0,06	-0,08	0,17*	0,16
	(292)	(121)	(102)	(69)
Vollkornbrot	-0,10*	-0,04	-0,23**	-0,01
	(296)	(125)	(102)	(69)
Ernährungseinstellungen				
Körpereinstellung	-0,43***	-0,42***	-0,45***	-0,42***
	(401)	(158)	(135)	(109)
Ernährungswissen	-0,21***	-0,09	-0,29***	-0,30***
	(407)	(162)	(136)	(108)
Gesundheitseinstellung	-0,21***	-0,11	-0,28***	-0,26***
	(403)	(162)	(134)	(107)

$p < 0,1$, ** $p < 0,05$, *** $p < 0,01$ (Die Anzahl der berücksichtigten Fälle ist jeweils in Klammern angegeben.)

Wir gehen davon aus, dass die Einstellungen der Jugendlichen durch die Einstellungen der Eltern und deren Alltagspraktiken geprägt werden. Eltern, die auf die gesunde Ernährung ihrer Kinder achten, werden die Gesundheitsorientierung ihrer Kinder fördern. Und Eltern, die darauf achten, dass Kinder nicht zu viel essen, werden zur Ausbildung eines schlanken Körperideals beitragen. Die Gesundheitsorientierung der Eltern haben wir in der Befragung durch die Frage „Meine Eltern achten auf gesunde Ernährung" erhoben, die elterliche Kontrolle der Menge der zugenommenen Nahrung durch die Frage „Meine Eltern achten darauf, dass ich nicht zu viel esse".

Wir vermuten, dass die Schule vor allem das Wissen und die Bildung der Schüler beeinflusst (Hurrelmann 1999; Schäfers 1994; Zinnecker und Silbereisen 1998). Wir gehen davon aus, dass Kinder, die ein Gymnasium besuchen, über mehr Ernährungswissen verfügen als Kinder, die die Mittelschule besuchen. Wir haben getrennte Analysen für Mädchen und Jungen durchgeführt, um geschlechtsspezifische Unterschiede berücksichtigen zu können.

Tabelle 4: Lineare Regression: Determinanten der Ernährungseinstellungen und des Wissens für Mädchen und Jungen getrennt

	Körpereinstellungen		Gesundheitseinstellung		Ernährungswissen	
	Jungen	Mädchen	Jungen	Mädchen	Jungen	Mädchen
Elterlicher Einfluss						
Verzehrsmenge	0,40***	0,26***	0,18**	0,24***	---	---
Gesundheitseinstellung	---	---	0,43***	0,15*	---	---
Schulischer Einfluss						
Schultyp Gymnasium	---	---	---	---	0,31***	0,33***
Korrigiertes R²	0,16	0,06	0,24	0,08	0,09	0,11
Anzahl Fälle	194	205	193	206	198	209

* $p < 0{,}1$; ** $p < 0{,}05$; *** $p < 0{,}01$

Die Ergebnisse zeigen, dass die Kontrolle der Eltern über die Lebensmittelverzehrsmenge der Kinder einen Einfluss auf deren Körpereinstellungen hat und zwar in der erwarteten Richtung. Je stärker die Eltern darauf achten, dass die Kinder nicht zu viel essen, desto eher orientieren sich die Kinder an dem Ideal eines schlanken Körpers. Dieser Effekt ist interessanterweise bei den Jungen deutlich stärker als bei den Mädchen. Weiterhin zeigt sich, dass auch die

Gesundheitsorientierung der Eltern einen Einfluss auf die Gesundheitsorientierung der Kinder hat. Auch hier ist der Effekt bei den Jungen stärker als bei den Mädchen. Dazu ein Beispielzitat aus den Leitfadengesprächen:
„Meine Mutter hat da immer so ein Reformhausmüsli, das ist mit Nüssen und das ist superlecker. Und dann ess' ich morgens en Teller Müsli, weil das ist erst mal en bisschen was im Magen, weil so viel kann man morgens nicht essen und dann trinke ich mein Glas Molke (lachen), ganz brav. Doch, meine Mutti möchte das gerne, weil sie sagt das ist gesund und das bringt den Darmkreislauf erst mal in Takt so am Morgen." (Interview 236: 2).

Die Mutter weiß, was gesund ist und versucht es ihrer Tochter zu vermitteln, was ihr wohl auch gelingt, weil die Schülerin keine Einwände erhebt.

Schließlich bestätigt sich auch die These, dass die Schule einen Einfluss auf das Ernährungswissen hat. Kinder, die ein Gymnasium besuchen, verfügen über mehr Ernährungswissen als Kinder, die die Mittelschule besuchen. Auch dazu ein Beispielzitat aus den qualitativen Interviews zur Illustration.

„In der Siebenten hatten wir ein viertel Jahr über Ernährung gesprochen, also wie man es aufnimmt und was man essen sollt. Dann in der Hauswirtschaft hatten wir es letztens.(...) Ja und da bin ich drinne, weil ich ja Koch werden will und wir da auch kochen und da haben wir auch drüber gesprochen und dann in der neunten will se jemand einladen von der Ernährung. (...) Es ist nicht immer das gleiche, weil ich ja welche aus der neunten und zehnten kenne, es ist immer interessant gemacht." (Interview 358:19).[14]

Die empirischen Ergebnisse bestätigen also unsere Hypothesen. Erklärungsbedürftig ist allerdings der Befund, dass die Ernährungseinstellungen der Jungen in sehr viel stärkerem Maße in Abhängigkeit vom Elternhaus variieren, als dies bei den Mädchen der Fall ist. Wir vermuten, dass sich die Mädchen in ihren Körper- und Gesundheitsvorstellungen an gesellschaftlich weit verbreiteten Leitbildern orientieren, die nur wenig in Abhängigkeit von der Familie variieren. Diese Leitbilder werden von Mädchen zur Herausbildung von Geschlechteridentität in der Jugendphase aufgriffen.

6 Zusammenfassung

Viele Studien haben gezeigt, dass Frauen und Mädchen sich deutlich gesünder ernähren als Männer und Jungen. Diese Befunde werden auch durch unsere Studie unterstützt. Auf den deskriptiven Resultaten aufbauend haben wir in diesem Artikel versucht, die geschlechtsspezifischen Unterschiede im Ernährungsverhalten systematisch zu erklären. Dabei haben wir uns vor allem auf

---

14 Auch in unserer Studie bestätig sich der Zusammenhang von Schulleistung und Schultyp ($r = -0,29^{***}$).

eine sozialisationstheoretische Perspektive gestützt. Wir haben vermutet, dass a) die geschlechtsspezifischen Bedeutungen von Lebensmitteln, b) das Wissen um die Ernährung sowie c) die Gesundheits- und Körpereinstellungen sozialisationsbedingt für Männer und Frauen unterschiedlich sind. Diese Faktoren konstituieren eine geschlechtsspezifische Identität und können die Unterschiede in der Ernährungsweise zwischen Mann und Frau erklären helfen.

Die empirischen Analysen unterstützen unsere Hypothesen weitgehend. Die Körperbilder, die Gesundheitseinstellungen aber auch das Wissen um die Ernährung sind geschlechtsspezifisch unterschiedlich. Insbesondere für die Ernährung der Jungen ist die Semiotik der Lebensmittelprodukte ebenfalls bedeutsam. Dies gilt vor allem für fleischhaltige Produkte, Alkohol/Zigaretten und für Gemüse und Obst.

In einem weiteren Schritt haben wir versucht, die Entstehung der geschlechtsspezifischen Ernährungseinstellungen zu erklären. Dabei hat sich gezeigt, dass das Gesundheitsbewusstsein und die Schlankheitsvorstellungen durch die Familie der Jugendlichen beeinflusst werden, während das Wissen um eine gute Ernährung vor allem durch die Schule vermittelt wird. Dieser Zusammenhang gilt aber vor allem für die Jungen und in nur geringem Maße für die Mädchen; deren Grundeinstellungen werden von den beiden Sozialisationsinstanzen nur schwach beeinflusst.

Warum aber die sozialisierten Einstellungen und Bedeutungen für die Jungen und Mädchen handlungsrelevant sind, ist dadurch noch nicht komplett erklärt. Die empirischen Befunde sprechen für unsere Grundannahme der Instrumentalisierung von Geschlechterstereotypen zur Identitätsbildung der Jugendlichen. Es hat sich gezeigt, dass einige der geschlechtsspezifischen Ernährungsweisen und Einstellungsmuster mit dem Alter zunehmen und mit der Pubertät ihre Ausprägung erhalten, teilweise bei der letzten Altersklasse wieder abnehmen. In dieser Altersphase werden die geschlechtertypischen Rollen entwickelt. Und dabei ist der Rückgriff auf legitime Konnotationen von Lebensmitteln, die Kommunikation von Körpervorstellungen und Gesundheitseinstellungen wie auch die Essenspraxis natürlich sehr hilfreich.

Literatur

Bourdieu, Pierre, 1987: Die feinen Unterschiede. Kritik der gesellschaftlichen Urteilskraft. Frankfurt a.M.: Suhrkamp Taschenbuch.

Campbell, Colin, 1996: The Sociology of Consumption. S. 96 - 126 in: Daniel Miller (Hg.): Acknowledging Consumption. A Review of New Studies. London/New York: Routledge.

Charles, Nicola und Marion Kerr, 1986: Eating Properly, the Family and State Benefit, Sociology 20: 412 - 429.

Deutsche Gesellschaft für Ernährung, 2000: Vollwertig Essen und Trinken nach den Regeln der Deutschen Gesellschaft für Ernährung. Bonn: DGE.

Elias, Norbert, 1997: Über den Prozess der Zivilisation. Soziogenetische und psychogenetische Untersuchungen. Frankfurt: Suhrkamp Taschenbuch.

Faber, Cornelia, 1996: Ernährungsverhalten von Abiturienten: Eine empirische Studie bei hessischen Abiturienten allgemeinbildender und beruflicher Gymnasien mit dem Schwerpunkt Ernährung: Universität Gießen.

Fend, Helmut, 2001: Entwicklungspsychologie des Jugendalters. Opladen: Leske + Budrich.

Frerichs, Petra, 2000: Klasse und Geschlecht als Kategorien sozialer Ungleichheit, Kölner Zeitschrift für Soziologie und Sozialpsychologie 52: 36-59.

Gerhards, Jürgen und Jörg Rössel, 2002: Lebensstile und ihr Einfluss auf das Ernährungsverhalten von Jugendlichen, Soziale Welt 53: 323-346.

Gerhards, Jürgen und Jörg Rössel, 2003: Das Ernährungsverhalten Jugendlicher im Kontext ihrer Lebensstilein: Bundeszentrale für gesundheitliche Aufklärung (Hg.), Forschung und Praxis der Gesundheitsförderung. Köln: Bundeszentrale für gesundheitliche Aufklärung (BZgA).

Gerlinghoff, Monika, Herbert Backmund und Norbert Mai, 1999: Magersucht und Bulimie: verstehen und bewältigen. Weinheim, Basel: Beltz-Taschenbuch.

Grundmann, Matthias, 2001: Milieuspezifische Einflüsse familialer Sozialisation auf die kognitive Entwicklung und den Bildungserfolg. S. 209-229 in: Andreas Klocke und Klaus Hurrelmann (Hg.): Kinder und Jugend in Armut. Umfang, Auswirkungen und Konsequenzen. Wiesbaden: Westdeutscher Verlag.

Harris, Marvin, 1995: Wohlgeschmack und Widerwillen. Die Rätsel der Nahrungstabus. München: dtv.

Hartmann, Peter, 1999: Lebensstilforschung. Opladen: Leske + Budrich.

Hedström, Peter und Richard Swedberg, 1998: Social Mechanisms: An Introductory Essay. S. 1 - 31 in: Peter Hedström und Richard Swedberg (Hg.): Social Mechanisms. An Analytical Approach to Social Theory. Cambridge: Cambridge University Press.

Heyer, Alexandra, 1997: Ernährungsversorgung von Kindern in der Familie. Eine empirische Untersuchung. Lage: Jacobs.

Hurrelmann, Klaus, 1990: Einführung in die Sozialisationstheorie. Weinheim; Basel: Beltz Verlag.

Hurrelmann, Klaus, 1999: Lebensphase Jugend. Weinheim, München: Juventa.

Kerr, Marion und Nicola Charles, 1986: Servers and Providers: The Distribution of Food within the Family, Sociological Review 34: 115 - 157.
Kienzle, Brunhilde, 1988: Ernährungsverhalten von Schülern an Gymnasien, Realschulen und Hauptschulen - eine vergleichende Analyse von Ernährungsverhalten, Ernährungseinstellungen und Ernährungswissen bei Schülern der 9. Klasse an allgemeinbildenden Schulen im Freiburger Raum, Dissertation. Universität Hohenheim.
Köhler, Barbara Maria, 1991: Gibt es eine soziale Differenzierung des Ernährungsverhaltens? Sekundäranalytische Untersuchungen sozialer Bestimmungsgründe des Ernährungsverhaltens Erwachsener: Wissenschaftszentrum Berlin.
Kübler, Werner, et al. (Hg.), 1994: Lebensmittel- und Nährstoffaufnahme in der Bundesrepublik Deutschland. Ergänzungsband zum Ernährungsbericht 1992 auf der Basis der Nationalen Verzehrsstudie im Auftrag der Deutschen Gesellschaft für Ernährung. Verbundsstudie Ernährungserhebung und Risikofaktorenanalytik (VERA). Niederkleen.
Mansel, Jürgen und Klaus Hurrelmann, 1998: Aggressives und delinquentes Verhalten Jugendlicher im Zeitvergleich, Kölner Zeitschrift für Soziologie und Sozialpsychologie 50: 78-109.
Marquardt, Editha, 2000: Das kleine Geschlecht - Zur Geschichte der Frauen aus anthropometrischer Sicht. Ein Überblick, Jahrbuch für Wirtschaftsgeschichte: 29 - 42.
Müller-Schneider, Thomas, 1994: Schichten und Erlebnismilieus. Der Wandel der Milieustruktur in der Bundesrepublik Deutschland. Wiesbaden: Deutscher Universitätsverlag.
Prahl, Hans Werner und Monika Setzwein, 1999: Soziologie der Ernährung. Opladen: Leske + Budrich.
Prättälä, Ritva, 1988: Socio-Demographic Differences in Fat and Sugar Consumption Patterns Among Finnish Adolescents, Ecology of Food and Nutrition 22: 53 - 64.
Prättälä, Ritva, Ossi Rahkonen und Arja Rimpelä, 1988: Consumption Patterns of some Sugar-Containing Foods Among Finish Adolescents in 1981 - 1985, Nutrition Research 8: 3 - 11.
Prättälä, Ritva, Ossi Rahkonen und Matti Rimpelä, 1986: Consumption Patterns of Critical Fat Sources Among Adolescents in 1977 - 1985, Nutrition Research 6: 485 - 498.
Reinders, Heinz, 2002: Entwicklungsaufgaben - Theoretische Positionen zu einem Klassiker. S. 13-38 in: Hans Merkens und Jürgen Zinnecker (Hg.): Jahrbuch Jugendforschung. Opladen: Leske + Budrich.
Roos, Eva, et al., 1998: Gender, Socioeconomic Status and Family Status as Determinants of Food Behaviour, Social Science and Medicine 46: 1519- 1529.
Rössel, Jörg und Claudia Beckert-Zieglschmid, 2002: Die Reproduktion kulturellen Kapitals, Zeitschrift für Soziologie 31: 497-513.
Schäfers, Bernhard, 1994: Soziologie des Jugendalters. Opladen: Leske & Budrich.
Schulze, Gerhard, 1992: Die Erlebnisgesellschaft. Kultursoziologie der Gegenwart. Frankfurt a. M., New York: Campus.

Setzwein, Monika, 2002: Sex & food & hierarchy. Überlegungen zum Zusammenhang von Ernährung, symbolischer Geschlechterordnung und sexueller Ideologie. S. 75-98 in: Ingeborg Jahn und Ulla Voigt (Hg.): Essen mit Leib und Seele. Bremen.

Vogelgesang, Waldemar, 2001: "Meine Zukunft bin ich!" Alltag und Lebensplanung Jugendlicher. Frankfurt, New York: Campus.

Weyrauch, Susanne, 1996: Einfluß sozioökonomischer Merkmale auf den Lebensmittelverzehr und die Nährstoffzufuhr von Personen. Technische Universität München

Wittenberg, Reinhard, 1999: Ernährung und Gesundheit an Nürnberger Hauptschulen Januar 1999. Nürnberg

Zinnecker, Jürgen, 1987: Jugendkultur 1945 - 1985. Opladen: Leske + Budrich.

Zinnecker, Jürgen und Rainer K. Silbereisen, 1998: Kindheit in Deutschland. Aktueller Survey über Kinder und ihre Eltern. Weinheim, München: Juventa.

Zittlau, Jörg, 2002: Frauen essen anders - Männer auch. Frankfurt: Eichborn.

Identität und Behinderung
Behinderte und nichtbehinderte Kinder und Jugendliche in Sachsen
Marion Michel, Steffi Riedel, Monika Häußler-Sczepan

1 Anliegen der Studie

In der Präambel der Resolution der UN-Generalversammlung vom 20. Dezember 1993 zur Herstellung der Chancengleichheit für Menschen mit Behinderungen heißt es, dass alle Maßnahmen auf dem Gebiet der Behinderung eine angemessene Kenntnis der Lage und der besonderen Bedürfnisse der Behinderten sowie angemessene diesbezügliche Erfahrungen voraussetzen. Mit einer Reihe von Gesetzesinitiativen (SGB IX, BGG) wurde die Basis dafür geschaffen, dass Behinderung nicht mehr ausgrenzt, Menschen mit Behinderungen nicht mehr als Objekte einer paternalistischen Fürsorge, sondern als handelnde, ihre eigene Situation selbst bestimmende Subjekte betrachtet werden. Die Realität behinderter Menschen und darunter gerade auch behinderter Kinder und Jugendlicher zeigt jedoch, dass es noch ein weiter Weg ist, bis dieses Ziel erreicht wird.

Ausgehend von der Internationale Klassifikation der Funktionsfähigkeit, Behinderung und Gesundheit (ICF) zielt die vorliegende Studie auf die Ebene der „Teilhabe an Lebensbereichen" von behinderten Kindern und Jugendlichen und ihren Familien. Erkenntnisleitend ist dabei eine Orientierung an Selbstbestimmung, Wertschätzung und positiver Parteilichkeit für behinderte Kinder und Jugendliche im Sinne einer verbesserten „Teilhabe".

Mit der diesem Beitrag zugrunde liegenden empirischen Analyse wurde der Versuch unternommen, nicht nur die Sicht der Eltern behinderter Kinder und Jugendlicher zu erfassen, sondern mit einer einheitlichen Methode behinderte und nicht behinderte Jugendliche selbst danach zu befragen, wie sie zu einer eigenen Identität auf dem Weg in die Welt der Erwachsenen finden und ihre Teilhabe am gesellschaftlichen Leben realisieren. Insgesamt liegen Befragungsergebnisse von 808 Eltern behinderter Kinder und Jugendlicher im Alter von 0 bis 21 Jahren sowie von 2427 behinderten und nicht behinderten Jugendlichen im Alter von 11 bis 25 Jahren vor.

2 Die Familie mit behinderten Kindern und Jugendlichen

In einschlägigen Veröffentlichungen wurde die Situation von Familien mit behinderten Kindern lange Zeit unter dem Schlagwort der „behinderten Familie" diskutiert (Thimm 1974, Wöhler 1980, Engelbert 1989). Nippert (1988), Kniel (1988), Engelbert (1989), Bremer-Hübler (1990) u.a. analysierten die Belastungssituationen und „Coping-Strategien" der Familien. Danach kennzeichnen dauerhafte Belastung und „permanente" Elternschaft die Situation der Familien ebenso, wie ein hohes Maß an psychosozialer Benachteiligungen in der Gesellschaft (Bradl 1990).

Cloerkes (1997) hebt hervor, dass mit Eintritt der Behinderung eines Kindes die Mutter stärker als in anderen Familien auf die „Hausfrauen- und Mutterrolle" verwiesen wird. Infolge einer physischen und psychischen Überbelastung besteht die Gefahr einer ausschließlichen Orientierung auf die Bedürfnisse des behinderten Kindes (vgl. Häußler et al. 1996: 331). In der Rolle der Ko-Therapeutin sichert sie die Entwicklungsmöglichkeiten des Kindes, unterstützt und ergänzt die professionellen Maßnahmen (Weiß 1993). Die Situation der Mütter wird gekennzeichnet durch Überforderung (Bremer-Hübler 1990, Jonas 1990), die der Väter durch das Gefühl der Ausgrenzung (Hinze 1992), wobei die Behinderung des Kindes auch eine Chance für die Vertiefung der familialen und partnerschaftlichen Beziehungen darstellen kann (Hinze 1993; Kallenbach 1994).

Die Situation der Geschwister in Familien mit behinderten Kindern reicht von einer physischen und psychischen Überlastung über Ängste bezüglich möglicher eigener Behinderung, eine Mitstigmatisierung durch die Umwelt, die völlige Identifizierung mit dem behinderten Geschwister oder eine empfundene Vernachlässigung bis hin zur Herausbildung eines kompetenteren Sozialverhaltens, konstruktivem Konfliktverhalten und stärkerer emotionaler Bindung an die Familie (vgl. Hackenberg 1992, Neumann 2001, Achilles 2002). Die Situation des behinderten Kindes hingegen lässt sich einordnen zwischen Überbehütung, eine der Art und Schwere der Behinderung angemessenen Forderung und Förderung, Überforderung und Vernachlässigung (Cloerkes 1997).

Für die Gestaltung des Familienlebens mit behinderten Kindern ist es von großer Bedeutung, auf welche familialen und außerfamilialen sozialen Netze im Bedarfsfall zurückgegriffen werden kann, wobei es nicht nur um die Absicherung des Hilfe- und Pflegebedarfs für das betroffene Kind geht, sondern auch um die Verfügbarkeit von Bezugspersonen, um Kommunikation und emotionale Geborgenheit, um Krisenintervention und Mobilisierung von Selbsthilfepotenzialen, um gesellschaftliche Anerkennung und Integration (Engelbert 1999, Thimm/Wachtel 2002). Personelle Überforderung, fehlende materielle

Ressourcen oder nicht tragfähige soziale Netze sind wesentliche Risikofaktoren, die die Lebensqualität der betroffenen Familien beeinflussen.

3 Lebenslage behinderter Kinder und Jugendlicher

Folgen sozialer Ungleichheit und gesellschaftlicher Polarisierung betreffen Kinder und Jugendliche zunehmend stärker als andere Bevölkerungsgruppen (BMFSFJ 2002: 141). Im ersten Armuts- und Reichtumsbericht der Bundesregierung wird für Haushalte mit Kindern, darunter besonders für Haushalte Alleinerziehender und mit mehreren Kindern, eine unterdurchschnittliche Einkommensentwicklung sowie eine überproportionale Betroffenheit von Einkommensarmut verzeichnet (BMA 2001: 107). Liegt der Anteil der Haushalte unterhalb der Armutsgrenze bei Einelternhaushalten in den westlichen Bundesländern mit ca. 42% über den östlichen mit ca. 36%, kehrt sich das Verhältnis in Familien mit drei oder mehr Kindern um (31% im Westen und 46% im Osten). Kinder und Jugendliche unter 20 Jahren haben mit etwa 20% (in West und Ost) die höchsten Armutsraten in Deutschland (Bäcker u.a. 2000: 235).

Mit dem Lebenslagekonzept wird die auf das Einkommen reduzierte Betrachtungsweise der Armut überwunden und die kumulative Wirkung sozialer Ungleichheit besser nachweisbar. Neben dem verfügbaren Einkommen werden Faktoren wie Wohnsituation, schulische und berufliche Ausbildung, soziale Kontakte, Gesundheit und subjektives Wohlbefinden zur Bestimmung der sozioökonomischen Lage erfasst (Klocke/Hurrelmann 1998). Dieser multidimensionale Zugang ist für die Erfassung der Lebenssituation und Lebenschancen von Kindern und Jugendlichen besser geeignet als die Beschränkung auf die Einkommensarmut, denn eine dauerhafte Unterversorgung in zentralen Lebensbereichen stellt ein erhöhtes Entwicklungsrisiko für ein Kind dar. So schreibt Hurrelmann (2000: 27): "Armut macht Kinder körperlich und seelisch krank. Sie führt zu einer Einschränkung von Erfahrungen und Impulsen für die Entwicklung, besonders auch für die Intelligenzentwicklung und die Chancen zum Aufbau eines differenzierten Weltbildes". Dies gilt besonders für Kinder, die in sozialen Brennpunkten leben, die durch hohe Sozialhilfeabhängigkeit, unzureichende Wohnverhältnisse und eine schlechte Infrastruktur gekennzeichnet sind (Weiß 2000: 55). Insbesondere bei Kindern und Jugendlichen mit Verhaltensauffälligkeiten oder Lernschwierigkeiten stellt die sozioökonomische Lebenslage einen wesentlichen Erklärungsansatz dar. Sie ist nach den Ergebnissen der Züricher Längsschnittstudie zur kindlichen Entwicklung wesentlicher für die intellektuelle Entwicklung eines Kindes als sämtliche derzeit erfassbaren pränatalen und perinatalen Risikofaktoren (Largo/von Siebenthal

1997). Weiß (2000) verweist in diesem Zusammenhang auf die wachsende Bedeutung der Frühförderung von Kindern und Familien in Armutslagen, der Kinderbetreuungseinrichtungen und niederschwelliger Beratungsangebote, die positive Auswirkungen auf die Entwicklung von gefährdeten Kindern haben können.

Anzumerken ist jedoch, dass Armut und soziale Benachteiligung zwar das Risiko erhöhen, aber nicht zwangsläufig zu einer Entwicklungsgefährdung von Kindern und Jugendlichen führen müssen, denn stabilisierend wirken Faktoren wie ein emotional positives und stützendes Familienklima, soziale Netzwerke und Bildungsressourcen der Eltern (Weiß 1998).

4   Entwicklungsaufgaben in der Adoleszenz

Der Entwicklungsabschnitt Adoleszenz lässt sich umschreiben als Zeit der Entidentifizierung von den Kindheitsidealen und der Suche nach einer eigenen Identität und fordert die Kinder wie ihre Eltern gleichermaßen. Bielinski Kestenholz (1998) beschreibt ihn mit den Worten: „Die große Unsicherheit rund um die Frage: Wer bin ich eigentlich, wie sehe ich aus, wo stehe ich, was will ich tun, wer liebt mich, wechselt ab mit dem Gefühl, alles zu können, hergebrachte Werte einfach über Bord zu werfen, die Welt auf den Kopf zu stellen." Bei der Analyse der Situation behinderter Jugendlicher ist davon auszugehen, dass die Realisierung der von Havighurst (1972) sowie Dreher und Dreher (1985) formulierten Entwicklungsaufgaben in der Adoleszenz in Relation zu Art und Schwere der Behinderung mehr oder weniger stark beeinträchtigt wird infolge der höheren Abhängigkeit von den Eltern durch einen größeren Hilfe- und Betreuungsbedarf als bei nicht behinderten Gleichaltrigen, durch geringere außerfamiliale soziale Netze, ideelle und materielle Barrieren in der gesellschaftlichen Umwelt sowie engere gegenseitige emotionale Bindungen vor allem zwischen der Mutter und ihrem heranwachsenden Kind. Besonders bei der Akzeptanz der eigenen körperlichen Erscheinung, der Aufnahme von Beziehungen zu Gleichaltrigen beiderlei Geschlechts, dem Gewinnen der emotionalen Unabhängigkeit von den Eltern, dem Finden der eigenen Identität, der Aufnahme intimer Beziehungen und der Vorbereitung auf Partnerschaft und Familie ist davon auszugehen, dass Adoleszente mit Behinderungen größere Probleme zu bewältigen haben als nicht behinderte Altersgleiche. So verweist Hoepner-Stamos (1999) darauf, dass die Erkrankung/Schädigung einen zusätzlich Aspekt im Prozess der Identitätsfindung darstellt. Seiffge-Krenke (1996) betont, dass dieser Prozess besonders dann herausgezögert wird, wenn die Erkrankung erst im Jugendalter aufgetreten ist und der Jugendliche neben der

Identität und Behinderung 181

Bewältigung der Entwicklungsaufgaben auch die Bewältigung der Auseinandersetzung mit der Erkrankung/Behinderung realisieren muss.

5 Entstehungsgeschichte und Forschungsdesign

Im Rahmen einer 1997 begonnen Studie zur Lebenssituation von Familien mit behinderten Kindern wurden zunächst in Leipzig, im Auftrag des Behindertenbeirates der Stadt, und seit 2001 mit Förderung des Sächsischen Staatsministeriums für Soziales in drei Landkreisen des Freistaates Eltern behinderter Kinder im Alter von 0 bis 21 Jahre ab einem GdB 30 sowie behinderte und nicht behinderte Jugendliche im Alter von 11 bis 25 Jahren befragt (Abbildung 1).

Grundgesamtheit der Elternbefragung in Leipzig bildeten alle Kinder mit einer anerkannten (ab GdB 30) oder drohenden Behinderung, die in integrativen oder Fördereinrichtungen der Stadt betreut und von uns über diese Einrichtungen angesprochen wurden. Die Grundgesamtheit im ländlichen Raum bildeten alle Kinder der drei Landkreise mit einem anerkannten Grad der Behinderung ab GdB 30, der Versand der Fragebogen erfolgte über das Landesamt für Familie und Soziales. In beiden Teilstichproben wurden alle Eltern angeschrieben, der Rücklauf der Fragebogen betrug in Leipzig 25%, in den Landkreisen 27,8%. In der zusätzlich in die Studie aufgenommenen Förderschule für geistig Behinderte betrug der Rücklauf der Fragebogen 96,4%. Die erste Stufe der Befragung erfolgte anonym. Eltern, die sich zu vertiefenden Interviews bereit erklärten, hoben mit ihrer Einwilligungserklärung die Anonymität auf. Sie wurden sechs bis zwölf Monate nach der schriftlichen Befragung in den Haushalten aufgesucht. Eltern und Geschwister wurden in den vertiefenden Interviews mit einem teilstrukturierten Fragebogen mündlich befragt, im ländlichen Raum auch die behinderten Kinder selbst, soweit sie nach Alter (11 bis 25 Jahre) und Schwere der Behinderung dazu in der Lage waren.

Die behinderten Kinder und Jugendlichen aus der Großstadt rekrutierten sich aus Schülern von Förderschulen, Berufsförderschulen und Berufsbildungswerken bzw. Patienten medizinischer Versorgungseinrichtung (Diabetiker, Allergiker, Jugendliche mit Lippen-Kiefer-Gaumenspalte), die Vergleichsgruppen sowohl in der Stadt als auch in den Landkreisen aus Schülern der Haupt-, Mittel- bzw. Realschulen sowie der Gymnasien der jeweiligen Regionen. Während in den Förderschulen alle Schüler einbezogen wurden, erfolgte für die Schüler der Vergleichsgruppen eine Klumpenauswahl nach Schulart und Klasse, sodass alle Schularten und Klassenstufen hinreichend in der Stichprobe vertreten waren. Durchschnittlich zwei Drittel der ausgewählten Schüler nahmen an den

Interviews teil. In den Kliniken wurden alle Kinder und Jugendlichen der relevanten Altersgruppen angesprochen, die sich an den Erhebungstagen in der Klinik aufhielten.

Abbildung 1: Übersicht über den Aufbau der Untersuchung

Stadt Leipzig	Behinderte Kinder und Jugendliche[1]	Landkreise Mittweida, Torgau-Oschatz, Riesa-Großenhain
Schriftliche Befragung der Eltern N=376 Repräsentativbefragung[2] im Zeitraum 1997/1998	Stadt: Zeitraum 1999/ 2000 Schriftliche Befragung unter Gruppenbedingungen, bei Bedarf Einzelinterviews oder Assistenz/ Dolmetscher Land: Zeitraum 2002/2003 N=766	Schriftliche Befragung der Eltern N=379 Repräsentativbefragung[3] im Zeitraum 2001/2002 Eltern geistig behinderter Kinder N=53
	Lernbehinderte Kinder und Jugendliche Schriftliche Befragung unter Gruppenbedingungen N=388 Zeitraum 2002	
Vertiefende **mündliche** Interviews mit **Eltern (N=135)** und **Geschwistern (N=48)** (Teilmenge aus Gesamtstichprobe) Zeitraum 1999	Vergleichsgruppen Stadt (1999) und Land (2002) N=367 und N=687 Schriftliche Befragung unter Gruppenbedingungen	Vertiefende **mündliche** Interviews mit **Eltern (N=163)**, behinderten **Kindern (N=89)** und **Geschwistern (N=47)** (Teilmenge aus Gesamtstichprobe) Zeitraum 2002/2003 Geschwister geistig behinderter Kinder **(N=35)**

IfAS 2003

Für die Befragungen der Jugendlichen in den Schulen und medizinischen Einrichtungen wurde die Zustimmung der Eltern eingeholt. Bei der Erarbeitung der

---

1 Die Befragungen der behinderten Kinder und Jugendlichen und der Geschwister (in Leipzig) erfolgten im Rahmen von Dissertationen und Diplomarbeiten durch folgende Autoren: Nancy Bauer, Katrin Eidam, Hendrik Gantenbein, Anja Grobe, Sandra Grützmacher, Alexander Hilgart, Diana Meiler, Alexandra Meyer, Hanka Oberreich, Romy Wilkowski, Katja und Steffen Wunderlich. Die Arbeiten sind bisher nur zum Teil abgeschlossen.

2 Grundgesamtheit bildeten alle Kinder im Alter von 0 bis 21 Jahre mit einer anerkannten oder drohenden Behinderung.

3 Grundgesamtheit bildeten alle Kinder der drei Landkreise mit einem anerkannten Grad der Behinderung ab GdB 30 bis 100.

Identität und Behinderung 183

Fragebogen für die Jugendlichen fand das unterschiedliche Sprachverständnis der Schüler Berücksichtigung, sodass auch Hör- und Lernbehinderten weitestgehend die selbstständige Teilnahme an der Befragung möglich war. Lediglich für geistig behinderte Jugendliche kam ein gesonderter Fragebogen zum Einsatz.
Die Besonderheit des Anliegens der Studie und der Erreichbarkeit der behinderten Kinder und Jugendlichen machte ein differenziertes Auswahlverfahren erforderlich. Neben der Vielfalt der Untersuchungsgruppen liegen der Analyse differenzierte Längs- und Querschnittsdaten zugrunde.

6 Ergebnisse

6.1 Familiale Situation behinderter Kinder und Jugendlicher

Auf der Basis der empirischen Ergebnisse bestätigt sich erneut, dass die Familie für Kinder und Jugendliche die wesentlichste Bezugsgruppe darstellt, wobei die Mütter die Hauptbezugspersonen für die Kinder sind. Das begründet sich in erster Linie aus der überwiegend traditionellen Rollenverteilung in den Familien und nur zum Teil daraus, dass Kinder aus unvollständigen Elternhäusern kamen. Nach eigenen Angaben waren die Eltern behinderter Kinder im Vergleich zu allen Eltern in Sachsen häufiger verheiratet, aber auch öfter geschieden, wobei sich regionale Unterschiede zeigten. Eltern in der Großstadt sind unseren Ergebnissen zufolge zwar häufiger unverheiratet, leben jedoch oft in einer festen Partnerschaft. Eltern aus den ländlichen Regionen sind eher verheiratet. Wenn sie allein stehend sind, bedeutet das auch meist, dass sie allein leben und ihre Kinder allein großziehen (Tabelle 1).

Tabelle 1: Familienstand der Eltern behinderter Kinder (in Prozent)

Befragungsgruppe	Familienstand			
	verheiratet	ledig	verwitwet	geschieden
Stadt und Förderschule G (n=421)	60,6	15,9	3,6	20,0
Land (n=366)	74,6	8,7	2,7	13,9
Gesamt (n=787)	67,1	12,6	3,2	17,2
Sachsen gesamt (25 – 55 Jahre)*	61,8	27,3	1,4	10,1

*berechnet nach: Statistisches Jahrbuch Sachsen 2002, Tabelle II.4   IfAS 2003

Damit kann der These widersprochen werden, dass die Paarbeziehungen in Familien mit behinderten Kindern generell besonders gefährdet sind. Vielmehr stehen Art, Schwere und Verlauf der Behinderung im Zusammenhang damit, wie die Partner die Situation bewältigen. Risiken für die Partnerschaft sind unseren Ergebnissen zufolge dann größer, wenn die Behinderung allmählich eingetreten ist und Krisen in der Entwicklung des Kindes immer wieder die Stabilität der Familie beeinträchtigen. Instabiler sind die Partnerschaften der Eltern auch bei Kindern mit psychischen oder Lernbehinderungen. Wobei in den beiden letzten Gruppen vermutlich die Trennung der Eltern auch die Behinderung des Kindes beeinflusste. Lernbehinderte Kinder wachsen am häufigsten von allen Vergleichsgruppen in inkompletten Familien auf, was sich nicht zuletzt auf die soziale Situation der Kinder auswirkt. Eine Vorbereitung auf Partnerschaft, Ehe und Familie durch das Erleben des elterlichen Vorbildes ist somit bei diesen Gruppen erschwert.

Die überwiegende Mehrzahl aller befragten Jugendlichen wächst mit Geschwistern auf, wobei Lernbehinderte und Geschwister behinderter Kinder häufiger als alle anderen Gruppen aus kinderreichen Familien kamen. In der Geschwisterfolge gab es keine nennenswerten Unterschiede zwischen behinderten und nicht behinderten Kindern und Jugendlichen, lediglich die Gruppe der Geschwister hebt sich ab, sie waren vergleichsweise oft ältestes Kind in der Familie (Tabelle 2).

Tabelle 2: Anzahl der Geschwister und Geschwisterposition (in Prozent)

Gruppe	Geschwister vorhanden	Anzahl der Geschwister				Geschwisterposition		
		eins	zwei	drei	vier und mehr	Ältestes Kind	Mittleres Kind	Jüngstes Kind
Behinderte Stadt	78,7	51,9	16,7	6,3	3,2	38,2	12,6	49,2
Geschwister	100	43,9	23,2	11	21,9	47,6	35,4	17
Lernbehinderte	89,4	41,2	21,1	12,9	13,2	31,8	25,5	42,7
Behinderte Land	85,4	51,7	19,9	9	4,4	36,5	18,9	44,6
Vergleich Stadt	76,3	50,7	18	4,9	2,2	36,8	14,4	48,7
Vergleich Land	77,6	54,4	17,2	3,9	2,2	36,2	10,1	53,7

IfAS 2003

Einerseits kann man also davon ausgehen, dass die Mehrzahl der behinderten Kinder und Jugendlichen in einem stabilen familialen Umfeld aufwächst, wobei behinderungsspezifische Unterschiede auftreten. Andererseits muss in diesem Zusammenhang aber auch beachtet werden, dass bereits infolge der Familiensituation ein größerer Teil behinderter Kinder und Jugendlicher einem poten-

Identität und Behinderung

ziellen Armutsrisiko ausgesetzt ist (Kinder aus Einelternfamilien bzw. kinderreichen Familien) als in der Gruppe der Nichtbehinderten.

Ein weiterer wesentlicher Faktor, der sich auf die soziale Lage auswirkt, ist die Beschäftigungssituation der Eltern. Insgesamt bestätigen die Ergebnisse erneut, dass Eltern behinderter Kinder und Jugendlicher häufiger von Arbeitslosigkeit betroffen sind als Eltern nicht behinderter und damit auch häufiger von alimentierten Einkommen leben müssen. So liegt das Haushaltsnettoeinkommen in den Familien mit behinderten Kindern durchschnittlich zwischen 500€ und 700€ unter dem Einkommen vergleichbar großer Haushalte in Ostdeutschland, bei Zwei-Personen-Haushalten ist es sogar um ca. 900€[4] niedriger. Selbst wenn die Familien, wie im Falle der körperbehinderten Kinder, über ein besseres finanzielles Budget verfügen, relativiert sich das durch hohe Lebenshaltungskosten und behinderungsbedingten Mehrbedarf des Kindes (Abbildung 2).

Abbildung 2: Finanzielle Mehrbelastung in Familien mit behinderten Kindern für ... (in Prozent)

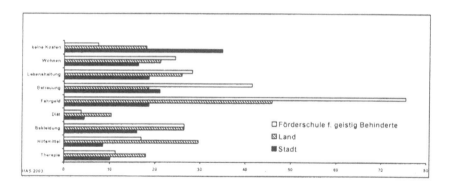

Bei einer detaillierten Analyse der Mehrkosten wird auch deutlich, dass Familien mögliche Hilfeleistungen oft nicht in Anspruch nehmen können infolge fehlender Informationen oder fehlender Kraft für Behördengänge, Einsprüche oder gar Klagen vor dem Sozialgericht. Damit wird ein weiterer Risikofaktor für soziale Benachteiligung sichtbar.

Die vorliegenden Ergebnisse verweisen darauf, dass Kinder und Jugendliche mit Behinderungen, darunter insbesondere mit Lern- aber auch mit Sehbe-

---

4 Berechnet nach den Ergebnissen des Sozio-Ökonomischen Panels 2001

hinderungen, häufiger unter ungünstigen sozioökonomischen Verhältnissen leben als nicht behinderte Gleichaltrige. Auswirkungen auf die Teilhabechancen der behinderten Jugendlichen lassen sich bei verschiedenen Fragestellungen der Studie nachweisen, so bei der Freizeit- und Feriengestaltung, der Inanspruchnahme von Diensten oder der Ausstattung der Haushalte mit Computern.

6.2 Selbstständigkeit erwerben – ein wichtiger Schritt zur Identitätsfindung

Die Gewinnung von Selbstständigkeit und emotionaler Unabhängigkeit von den Eltern stellt einen Lernprozess für Eltern und Kinder gleichermaßen dar. Dieser Prozess gestaltet sich für behinderte Jugendliche besonders dann schwierig, wenn Art und Schwere der Behinderung ein hohes Maß an Hilfe- und Pflegebedarf erfordern. Cloerkes (1997: 250)) verweist darauf, dass die Aufgabe der Erziehung des behinderten Kindes der Mutter im Vergleich zur „Nur-Hausfrau" eine größere Stabilität und Bedeutung in Ihrer Rolle geben kann. Dieses Rollenverständnis dürfte es aber dem behinderten Jugendlichen besonders erschweren, Selbstständigkeit und emotionale Unabhängigkeit zu erwerben, denn sie bringt einen scheinbaren Rollenverlust mit sich. Dieses Problem wird in der vorliegenden Studie besonders daran sichtbar, dass sehr viele der Eltern zwar einerseits als hauptsächliche Zukunftsangst angaben, das Kind könne nicht mehr versorgt werden, wenn sie einmal selbst nicht mehr dazu in der Lage sein werden. Andererseits nahmen sie außerfamiliale Hilfe besonders im ländlichen Raum relativ selten in Anspruch, zum Teil, weil sie nicht verfügbar oder nicht bezahlbar war, zum Teil aber auch aus Angst vor der sozialen Kontrolle oder dem Anspruch, nur selbst in der Lage zu sein, für das Kind „richtig" zu sorgen. Das spiegelt sich sowohl in der Frage nach Unterstützungspotenzial bei Ausfall der Hauptbetreuungsperson (Abbildung 3) als auch bei Fragen nach der Ferienbetreuung oder der Inanspruchnahme sozialer Dienste bzw. der Begründung für die Nichtinanspruchnahme wider.

Die überwiegende Mehrheit würde die Betreuung innerhalb der Familie organisieren. Soziale Dienste spielen im ländlichen Raum so gut wie keine Rolle, eher werden Freunde und Nachbarn einbezogen. In der Großstadt kehrt sich diese Relation um. Die Folge dieser Situation ist nicht nur die permanente Überlastung der Familie, die von den Eltern auch benannt wird, sondern auch ein Erschweren des „Ablösungsprozesses" der heranwachsenden Kinder. Eine Mutter, deren geistig behinderte Tochter den Wunsch geäußert hatte, in ein Projekt für betreutes Wohnen zu ziehen, schilderte uns, dass sie nach einem langen Prozess der Auseinandersetzung begriffen hatte, dass auch behinderte Jugendliche und junge Erwachsenen das Recht besitzen, selbstständig zu werden

Identität und Behinderung 187

und es für die Eltern eine sehr wichtige Aufgabe sein muss, ihre Kinder in diese Selbstständigkeit zu begleiten.

Abbildung 3: Unterstützungspotenzial bei Ausfall der Hauptbetreuungsperson (Angaben der Eltern)

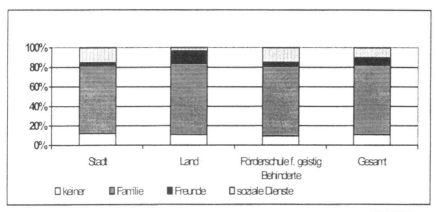

IfAS 2003

Zu dieser Begleitung gehört, den Kindern zu ermöglichen, sich entsprechend ihrer Fähigkeiten an der Gestaltung des Familienalltages zu beteiligen. Von Interesse war es deshalb für uns, ob und in welcher weise behinderte und nicht behinderte Jugendliche selbstständig einkaufen gehen, im Haushalt helfen und Erziehungsstile der Eltern übernehmen würden. Mit Ausnahme der lernbehinderten Jugendlichen erlebten die meisten der Befragten ihre Eltern als gerecht gegenüber sich selbst und den Geschwistern. Überwiegend positiv bewerteten behinderte wie nicht behinderte Jugendliche die erlebten Erziehungsstile ihrer Eltern. So erläuterten ca. zwei Drittel (67,2%) aller befragten Kinder und Jugendlichen, was sie genau so wie ihre Eltern machen würden, etwas mehr als die Hälfte (54,1%) nannten Dinge, die sie ändern würden. Besonders Wünsche nach „Normalität", „Hilfe und Unterstützung", „gemeinsame Aktivitäten, miteinander reden", „Verständnis, Vertrauen, Toleranz und Gerechtigkeit" wurden dabei von behinderten und nicht behinderten Jugendlichen als bedeutsam hervorgehoben. Lernbehinderte wollten seltener die Erziehungsstile der Eltern (20%) übernehmen und jeder zehnte dieser Gruppe betonte die Notwendigkeit einer gewaltfreien Erziehung.

In Bezug auf die Beteiligung am Familienalltag wird deutlich, dass traditionelle Rollenverteilungen sowohl bei behinderten Kindern und Jugendlichen als auch bei der nicht behinderten Vergleichsgruppe wirken: In Konfliktsituationen werden Schwestern eher als Ratgeber angesprochen als Brüder. Mädchen haben stärker als Jungen das Gefühl, mehr helfen zu müssen als die Geschwister (Abbildung 4). Auch die Mädchen mit Behinderungen übernehmen, soweit es infolge der Behinderung möglich ist, so wie nicht behinderte Mädchen die traditionellen Aufgaben in der Haushaltspflege, behinderte wie nicht behinderte Jungen hingegen Arbeiten außerhalb des Haushaltes. Allerdings verbindet sich für behinderte Mädchen damit auch, besser als behinderte Jungen auf ein selbstständiges Leben vorbereitet zu werden.

Selbstständig einkaufen gehen 87% der behinderten Kinder aus der Stadt, damit sogar etwas häufiger als nicht behinderte Gleichaltrige, jedoch nur 69% der behinderten Kinder aus dem ländlichen Bereich. Eine der Hauptursachen bestehen in den infrastrukturellen Defiziten kleinerer Orte, in denen kaum noch Einkaufsmöglichkeiten bestehen – ein Problem, das bereits seit längerem in Bezug auf den Erhalt der Alltagskompetenz älterer Menschen diskutiert wird. Aber auch für den Kompetenzerwerb von Kindern und Jugendlichen erweist sich dies als problematisch.

Abbildung 4: Anteil an der Hausarbeit aus Sicht der Kinder und Jungendlichen

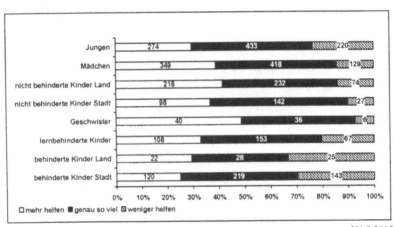

IfAS 2003

Bezüglich der Vorbereitung auf ein selbstständiges Leben bedarf es sowohl der gesellschaftlichen und infrastrukturellen Angebote als auch der Beratung und Unterstützung für Eltern behinderter Kinder und Jugendlicher, damit es ihren heranwachsenden Kindern möglich wird, in eine von den Eltern relativ unabhängige, bei Bedarf auch betreute Selbstständigkeit entlassen zu werden.

6.3 Bedeutung der Schule für behinderte Kinder und Jugendliche

Schule und Freizeit sind die Lebensbereiche, in denen der Heranwachsende insbesondere Kontakt zu Gleichaltrigen aufnehmen, sich in Peer-Groups integrieren und auf seine berufliche Zukunft vorbereiten kann. Nach wie vor ist es so, dass die Mehrzahl behinderter Kinder und Jugendlicher in speziellen Förderschulen unterrichtet wird. Tendenziell steigen die Zahlen der Förderschüler sogar gegenüber sinkenden Schülerzahlen insgesamt. Die meisten Förderschüler kommen dabei aus dem Bereich der Lernförderschulen. Darauf verwies u. a. der Elfte Kinder- und Jugendbericht der Bundesregierung (BMFSFJ 2002: 226).

Wissenschaftler, Pädagogen, Interessenvertreter behinderter Menschen sowie Eltern diskutieren gleichermaßen die Bedeutung integrativer Beschulung behinderter Kinder. Chancengleichheit, Abbau ideeller Barrieren, soziale Integration in die Familie und in das Wohnumfeld sind nur einige Aspekte, die in diesem Zusammenhang genannt werden. Andererseits sprechen qualifizierte Lehrkräfte, optimale, der Behinderung des Schülers angepasste Förderbedingungen in den jeweiligen Schulen und die Möglichkeit der Verbindung pädagogischer und therapeutischer Maßnahmen für eine Präferenz der Förderschulen. Für die Schüler in Sachsen bestätigte sich, dass Schulwege bis zu 3 Stunden eine zusätzliche Belastung für die Kinder darstellen. Die Ausdünnung der Schullandschaft besonders im ländlichen Raum ermöglicht jedoch immer größeren Schülergruppen keinen wohnortnahen Schulbesuch mehr. Damit würde selbst bei integrativer Beschulung für behinderte Kinder und Jugendliche keine wesentliche zeitliche Entlastung erfolgen. Im Zusammenhang mit der Frage nach der Erfahrung von Gewalt zeigt sich darüber hinaus, dass der Schulbus einen Ort darstellt, an dem sehr häufig gewalttätige Auseinandersetzungen geführt werden!

Bezüglich der Vorstellung von Eltern und Schülern zur bevorzugten Schulart ergab sich ein interessantes Bild. Während in der schriftlichen Befragung der Eltern in der Großstadt 59% für eine integrative Beschulung votierten, waren es auf dem Land 49%, wobei in diese Berechnung nur die Eltern einbezogen wurden, deren Kinder im schulpflichtigen Alter waren. In den mündlichen Interviews wurden Eltern (nur von behinderten Kindern) sowie behinderte und nicht behinderte Schüler in der gleichen Weise nach ihrer Schulpräferenz befragt. Mehr als 40% der behinderten und nicht behinderten Jugendlichen würden einen integrativen Unterricht bevorzugen, bei den lernbehinderten Schülern nur ein Drittel. Eltern im ländlichen Raum wünschten sich das zu 71%, was nicht verwunderlich ist, lebten doch viele der behinderten

Kinder während der Woche in den Wohnheimen der Förderschulen. Behinderte Kinder aus dem ländlichen Raum und Geschwister behinderter Kinder wählten zu etwa zwei Dritteln ebenfalls die Integrationsschule als günstigste Schulform. Besonders bei den Geschwistern wird deutlich, dass für sie das Zusammenleben mit dem behinderten Kind normal ist und Berührungsängste keine Rolle spielen. Das unterstreicht die Notwendigkeit, integrative Bemühungen weiter zu verstärken, damit auch für diejenigen, die keine unmittelbaren Kontakte zu behinderten Menschen haben, das Zusammenleben Normalität wird. Hervorzuheben ist jedoch, dass behinderte Schüler aus der Großstadt, darunter vor allem hör- und sprachbehinderte Kinder und Jugendliche, eine ihrer Behinderungsart entsprechende Förderschule präferierten. Dieses Ergebnis zeigt sich noch an anderen Stellen der Studie. Die Störungen im kommunikativen Bereich führen offensichtlich besonders stark zur Ausgrenzung und erschweren es dem Heranwachsenden, gleichberechtigte Kontakte zu Gleichaltrigen aufzunehmen.

Die Präferenz der Förderschulen begründete sich vor allem aus dem gemeinsamen Verständnis, dem gegenseitigen Austausch sowie der Spezialisierung der Lehrer, aber auch der Angst vor Ärger und Hänseleien. Für die Begründung des integrativen Gedankens standen Argumente, wie: "Alle Menschen sind gleich, Behinderung ist Nebensache", "Umgang lernen" und die Möglichkeit, Kontakte zu knüpfen.

Nach Ergebnissen der Shell Studie gingen nur gut ein Drittel der befragten Jugendlichen gern oder sehr gern zur Schule, wobei sich Mädchen als etwas motivierter erweisen als Jungen (Shell 2002: 72). Ähnliche Ergebnisse fanden wir in unserer Studie. Dabei bestätigte sich, dass Mädchen traditionell bedingt positiver zur Schule eingestellt sind als Jungen und ebenso jüngere Schüler im Vergleich zu Älteren. Aber auch behinderte Schüler gaben häufiger als ihre nicht behinderten Altersgefährten an, gern und sehr gern zur Schule zu gehen (Abbildung 5).

Während Schulstress und „Null-Bock" besonders von Schülern der Regelschulen als Gründe dafür angeführt wurden, nicht gern zur Schule zu gehen, nahmen bei Förderschülern Hänseleien an Bedeutung zu.

Beachtenswert erscheint, dass Schüler von Förderschulen neben der größeren Motiviertheit zum Schulbesuch auch bessere Noten für das Lehr- und Lernklima an ihren Schulen vergaben (Abbildung 6). Sie erlebten ihre Lehrer als engagierter und bewerteten die Förderung der Selbstständigkeit und der Vorbereitung auf den Beruf besser als Regelschüler. Bei allen Diskussionen um Vor- und Nachteile der Förderschulen sollte dieser Aspekt unbedingt Beachtung finden, steht hinter dieser Bewertung doch letztlich eine Kritik an den Regelschulen. Leider werden in Schulvergleichen (z. B. PISA) bisher kaum

Identität und Behinderung 191

Ergebnisse von Förderschulen dargestellt, somit können die Aussagen der Schüler nicht bezüglich der Lernergebnisse verglichen werden.

Abbildung 5: Positive Einstellung zum Schulbesuch (in Prozent)

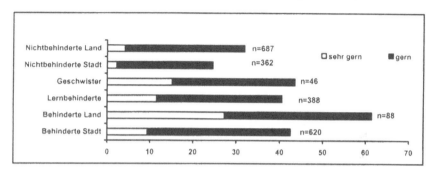

Abbildung 6: Bewertung ausgewählter Aspekte des Lehr- und Lernklimas aus der Sicht der Schüler

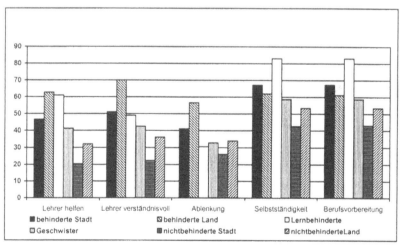

IfAS 2003

In Bezug auf die Frage nach der günstigsten Schulform muss zusammenfassend festgestellt werden, dass einerseits bei Schülern wie Eltern ein starker Wunsch nach mehr Integration und damit nach mehr „Normalität" im Schulalltag besteht.

Das würde letztendlich auch einen wichtigen Beitrag zur Realisierung der Entwicklungsaufgaben bezüglich der Akzeptanz des eigenen Erscheinungsbildes und der Kontaktaufnahme zu Gleichaltrigen bedeuten. Andererseits fördert die Qualität des Lehr- und Lernklimas an den Förderschulen eine bessere Vorbereitung auf den Beruf, eine zwingende Notwendigkeit angesichts eingeschränkter beruflicher Chancen behinderter Menschen.

6.4 Bedeutung der Freizeit für behinderte Kinder und Jugendliche

Ein wesentlicher Lebensbereich für die Entwicklung in der Adoleszenz stellt die Freizeit dar, hier trifft man sich mit Freunden, trainiert soziales Verhalten, gewinnt Erfahrungen im Umgang mit Gleichaltrigen beiderlei Geschlechts und macht erste sexuelle Erfahrungen. Eine wichtige Fragestellung im Rahmen unserer Studie war deshalb, mit welchen Bezugspersonen und mit welchen Aktivitäten Freizeit verbracht wird.

In verschiedenen Analysen zur Lebenssituation behinderter Menschen wird darauf verwiesen, dass sie über durchschnittlich kleinere soziale Netze verfügen als Nichtbehinderte (z. B. Engelbert 1999:124; Häußler/Bormann 1997: 171). Bei einem Vergleich der angegebenen Freundeskreise behinderter und nicht behinderter Jugendlicher wird deutlich, dass Schüler von Förderschulen, sowie aus dem ländlichen Raum häufiger als Regelschüler der Großstadt angaben, keine Freunde zu haben (4 bis 5%) (Abbildung 7). Das traf auf noch mehr Schüler mit Sprachstörungen (8,8%) und Körperbehinderungen (6,3%) zu. In allen Gruppen wurden am häufigsten 1 bis 5 Freunde angegeben, insbesondere von Förderschülern in der Großstadt, während Lernförderschüler und Jugendliche mit Hörbehinderungen verstärkt über größere Freundeskreise berichteten.

Bei der Frage nach der häufigsten Kontaktperson in der Freizeit stand bei allen Gruppen der Freundeskreis an der Spitze, gefolgt von den Müttern, Vätern und Geschwistern. Behinderte Jugendliche hatten jedoch wesentlich seltener Kontakt zu Gleichaltrigen aus der Wohnumgebung, eher noch zu Mitschülern. Sie gaben auch seltener die Geschwister als Kontaktperson an als nicht behinderte Jugendliche, trotz vergleichbarer Geschwisterzahlen. Neben zeitlichen Problemen durch lange Schulwege, was auch auf die nicht behinderten Schüler im ländlichen Raum zutrifft, begrenzen eingeschränkte Mobilität und Kommunikationsfähigkeit den Kontakt zu Gleichaltrigen. Bezogen auf Jugendliche mit Hörbehinderungen erwies es sich, dass sie dem Begriff „Freund" eine andere Bedeutung zumessen, Freunde sind alle, die dem Kulturkreis der Gehörlosen angehören.

Identität und Behinderung

Abbildung 7: Anzahl der Freunde bei Schülern von Förder- und Regelschulen im Stadt-Land-Vergleich

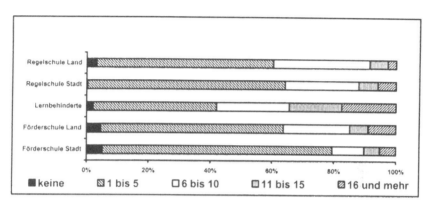

IfAS 2003

Die Aussage bezüglich der sozialen Kontakte zu Gleichaltrigen müssen somit differenzierter getroffen werden. Behinderte Jugendliche haben weniger Gelegenheit, mit nicht behinderten Gleichaltrigen in Kontakt zu treten, ihr Freundeskreis rekrutiert sich in erster Linie aus Mitschülern der Förderschulen. Dieses Ergebnis spiegelt sich auch wider in der Verfügbarkeit von Freizeitgruppen (Tabelle 3). Weniger als die Hälfte der behinderten Jugendlichen aus der Großstadt und der Lernbehinderten gaben derartige Freizeitgruppen an, nicht behinderte Gleichaltrige konnten auf ein viel größeres Angebot verweisen. Besonders problematisch erweist sich die Situation für Jugendliche mit Körper- und Sprachbehinderungen. Mobilitätseinschränkungen, ungeeignete Regelungen des Fahrdienstes, bauliche Barrieren grenzen behinderte Jugendliche von der gleichberechtigten Teilhabe ebenso aus wie Stigmatisierungen bei gestörter Kommunikationsfähigkeit.

Obwohl von der Tendenz her ähnliche Muster der Freizeitaktivitäten bei behinderten und nicht behinderten Jugendlichen festzustellen waren, zeigte sich, dass vor allem körper- und sehbehinderte Jugendliche größere Anteile der Freizeit im häuslichen Bereich verbringen, davon besonders vor dem Computer oder Fernseher. Behinderte Jugendliche besuchen hingegen wesentlich seltener Diskotheken und Klubs bzw. Kino, Theater und Konzerte.

Tabelle 3: Vorhandene Freizeitgruppen außerhalb der Schule (N=2323) (in Prozent)

Gruppe	vorhanden	Welche Freizeitgruppen						
		Kultur	Sport	AG	PC-Klub	Selbsthilfe	Jugendtreff	sonstiges
behinderte Kinder Stadt	49,8	12,1	69,7	1,0	0	0	11,1	6,1
behinderte Kinder Land	53,4	0	43,5	10,9	0	4,3	13,0	26,1
lernbehinderte Kinder	48,4	1,9	44,4	5,0	0	0,6	35,0	13,1
Geschwister	66,0	0	51,6	0	0	0	16,1	32,3
Nichtbehinderte Stadt	73,0	18,8	60,3	3,8	2,6	0,4	13,7	0,4
Nichtbehinderte Land	67,6	8,0	33,1	1,9	0,1	0	4,1	4,2
Gesamt	59,6	9,1	43,3	2,9	0,6	0,3	11,0	6,3

IfAS 2003

Die eingeschränkten Möglichkeiten der Kontaktaufnahme zu nicht behinderten Gleichaltrigen wird schließlich deutlich bei der Frage nach Ferienangeboten für die Kinder, die allerdings nur aus der Sicht der Eltern erfragt wurden. Nur 8% der Eltern konnten auf integrative Ferienangebote für ihre Kinder zurückgreifen, 43% gaben Angebote der Förderschulen / Kindereinrichtungen oder von Behindertenverbänden an, also auch hier bestehen nur eingeschränkte Möglichkeiten der Kontaktaufnahme zu Gleichaltrigen.

6.5 Medizinische Versorgung

Behinderte Kinder und Jugendliche haben neben der altersgemäßen Auseinandersetzung mit ihrer eigenen Identität die Auseinandersetzung mit ihrem behinderungsbedingten Anderssein zu bewältigen. Darauf verwiesen besonders Seiffge-Krenke (1996), Bielinski Kestenholz (1998) und Hoepner-Stamos (1999). Nach den uns vorliegenden Ergebnissen kommen Eltern (vorrangig den Müttern) und dem medizinischen Personal wesentliche Unterstützungsfunktionen in diesem Auseinandersetzungsprozess zu.

Erwartungsgemäß befanden sich behinderte Jugendliche aktuell, d. h. zum Befragungszeitpunkt (68,1%) bzw. früher (10,6%) in regelmäßiger ärztlicher Behandlung. Auf Lernbehinderte traf das zu 14,1% (aktuell) bzw. 24,2% (früher) zu und auf nicht behinderte zu 13,1% (aktuell) und 15,1% (früher). Dabei war ein Stadt-Land-Gefälle festzustellen. Sowohl bei den behinderten als auch nicht behinderten Jugendlichen befanden sich die Großstädter häufiger in Behandlung.

Identität und Behinderung 195

Eine ähnliche Tendenz bei einer geringeren Häufigkeit der Kontakte zeigt sich auch bezüglich der Konsultationen bei einem Psychotherapeuten. Dabei wurden behinderte Jugendliche auch nach Erreichen der Volljährigkeit häufiger von ihren Eltern zum Arzt bzw. Psychologen begleitet als nichtbehinderte, was offensichtlich nicht nur in der Schwere der Behinderung begründet ist, sondern auch darin, dass Eltern die Gratwanderung zwischen „Loslassen" und „Verantwortung tragen" bewältigen müssen.

Kritischer als nicht behinderte Gleichaltrige bewerten behinderte Jugendliche den Arztbesuch dahingehend, dass der Arzt nur mit der Begleitperson spricht (Abbildung 8), den jugendlichen Patienten und seine Probleme nicht so ernst nimmt und seinem Patienten nicht zuhört. Junge Behinderte aus der Großstadt berichteten diese Erfahrungen noch häufiger als aus dem ländlichen Raum, ebenso Jugendliche mit Hör-, Sprach- und Körperbehinderungen. Auch wenn die Bewertung der Arztbesuche überwiegend positiv ausfällt, wird an den Ergebnissen doch eine Ungleichbehandlung behinderter und nicht behinderter Jugendlicher deutlich, die letztlich auch eine Form der Diskriminierung darstellt und den Identifikationsprozess erschwert.

Abbildung 8: Bewertung des Arztbesuches aus der Sicht der Jugendlichen (in Prozent)

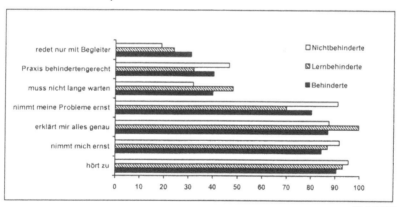

IfAS 2003

6.6 Diskriminierung und Ausgrenzung

Die Zuschreibung des Status behindert zu sein bedeutet eine Abweichung von gesellschaftlich definierter Normalität. Dabei hängt von der Art der Behinderung (Sichtbarkeit, Einschränkung gesellschaftlich hochbewerteter Leistungen und angenommene Bedrohlichkeit für andere) und dem gesellschaftlichen und sozialen Umfeld ab, wie andere Menschen mit dem wahrgenommenen „Anderssein" umgehen (vgl. Cloerkes 1997: 77ff). Diskriminierung und Ausgrenzung stellen Reaktionen der Umwelt auf dieses „Anderssein" dar und gehören für viele behinderte Menschen in unserer Gesellschaft zum „normalen" Alltag. Nach Häußler et al. (1996, 285) erklärten in einer bundesweiten Studie zur Lebenssituation von Menschen mit Behinderungen 35% von Kindheit an behinderter erwachsener Befragter, bereits in Kindergarten oder Schule diskriminierende Erfahrungen gemacht zu haben. Ausgrenzung und Diskriminierung findet in vielfältiger Form statt, sei es bezüglich fehlender oder geringer Barrierefreiheit, unzureichender Beachtung der Bedürfnisse behinderter Kinder und Jugendlicher und ihrer Familien oder schlimmstenfalls in Form von direkter physischer, psychischer oder verbaler Gewalt, wozu Cloerkes (1997: 79) auch Mitleid, aufgedrängte oder unpersönlich Hilfe (Spenden) zählt.

Sowohl Eltern als auch Kinder und Jugendliche aus dem ländlichen Raum berichteten häufiger über Gewalterfahrungen als die jeweiligen Vergleichsgruppen aus der Großstadt (Abbildung 9). Unter den behinderten Jugendlichen schilderten vor allem Seh-, Körper- und Sprachbehinderte entsprechende Erfahrungen, wobei das Spektrum der von den Jugendlichen spontan berichteten Gewalt von verbalen über körperliche bis zu sexuellen Angriffen reichten.

Abbildung 9: Gewalterfahrung behinderter und nicht behinderter Jugendlicher (in Prozent)

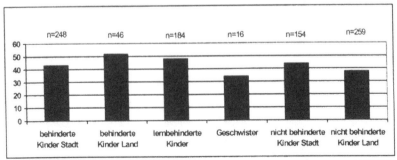

IfAS 2003

Aus der Analyse der Art der Gewalterfahrung wurde deutlich, welche schwerwiegenden Verletzungen Heranwachsende durch Aussagen zu ihrem Äußeren oder ihren behinderungsbedingten Besonderheiten zugefügt werden können. Besonders bedenklich wird die Situation dann, wenn diese verbalen Verletzungen von wichtigen Bezugspersonen wie Eltern oder Lehrern erfolgen. Ausgrenzung, Diskriminierung und Gewalt führen letztlich dazu, dass eine erfolgreiche Entwicklung einer eigenen Identität nicht erfolgen kann.

6.7 Zukunftsvisionen behinderter und nicht behinderter Kinder und Jugendlicher

Die Vorbereitung auf den Beruf, auf Familie und Partnerschaft sowie Erarbeitung eines eigenen Wertesystems stellen wichtige Herausforderungen an Jugendliche in der Adoleszenz dar. Wir wollten deshalb wissen, welche Lebensziele von den Jugendlichen angestrebt werden und wie realistisch die Erreichbarkeit dieser Ziele gesehen wird.

Deutlich wurde, dass behinderte Kinder und Jugendliche ebenso wie nicht behinderte klare Vorstellungen von ihrer Zukunft haben. Beruf, Wohnung und Freunde stellten wichtige angestrebte Lebensziele dar. Partnerschaft rangiert erst auf Platz vier, Kinder zu haben auf Platz 8 oder 9 (Abbildung 10). Behinderte Kinder schätzen die Realisierung dieser Wünsche verhalten optimistisch ein, in der Stadt weniger optimistisch als auf dem Land. Sozialisationsbedingt (Leben in Internaten und Wohnheimen und Erleben der kommunikativen Barrieren im Alltag) hielten hörbehinderte Jugendliche ein selbstständiges Leben in einer eigenen Wohnung für weniger erreichbar als andere Gruppen.

Bezüglich der Zukunftswünsche zeigt sich eine deutliche Geschlechterpolarisierung. So halten Mädchen Partnerschaft und Kinder in höherem Maß für erstrebenswert als Jungen, materielle Dinge hingegen weniger. Einen Beruf zu haben ist für Jungen wie Mädchen jedoch von erstrangiger Bedeutung.

Im Vergleich der Aussagen der Eltern und Kinder halten Eltern die Lebenswerte „Partnerschaft" und „Kinder haben" für ihre Kinder weniger wichtig als diese selbst.

Abbildung 10: Lebensziele behinderter und nicht behinderter Jugendlicher
(Mittelwerte: 1 = sehr wichtig, 5 = sehr unwichtig)

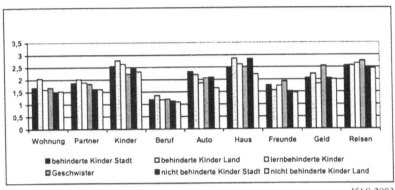

IfAS 2003

7 Fazit

In Bezug auf die Realisierung von Entwicklungsaufgaben in der Adoleszenz zeigte sich, dass Kinder und Jugendliche mit Behinderungen gleiche Wünsche und Träume haben wie nicht behinderte Gleichaltrige auch, jedoch häufig auf individuelle und gesellschaftliche Grenzen stoßen. Die gemeinsame Teilhabe an allen Bereichen des Lebens bildet die Voraussetzung dafür, Ausgrenzungen und Vorurteile gegenüber Menschen mit Behinderungen abzubauen. Diese Teilhabe ist besonders wichtig für junge Menschen mit Behinderungen, die sich ihren Platz in der Gesellschaft hart, und manchmal auch im Konflikt mit den eigenen Eltern erkämpfen müssen. Dazu benötigen sie einerseits die Unterstützung ihrer Eltern und aller Erwachsenen, die sie auf diesem Weg begleiten, andererseits Rückzugsmöglichkeiten, um sich mit ihrer eigenen, anderen Identität auseinander setzen, ihre andere Körperlichkeit akzeptieren zu können und um selbstbewusst auf nicht behinderte Jugendliche und Erwachsene zugehen zu können.

Der ausgeprägte Wunsch behinderter Kinder und Jugendlicher, nicht behindert zu sein, sollte von allen Verantwortungsträgern in erster Linie als Wunsch nach Teilhabe verstanden werden, so, wie es eine behinderte Jugendliche ausdrückte:

„Dass in meinem Leben alles so verläuft, wie ich es mir wünsche: Gesundheit und viel Lebenslust".

Identität und Behinderung

Literatur

Achilles, Ilse (2002): „...und um mich kümmert sich keiner!" Die Situation der Geschwister behinderter Kinder. München, Basel: E. Reinhardt.

Bäcker, Gerhard/ Bispinck, Reinhard/ Hofemann, Klaus/ Naegele, Gerd (2000): Sozialpolitik und Soziale Lage in Deutschland. 3. Auflage, Opladen.

Bielinski Kestenholz, Christina (1998): Erwachsenwerden- zur Adoleszenz körperlich behinderter Menschen
http://server7.hostpoint.ch/~shgch/old_version/bulletins/1998_2/adoleszenz_ge.html

BMA (Hrsg.) (2001): Lebenslagen in Deutschland. Der erste Armuts- und Reichtumsbericht der Bundesregierung. Berlin.

BMFSFJ (Hrsg.)(2002): Elfter Kinder- und Jugendbericht. Bericht über die Lebessituation junger Menschen und die Leistungen der Kinder- und Jugendhilfe in Deutschland.

Bradl, Christian (1990): Familien mit einem geistig behinderten Mitglied. Ein systemisch-sozialwissenschaftlicher Ansatz. In: Dreher Walther (Hrsg.), Geistigbehindertenpädagogik vom Menschen aus. Gütersloh, 145-167.

Bremer-Hübler, Ulrike (1990): Streß und Streßbewältigung im täglichen Zusammenleben mit geistig behinderten Kindern. Eine empirische Studie zur Situation der Mutter. Frankfurt/M.

Cloerkes, Günther (1997) Soziologie der Behinderten. Edition Schindele, Heidelberg.

Dreher, Eva/ Dreher, Michael (1985): Entwicklungsaufgaben im Jugendalter. In: Liepmann/Stiksrud (Hrsg.): Entwicklungsaufgaben und Bewältigungsprobleme in der Adoleszenz. Göttingen: Hogrefe. 56-70.

Engelbert, Angelika (1989): Behindertes Kind – „gefährdete" Familie? Eine kritische Analyse des Forschungsstandes. In: Heilpädagogische Forschung 15, 2, 104-111.

Engelbert, Angelika (1999): Familien im Hilfenetz. Bedingungen und Folgen der Nutzung von Hilfen für behinderte Kinder. München: Juventa Verlag.

Hackenberg ,Waltraud (1992): Geschwister behinderte Kinder im Jugendalter – Probleme und Verarbeitungsformen. Längsschnittstudie zur psychosozialen Situation und zum Entwicklungsverlauf bei Geschwistern behinderter Kinder. Berlin.

Häußler, Monika/ Bormann Bertold (1997): Studie zur Lebenssituation von Familien mit behinderten Kindern in den neuen Ländern. Schriftenreihe des Bundesministeriums für Gesundheit, Nomos Verlag Baden-Baden.

Häußler, Monika/ Wacker, Elisabeth/ Wetzler, Rainer (1996).: Lebenssituation von Menschen mit Behinderung in privaten Haushalten. Schriftenreihe des Bundesministeriums für Gesundheit, Nomos-Verlag, Baden-Baden.

Havighurst, Robert James (1972): Developmental tasks and education. New York. Mc Kay.

Hinze, Dieter (1992): Väter behinderter Kinder. Ihre besonderen Schwierigkeiten und Chancen. Geistige Behinderung 31 (1992), 135 – 142.

Hinze, Dieter (1993): Väter und Mütter behinderter Kinder. Der Prozess der Auseinandersetzung im Vergleich. Heidelberg (HVA-Edition Schindele) 2. veränd. Auflage.

Hoepner-Stamos, Friederike (1999): Chronische Erkrankungen und Jugendalter. München. Juventa.

Hurrelmann, Klaus (2000): Gesundheitsrisiken von sozial benachteiligten Kindern. In: Altgeld, Thomas/ Hofrichter, Petra (Hrsg.): Reiches Land – kranke Kinder? Mabuse, Frankfurt, 21 – 29.

Jonas, Monika (1990): Behinderte Kinder – behinderte Mütter? Die Unzumutbarkeit einer sozial arrangierten Abhängigkeit. Frankfurt/M.

Kallenbach, Kurt (1994): Elternarbeit in Familien mit einem schwerstkörperbehinderten Kind auf der Grundlage von Erhebungen über die besondere psychosoziale Situation der Väter dieser Kinder. Zeitschrift für Heilpädagogik 45 (1994), 238 - 242.

Klocke, Andreas/ Hurrelmann Klaus (Hrsg.) (1998): Kinder und Jugendliche in Armut. Opladen/Wiesbaden: Westdeutscher Verlag.

Kniel, Adrian (1988): Bedingungsfaktoren emotionaler Belastung von Müttern behinderter Kinder im Vorschulalter: Eine empirische Untersuchung. In: Behindertenpädagogik 27, 28-39.

Largo, Remo/ von Siebenthal, Kurt (1997): Prognostische Aussagekraft von Entwicklungsuntersuchungen im 1. Lebensjahr. In: Kinderärztliche Praxis 4, 201-207.

Michel, Marion/ Riedel, Steffi/ Häußler-Sczepan, Monika (2003): Lebenswelten behinderter Kinder und Jugendlicher in Sachsen. SSMS Dresden.

Neumann, Heike (2001): Verkürzte Kindheit. Vom Leben der Geschwister behinderter Menschen. Königsfurt: Krummwisch

Nippert, Irmgard (1988): Die Geburt eines geistig behinderten Kindes. Belastung und Bewältigung aus der Sicht betroffener Mütter und ihrer Familien. Stuttgart.

Seiffge-Krenke, Inge (1996) Chronisch kranke Jugendliche und ihre Familien. Stuttgart. Kohlhammer GmbH.

Shell 2002: Jugendwerk der Deutschen Shell (Hrsg.): Jugend 2003 Zwischen pragmatischen Idealismus und robustem Materialismus. 14. Shell Jugendstudie, Fischer TB Frankfurt.

SOEP (2002): Sozio-Ökonomisches Panel, DIW Berlin

Thimm, Walter (1974): Zur sozialen Situation von Familien mit behinderten Kindern. In: Vierteljahresschrift für Heilpädagogik und ihre Nachbargebiete 43, 11-18.

Thimm, Walter/ Wachtel Grit (2002): Familien mit behinderten Kindern. Wege der Unterstützung und Impulse zur Weiterentwicklung regionaler Hilfesysteme. Weinheim und München: Juventa Verlag.

Weiß, Hans (1993): Liebespflicht und Fremdbestimmung. In: Geistige Behinderung, 4, 308–322.

Weiß, Hans (1998): Kinderarmut als Entwicklungsrisiko: wo bleibt die Frühförderung? In: Frühförderung interdisziplinär, 17. Jg., 81-88.

Weiß, Hans (Hrsg.) (2000): Frühförderung mit Kindern und Familien in Armutslagen. München, Basel: Ernst Reinhardt.

Wöhler, Karlheinz (1980): Soziologische Aspekte der Frühförderung von Behinderten. In: Zeitschrift für Heilpädagogik 31, 285-296.

Verzeichnis der Autoren

Beckert-Zieglschmid, Claudia, Dipl-Soz., Medizinische Psychologie und Medizinische Soziologie, Universitätsklinikum Leipzig, *Forschungsgebiete*: Ungleichheitsforschung, Sozialstrukturanalyse, Lebensstile, Soziologie der Gesundheit und Ernährung, Jugendsoziologie, *Veröffentlichungen*: Die Reproduktion kulturellen Kapitals. In: Zeitschrift für Soziologie. Heft 6, 2003, (zusammen mit Jörg Rössel). Stabilität oder Wandel? Der Einfluss elterlichen Bildungserfolges auf den Schulerfolg der Kinder in: Allmendinger, Jutta (Hg.), 2003: Entstaatlichung und soziale Sicherheit. Verhandlungen des 31. Kongress der Deutschen Gesellschaft für Soziologie in Leipzig, Opladen: Leske + Budrich. Der Apfel fällt nicht weit vom Stamm? Klassenlage, Lebensstile und Ernährung Jugendlicher aus kultursoziologischer Perspektive, in: Hans Martin Schleyer-Stiftung (Hg.), 2003: Gesundheit fördern, Krankheit heilen. Neue Wege im Zusammenwirken von Naturwissenschaft-Medizin-Technik. München.

Bennat, Janet, Dipl-Soz., Institut für Kulturwissenschaften der Universität Leipzig, *Forschungsgebiete*: Sozialstrukturanalyse, Emotions-, Ernährung-, Familiensoziologie.

Borte, Michael, Priv.-Doz. Dr. med. habil., Klinik für Kinder- und Jugendmedizin, Städtisches Klinikum „St. Georg", Akademisches Lehrkrankenhaus der Universität Leipzig, *Forschungsgebiete*: Diagnostik und Therapie angeborener und erworbener Immundefekterkrankungen, allergischer Erkrankungen, Kinder- und Jugendrheumatologie, umweltassoziierte Erkrankungen, *Veröffentlichungen*: Influence of lifestyle and behaviour on the development of the immune system and allergic diseases. The LISA birth cohort Study. Public Health research and practice: Report of the public health research association Saxony, 3, 2001, (zusammen mit Rita Schulz, Irina Lehmann, Ulrike Diez, Joachim Heinrich, A. Schoetzau, Gabriele Bolte, Olf Herbarth, Heinz Wichmann). For the LISA-study group: Mode of delivery and development of atopic disease during the first 2 years of life. Pediatr Allergy Immunol, 15, 2004; (zusammen mit Kathrin Negele, Joachim Heinrich, Andrea von Berg, Beate Schaaf, Irina Lehmann, Heinz Wichmann, Gabriele Bolte).

Dür, Wolfgang, Dr. phil., Mag. phil., Soziologe, Ludwig Boltzmann Institut für Medizin- und Gesundheitssoziologie, *Forschungsgebiete*: Gesundheitsförderung in Schulen und für Kinder und Jugendliche sowie Gesundheit und sexuelle Beziehungen (Leitung), *Veröffentlichungen*: Gesundheit beobachten. Dokumentation und Berichterstattung als Aufgabe der Gesundheitsförderung. Wien: Facultas. (Reihe Gesundheitswissenschaften, Gesundheitsförderung; 8) 2000 (zusammen mit Jürgen M. Pelikan). Ansatzpunkte für die Raucherprävention bei 15-jährigen Schülerinnen und Schülern auf nationaler und schulischer Ebene. In: Wiener Zeitschrift für Suchtforschung, 25, 4, 2002 (zusammen mit Wilfried Grossmann und Monika Bauer). Wie weit kann die Schule die Gesundheit der Schüler/innen fördern? Oder: wie kommt die "Gesamtpolitik" ins Spiel? In: Meggeneder, Oskar (Hg.): Über-, Unter- und Fehlversorgung. Vermeidung und Management von Fehlern im Gesundheitswesen. Frankfurt/M.: Mabuse-Verlag, 2003.

Elvers, Horst-Dietrich, M.A., Departments Stadt- und Umweltsoziologie sowie Expositionsforschung und Epidemiologie, UFZ-Umweltforschungszentrum Leipzig-Halle GmbH, *Forschungsgebiete*: Soziale Lage, Umwelt und Gesundheit im Kindesalter unter besonderer Berücksichtigung der Allergieentwicklung, Soziale Ungleichheit und Gesundheit, *Veröffentlichungen*: Einflüsse der Sozialen Lage auf die Wohnumwelt von Neugeborenen. Ergebnisse einer epidemiologischen Studie zu Renovierungsaktivitäten im Innenraum. In: Gabriele Bolte, Andreas Mielck (Hrsg.). Umweltbelastungen und Soziale Ungleichheit: Diskussionsstand und erste Ergebnisse zur Umweltgerechtigkeit. Weinheim: Juventa 2004: im Druck (zusammen mit Gabriele Bolte, Michael Borte, Ulrike Diez, Sigrun Kabisch, Heinz Wichmann, Olf Herbarth). Soziale Ungleichheit bei der Belastung mit verkehrsabhängigen Luftschadstoffen. In: Gabriele Bolte, Andreas Mielck (Hrsg.). a.a.O., 2004: im Druck (zusammen mit Gabriele Bolte, Beate Schaaf, Andrea von Berg, Michael Borte, Joachim Heinrich).

Gerhards, Jürgen, Prof. Dr., Freie Universität Berlin, Institut für Soziologie, *Forschungsgebiete*: Kultursoziologie, Politische Soziologie, *Veröffentlichungen*: Das Ernährungsverhalten von Jugendlichen im Kontext ihrer Lebensstile (zusammen mit Jörg Rössel). Köln. 2003; Die Moderne und ihre Vornamen. Eine Einladung in die Kultursoziologie, Wiesbaden. Westdeutscher Verlag, 2003. Shaping Abortion Discourse: Democracy and The Public Sphere in Germany and the United States. New York: Cambridge University Press, 2002 (zusammen mit Myra Ferree, William Gamson und Dieter Rucht).

Griebler, Robert, Diplomand am Institut für Soziologie der Universität Wien und freier Mitarbeiter am Ludwig Boltzmann Institut für Medizin- und Gesundheitssoziologie, *Forschungsgebiete*: Gesundheitsforschung.

Verzeichnis der Autoren

Hackauf, Horst, Dr., Deutsches Jugendinstitut, *Forschungsgebiete*: Gesundheits- und Sozialforschung, *Veröffentlichungen*: Gesundheit und Lebensstile Jugendlicher, in: Bundesgesundheitsblatt - Gesundheitsforschung – Gesundheitsschutz: Leitthema: Die Gesundheit von Kindern und Jugendlichen, 45, 2002. Zwischen Konvention und "Coolness" Jugendliche Lebensstile als Ausdruck von körperbezogenem Risikoverhalten, in: DISKURS 3/2003. Gesundheit und Soziale Lage von jungen Menschen in Europa, München, Opladen, 2004 (Zusammen mit Gerda Winzen).

Häußler-Sczepan, Monika, Prof. Dr. phil., Hochschule Mittweida (FH), Fachbereich Soziale Arbeit, *Forschungsgebiete*: Begriff der Behinderung: Kompetenz und Hilfebedarf, Behinderte Frauen: Lebenslagen und Geschlechterverhältnisse, Familien mit behinderten Kindern, *Veröffentlichungen*: Lebenswelten behinderter Kinder und Jugendlicher in Sachsen. Eine Studie des Instituts für Arbeitsmedizin und Sozialmedizin der Universität Leipzig. Erstellt im Auftrag des Sächsischen Staatsministeriums für Soziales. Dresden: Broschüre der Sächsischen Staatsregierung, 2003 (zusammen mit Marion Michel und Steffi Riedel). Frauen mit Behinderung. In: Bundesministerium für Familie, Senioren, Frauen und Jugend (Hrsg.), Bericht zur gesundheitlichen Situation von Frauen in Deutschland, Stuttgart: Kohlhammer, 2001.

Herbarth, Olf, Univ.-Prof. Dr., Lehrstuhl für Umwelthygiene und Umweltepidemiologie (Umweltmedizin) der Universität Leipzig, *Forschungsgebiete*: Umweltmedizin und Umweltepidemiologie einschließlich Risikoanalyse und Modellierung epidemiologischer Prozesse, Allergien, Atemwegserkrankungen und Stoffwechselleistungsstörungen bei Kindern, *Veröffentlichungen*: Noninvasive assessment of liver detoxification capacity of children, observed in children from heavily polluted industrial and clean control areas, together with assessments of air pollution and chloro-organic body burden. Environ Toxicol, 19, 2004; (zusammen mit Ulrich Franck, Peter Krumbiegel, Martina Rehwagen, Ulrike Rolle-Kampczyk, Holger Weiss). Asthmatic disease among urban preschoolers: an observational study. Int J Hyg Environ Health, 207, 2004; (zusammen mit Gisela Fritz). Was will und was kann die Umweltmedizin? GAIA, 12, 2003.

Jungbauer-Gans, Monika, PD Dr., Institut für Soziologie der Ludwig-Maximilians Universität München, *Forschungsgebiete*: Gesundheitsforschung, Bildungssoziologie, *Veröffentlichungen*: Der Arzteinfluss auf die Durchimpfungsrate, Das Gesundheitswesen 7, 2003 (zusammen mit Peter Kriwy). Soziale Ungleichheit, Netzwerkbeziehungen und Gesundheit. Wiebaden: Westdeutscher Verlag, 2002.

Klocke, Andreas, Prof. Dr., Fachhochschule Frankfurt am Main, *Forschungsgebiete*: Soziale Ungleichheit, Familien- und Jugendsoziologie, Gesundheitsforschung, *Veröffentlichungen*: Die Lebenswelt Familie und ihre Auswirkungen auf die Gesundheit von Jugendlichen. In: Klaus Hurrelmann, Andreas Klocke, Wolfgang Melzer & Ulrike Ravens-Sieberer (Hrsg.): Jugendgesundheitssurvey. Internationale Vergleichsstudie im Auftrag der Weltgesundheitsorganisation WHO. Weinheim/München: Juventa, (zusammen mit Ulrich Becker). Geschlechtsspezifische Wirkungen sozialer Ressourcen auf die Gesundheit im Jugendalter? In: Zeitschrift für Soziologie der Erziehung und Sozialisation (ZSE), 3, 2004, (zusammen mit Ulrich Becker).

Kriwy, Peter, Dipl-Soz., Institut für Soziologie der Ludwig-Maximilians Universität München, *Forschungsgebiete*: Gesundheitsforschung, Netzwerkanalyse, *Veröffentlichungen*: Bildung und Gesundheitsvorsorge: Die Impfentscheidung. In: Andreas Diekmann, Thomas Voss: Rational Choice Theorie in den Sozialwissenschaften. Anwendungen und Probleme (Festschrift für Rolf Ziegler), München: Oldenbourg, 2004 (zusammen mit Monika Jungbauer-Gans). Wer verdient wie viel? Eine Analyse des Verdienstes Münchner Soziologieabsolventen, Sozialwissenschaften und Berufspraxis 27, 2004 (zusammen mit Roger Berger).

Lampert, Thomas, Dr PH, Dipl. Soz., Robert Koch-Institut, Abt. Epidemiologie und Gesundheitsberichterstattung, *Forschungsgebiete*: Soziale Ungleichheit und Gesundheit, Gesundheitsverhalten und Lebensstil, Gesundheit von Kindern und Jugendlichen, *Veröffentlichungen*: Prävention und Gesundheitsförderung für Kinder und Jugendliche. Die Krankenversicherung 56, 2004. Aktuelles vom Kinder- und Jugendgesundheitssurvey des RKI (KiGGS): Messung sozialer Ungleichheit. Epidemiologisches Bulletin 15, 2004 (zusammen mit Liane Schenk und Heribert Stolzenberg). Perspektiven einer geschlechtersensiblen Gesundheitsberichterstattung. Das Gesundheitswesen 66, 2004 (zusammen mit Cornelia Lange).

Michel, Marion, Dr. phil., Diplomsoziologin, Universität Leipzig, Medizinische Fakultät, Selbständige Abteilung Sozialmedizin, *Forschungsgebiete*: Lebenslage chronisch Kranker und behinderter Menschen, *Veröffentlichungen*: Lebenswelten behinderter Kinder und Jugendlicher in Sachsen. In: Sächsisches Staatsministerium für Soziales Sachsen (Hrsg.) 2003 (zusammen mit Steffi Riedel und Monika Häußler-Sczepan). Teenagerschwangerschaften in Sachsen. Angebote und Hilfebedarf aus professioneller Sicht. Hrsg. BzgA (in Vorbereitung, zusammen mit Sabine Wienholz und Monika Häußler-Sczepan).

Riedel, Steffi, Dr. phil., Diplomsoziologin, Universität Leipzig, Medizinische Fakultät, Selbständige Abteilung Sozialmedizin, *Forschungsgebiete*: Lebenslage chronisch Kranker und behinderter Menschen, *Veröffentlichungen*: Lebenswelten behinderter Kinder und Jugendlicher in Sachsen. Sächsisches Staatsministerium für Soziales Sachsen (Hrsg.) 2003 (zusammen mit Marion Michel, Monika Häußler-Sczepan). Lebensqualität bei Kindern mit diabetes mellitus Typ 1: Fremd- oder Selbsteinschätzung? Kinder- und Jugendmedizin 3, 2003 (zusammen mit Alexandra Meyer, Thomas Michael Kapellen, Wieland Kiess, Reinhold Schwarz).

Rössel, Jörg, Dr. phil., Institut für Kulturwissenchaften der Universität Leipzig, *Forschungsgebiete*: Sozialstrukturanalyse, Kultursoziologie, Politische Soziologie, Soziologische Theorie, *Veröffentlichungen*: Soziale Mobilisierung und Demokratie. Wiesbaden 2000; Von Lebensstilen zu kulturellen Präferenzen, in: Soziale Welt, 1/55, 2004; Die Erlebnisgesellschaft zwischen Sozialstrukturanalyse und Zeitdiagnose, in: Österreichische Zeitschrift für Soziologie, 3/28, 2003; Die klassische Konflikttheorie im Test, in: Schweizerische Zeitschrift für Soziologie, 1/28, 2002.

Schenk, Liane, Dr. phil., Robert Koch-Institut, *Forschungsgebiete*: Migration, soziale Ungleichheit und Gesundheit, Epidemiologische Methoden, *Veröffentlichungen*: Migrantenspezifische Teilnahmebarrieren und Zugangsmöglichkeiten im Kinder- und Jugendgesundheitssurvey. Gesundheitswesen 64, 2002; Sonderheft 1. Migrantensensible Vorgehensweise im Kinder- und Jugendgesundheitssurvey. In: Beauftragte der Bundesregierung für Migration, Flüchtlinge und Integration (Hg.): Gesunde Integration. Dokumentation der Fachtagung am 20. und 21. Februar 2003 in Berlin. Berlin und Bonn.

Printed in Poland
by Amazon Fulfillment
Poland Sp. z o.o., Wrocław